愛上當下

Loving the Present Moment

拜倫凱蒂 功課
完全解析與操作方法

張嘉蘭／著

目次

生命故事篇 235

附錄 315

〔序言〕

一座森林的開始，活出內在的真實

我們先從一棵樹談起。

如果要向一位從未見過樹的人來描述一棵樹真正的樣子，你會如何去描述它呢？而這個描述能夠真正代表這棵樹的整體以及它的生命嗎？

一個木匠看見樹，他的著眼點可能是它的材質適不適合做什麼樣的家具。

一個生物學家可能會去觀察寄居在這棵樹上的不同生物，以及它們和樹的關係。

一個詩人可能會去欣賞樹葉在風中搖動的美，樹是他靈感的素材或歌頌的物件。

一個路人可能看都不會看它一眼，或者是覺得，哦，那是一棵樹罷了。

對在上面築巢的小鳥而言，這棵樹就是它的家。

對一隻小昆蟲而言，這棵樹可能是它的整個世界。

有時候對一個村子的人來說，這棵樹可能是凝聚大家的所在，代表了整個村子的歷史。

而對一個環境生態學家，這棵樹可能代表一座森林的開始。

如果我們拉長時間，以及拉開高度，站在地球的上空，我們會看到，樹木對所有地球生命的重要性。沒有樹木製造我們賴以維生的氧氣，與回收二氧化碳，人類不能永續生存。樹木是轉化地球作為一個適合人類生存的契機之一。

然而，我們可能花再多的時間都無法完整地表達出，什麼是樹，以及它蘊含的所有意義。

拜倫凱蒂功課（The Work of Byron Katie，又稱探究功課）對我而言，就是這樣的一棵樹。有人只是路過，認為是一棵樹罷了。對我而言，它是一座森林的開始，具有轉化生命的巨大力量。同樣的，我們很難一言道盡它是什麼，以及它蘊含的所有意義，所能說的都只是一個片面。這本書正是嘗試以不同的角度和方式來還原它的真實本色。

自從拜倫凱蒂的《一念之轉》（Loving What Is）中譯本問世以來，受到廣泛讀者的喜愛，一念之轉（或者轉念作業）成了凱蒂所倡導的功課（The Work）的代名詞。轉念一詞，很自然地讓人們聯想到，指的是「轉變自己的想法」，這個理解和描述並非不正確，卻也無形中錯失了拜倫凱蒂功課的真正樣貌與核心精神，以及它可深可遠的應用。

> 功課是一種靜心冥想。它和覺知有關，而不在企圖改變你的心念。讓你的頭腦問問題，然後靜下沉思，慢慢來，深入內心，然後等待內心深處的答案自然浮現。
>
> ——拜倫凱蒂「做功課指導說明」

一如《金剛經》旨在破除我們對名相的執著，學會「超越名相去認識事物的本源」，拜倫凱蒂功課其實正是佛陀直指人心、不立文字的方便實踐，透過一次次的參悟，照見實相的本來面目。

眾生皆有如來智慧德相，但因妄想執著不能證得。

——釋迦摩尼佛

功課處理的正是我們的妄想執著。不是消滅它，也不企圖改變它，而是從實際的生活經驗裡，看清它虛妄不真的本質，以及它如何扭曲了我們對現實的認知；當我們從一個念頭清醒，這個扭曲的認知自然脫落，回歸當下自性圓滿。

這本書的目的正是希望能分享給大眾，作為極少數在凱蒂身邊長期深入學習的華人之一，我所體驗到的拜倫凱蒂功課的真實樣貌，以及它可深可遠的應用；也期盼能夠呈現，這些年來在我身邊學習功課的夥伴們的真實生命經驗，讓大眾對它有更親切的認識，並能運用這個工具，靠自己轉化痛苦煩惱，得大自在，或許還能進一步去協助自己的親朋好友。

「功課」不是一個理論，不是一個哲學，而是一個真真實實接地氣的修行法門。只要以開放的心去練習、去實際操作，它便能帶來生命的改變。它與宗教無關，卻能為信仰各種宗教的人們靈活運用，也和許多法門相輔相成，無論是「非暴力溝通」、「父母效能訓練」、「熱情測試」、「薩提爾的冰山理論」乃至於「認知心理學」等等。

我接觸到的世界各地功課實踐者，來自社會各行各業，男女老少，其中不乏心理諮商師、生化醫學博士、企業管理教練、心理學教授、醫師、律師、中學老師等等。他們紛紛繼而在自己的專業領域裡，將功課納入他們的執業範圍，甚至作為專業的研究主題，箇中翹楚便是斯坦福大學即將發布的長達十四個月的實證研究報告（參見第二三一頁）。在後面的章節裡，我會舉一些真實的應用給大家參考。

在心理學界，拜倫凱蒂功課註冊在案的學術名稱是「Inquiry-based Stress Reduction」（IBSR），這個名詞有助於心理學界的專業人士直覺明瞭功課的旨意：「基於探究減壓法」，至今為止，我的同修們已發表數十份學術研究報告，並取得不同專業領域的認可。拜倫凱蒂功課的課程早已符合美國心理學界認可的教育進修學分，近年甚至成為能幫助醫生減輕壓力的教育課程，由美國醫學學會（AMA）核准具有「繼續醫學教育」（CME）學分。

走筆至此，我不禁想起美麗島這首歌的歌詞，「篳路藍縷，以啟山林」。沒有撼動心靈的親身體驗，無法讓一個又一個的心理、醫學專家，在專業的領域上，耗盡年月，展開專業的科學研究，自願主動為它鋪路，為它發聲！這是一群在歐、美、亞洲接受完整科學訓練的精英，從以色列到荷蘭，從愛爾蘭到美國，實驗的範圍更是遍及世界各地，從泰國到非洲，遑論歐美本身。一本書實在無法涵蓋這所有的精采！心裡有著莫名的感動，雖然彼此之間沒有言說，骨子裡明白，他們也體認到，「功課」是一座森林的開始，我們各自在不同的地方灑種子，為了活出自己內在的真實，也為了人類永久的福祉！

多年來，我參加十多次凱蒂的實體工作坊（線上的就數不清了），從為期四天的新年淨心，五天的無我密集，到九天的功課學校，有時是學員，更多時候是擔任工作人員，接觸到數千位來學習的成員，見證了不計其數生命的蛻變。幾乎大多數人為了解決自己的生命難題，都早已尋尋覓覓多年，包括尋求專業的治療和協助，功課幾乎都是他們「踏破鐵鞋無覓處，得來全不費功夫」的法寶。大道至簡，正是「眾裡尋他千百度，驀然回首，那人卻在燈火闌珊處」（辛棄疾）。

求助別人不難；要瓦解自己的盲點，改變自己的認知，猶如要突破自己深陷其中、卻看不見的籠子，則非易事。而這正是拜倫凱蒂功課的絕妙之處。這是一個找回自己力量的絕佳法門，也唯有找回自己的力量，生命才有轉機的可能。當你被痛苦逼到一個角落，不管你向外伸手抓的是什麼都如海市蜃樓。然後你最終明白，你只能靠自己往內走，那是力量的唯一所在。而往內走需要極大的勇氣，但絕對是一趟千金不換的珍貴旅程，有如《金剛經》的不可思議功德，《聖經》的圓滿天國。

我把它命名為「功課」不是平白無故的。（I don’t call it The Work for nothing.）

——拜倫凱蒂

不識本心，學法無益。

——五祖弘忍大師，《六祖壇經》

你知道是什麼在掌控你的生命、左右你的一言一行嗎？

如果生活中還有任何事情讓你感到煩躁、焦慮和擔憂，那麼正是這些盤旋在腦海中喋喋不休的聲音（而不是你），在掌控你的生命。

能從這些聲音中清醒過來，是一件了不起的事，你、我都可以做到，因為我們原本清醒。問題是，你沒法叫自己相信「你所不相信的」，也沒法叫自己不相信「自己深深信以為真的」。學習拜倫凱蒂功課就成了一個自然還原真相的過程，脫落妄想執著，逐漸接近本然自性的過程，你無需刻意努力，當你信任，它自動帶領你。關鍵僅僅在於你是否願意身體力行。

它與一般常見的學習，有很大的不同。它不是為了學習如何處理不同的情況，或取得任何的知識或理論。相反的，這個過程所激發的，更多的是關於瓦解過往的習氣與限制自己的條條框框，而不是累積任何的新知識或技能。而一群人的共同學習更像是一個共振的場域，我們藉由彼此的看見，而逐漸清醒。

坊間似乎沒有一本書教導人們，如何成為自己的心理專家或諮商師。「功課」的美妙之處在於：

不僅僅你真的能成為自己的心理專家或諮商師，真真切切地從自己的生命經驗裡去認識自己，明白心的作用，進而為自己療傷止痛，離苦得樂，與自己本然的智慧接軌，你還能成為別人的心靈守護者。不需要心理學的背景，不需要任何學歷，唯一需要的是你願意身體力行，去質疑困擾自己的種種想法。而自己的種種想法，也是全人類的種種想法，當你認識和理解自己，你自然會認識和理解了人類。當你在自己的世界裡清晰自在，智慧自然升起，人生裡沒有什麼是你承擔不起或不能明瞭的了。

他們是來喚醒我的，而不是反過來的。

——拜倫凱蒂對協導者的提醒

功課的過程是提問與回答，因此功課的協導有兩端：協導者與被協導者，兩者是平等的。或更確切來說，被協導者是主體，協導者為輔。功課的本質是自我探究，是一個個人在自己內心找到屬於自己答案的過程，協導者的主要角色是為對方守護一個探索的空間，並且作為一個見證。

當自己協導自己，你同時站在水平的兩端，進行探索。當你協導別人，你在學習傾聽，守護一個安全開放的探索空間，並且與對方保持連結，只有在對方願意接納的狀態下，適時分享自己的看見；同時，你可以同步探索自己的內在，對方的回答與智慧同樣可以啟發你。而這看似平平無奇的協導，卻隱藏著莫大的玄機。

英國詩人威廉・布萊克（William Blake）膾炙人口的那首《一粒沙子》的第一句「一沙一世界」：從一粒沙中窺見一整個世界（To see a world in a grain of sand）。從一個協導中亦可洞悉自身妄心的作為，如實反映我們人生不同角落的小縮影。於是，在學習成為一位內在如如不動、真正能守護空間的協導者的過程裡，從覺察自身的起心動念，那隱藏其後更深層的、無形中支配我們人生的信念系統，得以浮出水面。

幫助別人最困難的部分是：不介入他們的事。

——托德史密斯

最深、最全然的愛，是和一個人在一起，卻不在心裡插手對方的事。

——拜倫凱蒂

在持續質疑這些信念與動機的過程裡，你會幡然醒悟：即便是最單純地想幫助別人的心意，原來都隱藏著不平等與不信任的傲慢。於是在一次又一次質疑的洗禮下，我們學會真正聆聽、自然謙卑、誠心尊重以及對自己的誠實，隨之而來的是全然不同的生命狀態，是一個來自地心的脫胎換骨。大家可以從本書中幾個生命經驗，略知一二。

你每天的矛盾、每天的煩惱、憤怒和抗爭，看看這一切能不能結束，所以我們可以過一種截然不同的生活，一種自由的生活，一種所作所為透過行動不會帶來痛苦的生活，一種真正的、徹底的、完全平靜的生活。

——克里希那穆提

然而它的力量和轉變不止於個人，因為本無你我之別。下面是我曾經協導過一兩次的夥伴，在多年後主動與我分享的一段話：

我想要跟您表達我的感恩。可能您都不會記得了，就是在您帶我做一次功課的時候。當我敘述完場景，您輕輕的問我說：「我感覺在這個場景中，你似乎在最初的時候就有不舒服，是嗎？」您知道嗎？這樣一個發現和提問，掀開了我的自我成長第二篇章。我終於去關注到這些細小的讓我不舒服的情緒了。啊！而這樣的一個關注，就讓我施加給自己的壓力越來越小啊！也讓我越來越明白當時的自己內在發生了什麼。所以非常非常地感恩您啊，這麼細緻入微的體察。另外，您在陪我做功課的時候，有一個經歷讓我難忘：

當我說完了既定答案之後，您沉默。我突然就像掉進了深淵裡，毫無可抓手之處。但是就是那樣一個深淵一般地墜落，我聽見了接下來來自我內心真正的聲音。如果不是您的那一份靜默，可能我又會走上了一個套路，而與真正的自己失之交臂了。所以，那一次帶給我的那種敞開接納、不干涉，並且毫無指責、等待，給了我極大的啟發。我在您那裡看到了真正的開放、真正的敞開。您的不著相、不掉進故事的這種特質，對我意義非常非常地大，啟發也是非常非常地大，謝謝您。

> 能見證一個原本如此堅信不移的心智，最終消融於空無，安歇在簡單的現實裡，是一件美好的事。
>
> ——拜倫凱蒂

對我而言，那更是一種莫大的榮幸與福氣。

這本書會從一個學習者的角度入手，讓你知道怎麼做、從哪裡開始，並且提供夥伴們的實際例子與生活轉化經驗為參考；也為已經熟悉這個工具的夥伴，在學習過程可能遇到的瓶頸，提出對治的方案；同時也會與您分享共同學習功課的樂趣，以及在世界各地功課應用的狀況。

回到最關鍵的：它是一座森林的開始，具有轉化生命的巨大力量。

這個轉化的過程是怎麼發生的呢？

簡單而言，它從我們生活和工作中的煩惱壓力入手，正是所謂的轉煩惱為菩提。

當面對生活中任何困難挫折、煩惱壓力，通過功課學習和實踐，我們從自己的真實生命經驗中去認識自己，體認相信念頭的因果，重新理解原有的生命的經驗，從根本上瓦解煩惱和壓力，回歸內心的平安與自由，和內在的智慧接軌，從而能更好地發掘自己的潛能與創造力，活出幸福自在、內在圓滿的人生。

人生其實很簡單，要嘛我們自動把頭腦裡的念頭信以為真，任由它們帶著我們團團轉，或喜或怒或悲或恨；要嘛我們培養能力在當下保持覺知，念頭歸念頭，清醒看見眼前的事實，自在地與當下同步，甚至一眼看穿當下的美好，才有在當下扭轉乾坤的力量。

我們永遠只活在當下這一刻，愛上它，你就找到了掌握人生的鑰匙、生命的無價之寶。

準備好了嗎？我們一起出發吧！

起步篇

全名	The Work of Byron Katie	拜倫凱蒂功課
簡稱	The Work	功課
又稱	Inquiry	探究功課
專有名詞	Inquiry Based Stress Reduction	基於探究減壓法
暱稱		一念之轉，轉念作業，轉念功課，覺醒功課，反躬自問

「功課」誕生於 1986 年 2 月 17 日，在這一天，藉由一位患有長期憂鬱症的美國中年婦女的瞬間醒悟，悄然問世。為了尊重並且記錄這個發生的事實，是以名為「拜倫凱蒂功課」。凱蒂是大家對她的暱稱，她將 The Work 與 Inquiry 視為同義詞，為了學術研究的目的，並將它正式登記註冊為「基於探究減壓法」。其他名稱則是功課愛好者對它的暱稱。

同一天，二十世紀心靈大師克里希那穆提於美國加州歐海（Ojai）與世長辭。他一生所宣揚的哲理、對心念的覺察、對心智的探索、對萬事萬物不帶評判的觀察，正是實踐「探究功課」的沿路風光，每一個轉角都是與大師的共鳴。學會「功課」，才讓我看懂克里希那穆提的教導。

凱蒂認為，既然「功課」是她無償而得，是以她在網站上以三十多種不同的語言，無償提供給全世界。

1 開場白——邀請與暖身

這本書是一個心對心的邀請。書中文字背後，是許多已然在生命探索路上踐行的勇者淬煉的經驗。如果心是可以數的，那麼構成這一本書的則是一顆又一顆逐漸清醒的心，帶著熱切的愛，邀請你一同來品嚐人生全然不同的滋味。

這是一本從經驗出發的書，它不想要用一堆道理來說服你，因為道理你都懂，而且除非你願意，否則別人其實也說服不了你。

你的人生不需要更多的道理和要求，人生其實也不需要道理才能過得圓滿。

> 每個人都擁有同等的智慧。它絕對是平均分配的，沒有人比任何一個人更有智慧。歸根結底，除了你自己，沒有人能教你。你就是你在尋找的智慧，功課就是一種方法，讓你在任何你想要的時候都能有智慧升起。
>
> ——拜倫凱蒂

你是你世界的主人，你有足夠的智慧與能力去面對人生所有的起起伏伏，也是自己最好的老師。

你需要的就只是方法：那個讓你能轉煩惱為菩提，化干戈為玉帛，放下妄想執著，能夠在事情發生的當下，智慧升起，製造雙贏，慈悲兼顧，擁有「清醒處理事情的能力」的方法。並且還能進一步，讓你培養一雙慧眼，能穿透表象的是非對錯與善惡，看見宇宙良善的本質。於是活在人間淨土、活在人間天堂便是可能的。於是你安然自在、無往不利，因為你看清一切的本質，沒有任何境遇能束縛你，你成為自己的自由。

這本書要分享給你的，就是這個簡稱為「功課」的方法。它不分年齡、男女老少皆可使用，不分學歷、不分背景、無關宗教。任何人只要願意嘗試，任何情況都可以使用。更棒的是，這個方法讓你走進自己，成為自己最好的老師，無需仰賴任何人或任何大師，它就是你的金箍棒，在自己的世界裡乘風破浪、揮灑自如。

但它不會只讓你孤芳自賞，或看似獨善其身，因為你已經歡喜融入一個更大的生命體，沒有需要去定義自己或任何人。而在這樣的寬廣中，你體驗到整個宇宙與你相呼應，每一件事都是為你而發生，每一個人都是自己的鏡中相，除了感恩，沒有別的語言。

孔子曰：「吾十有五而志于學，三十而立，四十而不惑，五十而知天命，六十而耳順，七十而從心所欲，不踰矩。」學習功課的祕密紅利之一，就是提早達到孔子說的境界，完全可以三十而立、不惑、知天命、耳順，甚至從心所欲、不踰矩！

你可以從這本書的任何地方開始：

如果你從來沒有接觸過這個方法，可以先閱讀生命故事篇；

如果你是偏好行動，需要有好理由的，歡迎先讀一讀關鍵篇當中，說明「功課為什麼具有改變生命的力量」的部分，尤其有關於認知科學及心理學部分；

如果你看重實證的結果，邀請你先研讀應用篇裡的斯坦福大學實證研究；

等你決定要體驗這個工具，隨時可以從學習篇開始。

不著急，慢慢來。

學習這個法門，有一個輕鬆易行的暖身運動，大家不妨試試。每天只要花二、三十分鐘，進行這個靜默的練習，你可能會有意想不到的收穫！雖然我們稱呼這個練習為「晨間漫步」，其實它可以隨時隨地進行。剛開始時，能夠在清晨的大自然裡漫步，自是最佳的選擇。如果環境或時間不允許，就選擇最適合自己的時間和地點。室內室外都可以。

在凱蒂的工作坊裡，晨間漫步是每天的第一項活動。對我而言，它是個「活在當下」的練習，也是個能夠快速安定心神的妙法。它讓我們回歸到最初的無所知心，那個對一切充滿好奇、深具創造力的心。我見證過許許多多的人透過這個練習，和周遭的世界有了完全不同的連結，甚至經驗到意識的轉變。

※晨間漫步

這是一個靜默的練習。

走路時完全禁語。一邊走，眼睛所見的每一事物宛若都沒有名字。然後一邊走，好像上帝一樣，第一次幫你眼睛所見的每一個事物命名。

只使用「第一代」的名稱。

例如：天空、花、昆蟲、樹、水泥、鞋子、女人。

當你注意到念頭離開第一代的名稱（比如說，美好的早晨或這樹好漂亮），覺察到，溫和地停下來，讓自己完全沉靜下來。

再回到最簡單、不複雜的、一個詞、第一代的名稱，天空、女人、雲。

晨間漫步就是靜心冥想。它和覺察有關。

它是一個靜默的練習。

當你練習一段時間之後，你可以進一步地嘗試，讓你所見的每一個物體來告訴你「它是什麼」，而不是由你來命名。只是去傾聽，讓內在完全安靜，允許一切自行命名。如果注意到心念離開了當下的練習，留意到就好，把自己拉回來。讓自己在這個過程中全然自由，「做到」與「沒做到」是平等的。讓自己處在宛若周遭一切尚未完全命名的狀態；換句話說，你不真正知道它們是什麼，你只是漫步其中。在屋內，坐在椅子上環顧四周，也一樣可以進行這個練習。

邀請你此刻一起來做個小省思：

只是因為有人把它稱之為貓，你便認為它就是貓。有人把它稱之為天空，你便認為它就是天空。但是，如果你可以讓自己全然安靜下來，仔細去留意和傾聽，然後讓它告訴你，你的世界會是什麼樣子呢？

《金剛經》云：「眾生者，如來說非眾生，是名眾生。佛說世界，即非世界，是名世界。」放下腦海中的名相，以一個全然未知的視角，行走人間。便是佛的提醒，也是功課的精神。邀請你，透過這個練習，為自己去看見：

天空，只是被稱為天空，它真正不是天空。

樹木，只是被稱為樹木，它真正不是樹木。

這個可能更容易理解：

日出日落，只是被稱為日出日落，其實並沒有日出日落。

所有名相都只是指向月亮的手指，不是月亮本身。一切都只是個方便說。方便說，包括：

王大明，只是被稱為王大明，王大明不等於你所認為的王大明的那個人，或甚至不等於真正有一個叫王大明的人。

他氣得半死，只是被稱為氣得半死，不等於他真的氣得半死。

然而，我們一切的苦受，來自於我們把一切的名相和方便說當真！

《金剛經》云：「凡所有相，皆是虛妄，若見諸相非相，即見如來。」

我們只要願意善用它，探究功課能一步一步讓我們破除迷津，還原真相。

如果對前面這番話半信半疑，或摸不著頭腦，不打緊。

邀請你從暖身運動做起，等你學會這個方法，你可以為自己看見。

2 苦從何來——拜倫凱蒂功課的基本原理

如果拜倫凱蒂功課有任何理論可言，那麼可以把下面這幾句話當成它主要的原理。這是凱蒂在一九八六年覺醒的那一瞬間，她親身體驗到的，同時也是我們每個人自己可以驗證的。對我而言，它們是對事實真相的描述，而不是一個學理。我所接觸到學習「功課」的人群，幾乎都能從自己的經驗中驗證這幾句話。

它們簡單總結了痛苦的成因、痛苦的真相、解決的方法以及觀察到的結果。

- 所有痛苦是來自於相信了腦海中的想法。
- 造成焦慮痛苦的不是這個世界，而是我們對世界的種種看法。
- 一旦以理解來面對些念頭，它們自然放下我們，內心的平安自然現前。

在本書的討論中，「想法」和「念頭」可以看成是同義詞，「信念」也是個念頭，通常指的是那些我們長久以來信以為真、並在潛意識裡左右我們行為的「想法」。

我們一起來省思：

痛苦是來自於相信了腦海中的想法。

這幾句話看似很簡單，可能你會覺得，就這麼簡單嗎？造成我痛苦的，難道不是因為老公如何如何，難道不是因為孩子如何如何嗎？尤其現在物價上漲、生活費用越來越高，這不就是事實嗎？這跟我的想法有什麼關係呢？

我以前也是這麼認為的，卻也因此生活中充滿了挫敗和無奈，因為好像不管付出多大的努力，自己也改變不了別人、改變不了周遭的環境，解決不了任何問題。

> 只要你認定其他人或任何其他事物該為你受的苦負責——你的情況就毫無希望。這表示你永遠處在受害者的角色，而且是在天堂裡受苦。所以把真相帶回給自己，然後讓自己自由。做探究功課再加上反轉，是認識自己快速的捷徑。
>
> ——拜倫凱蒂

持續抱持原來的想法，如果解決不了你的問題，歡迎來試試新的視角和方式。

佛說顛倒夢想，我們就只是把方向搞反了，如此而已。其實只要改變方法，就好了。

此刻，你手邊有紙筆或手機嗎？邀請你把現在想到的任何不滿意或埋怨寫下來。例如：

我抱怨孩子，因為他花太多時間在手機上。

我抱怨媽媽，因為她管太多。
我抱怨婆婆，因為她嫌我家事做得不好。
我抱怨同事，因為他背後批評我。
我抱怨老婆，因為她嫌我錢賺得不夠。
我對公司不滿，因為年終獎金太少了，因為考績不公平。
我對鄰居不滿，因為他們吵到我的安寧。
我對某政治人物不滿，因為他虛偽矯情。

邀請你盡情地把內在這些大大小小的不滿聲音，都一一列出來。說不定只要幾分鐘的時間，就可以列出數項。如果你願意，可以準備一個方便隨時隨手寫下來的小冊子。

寫下來以後，感覺如何呢？我注意到當我持續這麼做，好像腦海中的噪音似乎變少了。

請不要小看這個看似小小或無關緊要的動作。你正在做的是：把腦海裡似乎看不見、摸不著、卻左右你生命品質的聲音，邀請到這個有形有相的物化世界裡。如此，你才真正有面對和檢視它們的機會。

你想知道是什麼在左右你的情緒、感受，甚至日常生活的行為和決定嗎？

這就是一個開始。

■ 造成焦慮痛苦的不是這個世界，而是我們對世界的種種看法。

傾盆大雨時，賣雨具的人會高興有更多的生意；患風濕病痛的人可能開心不起來，開車的人會擔心交通阻塞。造成人們焦慮痛苦的不是下雨，是每個人當時對下雨的種種看法。

前幾年深具爭議的美國川普總統是另一個例子，他做同樣的事、說同樣的話，粉絲們崇拜他；而同時也有相當多的人對他深惡痛絕，甚至為美國的前途感到焦慮不安。拉近的來說，即便父母對自己的孩子，都可能有不同的看法。孩子拿了全B成績單回家，一個可能為孩子的成績不夠好而焦慮，另一個可能覺得孩子成績已經比自己小時候好，讓孩子放輕鬆就好。

有人遲遲沒回訊息，是自己揣測對方未回覆的原因而讓自己煩躁，不是嗎？時間一拉長，去留意腦海裡出現的種種可能原因，自己的情緒也跟著起起落落。等對方終於回覆了，有時候你會為自己的多慮啞然失笑。

所有的事都是空性的，是我們對它賦予的意義與解釋，決定我們的喜怒哀樂。

■ 一旦以理解來面對這些念頭，它們自然放下我們，內心的平安隨手可得。

以理解來面對念頭，即是探究功課的核心內容，也是這本書介紹的主要方法。既然造成我們痛苦的，是我們對世界的種種想法，那麼：

你唯一需要處理的是你的想法。人們告訴我，他們要一個安靜的心念；他們認為自由等同於心念的止息，那不是我的經驗。既然心念不會停息，我知道我能做的，就是透過探究功課，以理解來面對我的念頭。

——拜倫凱蒂

念頭的來去不受我們的控制，我們何嘗不知道要放下執念？問題是情境來的時候，就是很難做到。有趣的是，當我們透過功課的探究程序去質疑、去理解，念頭就逐漸失去控制我們的力量。念頭不是敵人，不是我們需要消滅的對象，相反地，它可以是我們學習恭敬心的開始。凱蒂說，「每個念頭都是佛，指引你何處莫往。」「這是為何一位成熟的學生，在每個念頭回歸它來自的虛無時，會對每一個念頭俯身致敬的緣由。」我的經驗是，當我每一次把念頭寫下來，以真誠開放的心，透過四個提問與反轉的探究過程，去理解它對我的影響，體驗到，只是自己的執著讓念頭成了代罪羔羊，到最終體會到念頭虛幻的本質。有趣的是，探究過後，它似乎完成了自身的任務，自然安靜地回歸它的來處。

於是，腦海裡吵雜的聲音越來越少，平靜的時刻越來越多。每一次做完功課的清醒、開啟的智慧，指向的是放下對外在人事物的要求與期待，是清楚看見我的生命、我負責的真相與力量。而功課作業單的巧妙設計，同時逐漸引導我們，成為一個知道如何滿足自己需要、為自己負責任、快快樂樂的人。

平安只能被邀請而來，來自你自身的邀請。如果這是你的目標，歡迎你來探究功課。所有世間最偉大的靈修經典描述「什麼What」，就是所謂的自由是什麼。探究功課就是「How」，告訴你如何去做。探究功課給你一個覺醒心智的直接入口。

有些人花很多年的時間，想弄清楚到底他們哪裡不對勁、發生了什麼事。當你開始做功課，你不需要去弄明白，你已經知道自己哪裡不對勁——你相信了讓你有壓力的念頭。你甚至也不用知道是哪些念頭，你只要選第一個出現的，那個就是讓你當下不對勁的念頭；然後當你質疑你的念頭，那原來讓你感到不對勁的事，會開始顯得像沒事一樣。

——拜倫凱蒂

3 如何對治——拜倫凱蒂功課的基本內容

對我來說，經驗是最高的權威。有效性的試金石是我自己的經驗。沒有其他人的想法以及我自己的任何想法，如同我的經驗那樣具有權威性。我必須一次又一次地回歸經驗，去發現更接近真相的理解，因為它正在成為我的過程中。

——卡爾・羅傑斯，人本主義心理學的創始人之一

經驗是一切，現實就是老天。

——拜倫凱蒂

備受敬重的心理學家羅傑斯在這段話中，畫龍點睛地指出回歸經驗的重要性，也一語道破功課的核心。功課不談理論，完全從經驗入手，透過覺察與探究，我們一次又一次地回歸自己真實的經驗，去發現更接近真相的理解，不是藉助於別人的經驗，也不是移植任何大師的理論。

我們每個人自己的經驗是最高的權威，因為沒有任何想法可以凌駕在經驗的事實之上，沒有任何想法可以改變已經發生的事實。我們所能做的，是為自己去發現更接近真相的理解，因為那決定了我如何述說我的生命故事、我如何定義自己、如何解讀我與世界的關係，而這一切構成了我的生命經驗。

我經常說：「沒有故事，沒有世界。」如果你沒有故事，不僅你無法有一個世界，你甚至不可能有那個你所認同的你。你的整個生命不就是完全建立在「你相信你是什麼」之上嗎？你的世界不也是全部根據你所認為的「自己所看到的一切」嗎？

——拜倫凱蒂

那麼，如果我的生命裡還有衝突、矛盾、不滿、不足、痛苦，我是不是可以去檢視，我是如何解讀自己的生命經驗或事件？而我又是以什麼為基準來解讀自己的生命經驗的呢？別人的想法？自己的想法？這些想法可靠嗎？經得起考驗嗎？適用於我嗎？

古聖先賢的想法也是別人的想法。這無關乎對錯，更不是要閉門造車，而是：作為自己生命的主體，我能不能為自己解決內在的衝突矛盾，消弭內在的恐懼或痛苦，找到最適合自己的生活之道，而能平安自在？

如果你仔細觀察自己一天的生活，你可能會發現，生活中與你關係最親密的，是你和自己念頭之間的關係。如何與自己的念頭相處，不但決定我們生活中的一切，也決定我們如何與他人相處。如果你對那些讓你緊張的念頭深信不疑，你的生活將充滿壓力和焦慮；如果你有許多「生命應該如何」的想法，你的生活同樣地將充滿挫敗與失望。

當你能夠覺察這些造成你壓力緊張的念頭，並且真誠地從自身的經驗出發，去質疑它的真實性，你將能從原本困住你的念頭中自由。

所以，拜倫凱蒂功課的基本內容，即是從我們的念頭入手，包括兩大部分：

一、覺察與梳理讓我們有壓力的念頭

如果你接受邀請，之前隨手寫下心中的一些抱怨，你已經完成了功課常用的「我抱怨清單」，來找出和記錄讓自己有壓力的念頭。這個過程看似簡單，卻不容小覷，它其實正逐漸培養我們對念頭的覺察力，學習覺知在當下出現的心念。自古以來，不管是禪坐、冥想、保持正念，都奠基在對念頭的覺知，唯有覺知，才有選擇的可能。

> 探究功課，可以看成是一種比一般我們所認識的「保持正念」來得更進一步的覺察和觀照。當我們做探究功課，我們不僅僅能夠對造成我們壓力的想法保持敏銳的注意力，那些引起所有世上憤怒、傷心以及任何挫折的各種想法，我們還會進一步質疑它們，透過質疑的過程，這些想法失去影響我們的力量。
>
> ——史蒂夫．米切爾

此外，我們進一步使用「批評鄰人作業單」（本書簡稱為功課作業單），輔助我們梳理念頭，找出更深層的潛在信念。它不僅僅只是一個梳理與記錄的工具，填寫的過程更是一個與自己逐漸接近的靜心冥想，與自己深度連結的契機，這當中滋味無窮。善用功課作業單，不僅讓你能夠瓦解過往事件帶來的心結，也能找到符合自己本心的行為準則和讓自己快樂的處方。在〈學習篇〉與〈關鍵篇〉裡有更多的說明。

二、利用四個提問與反轉的探究過程，質疑有壓力的念頭

當我們質疑一個帶來壓力的念頭，可以為自己親自檢驗它的真實性，同時檢視它的起因以及帶來的影響。

每一個探究過程只針對一個念頭，就像邀請一位佛上座，也像把一個吵鬧的孩子好好安頓在面前的椅子上，然後開始對話。剛開始練習的時候，有些夥伴分不清念頭與念頭的界線，或習慣冗長的描述，那就如同試圖和一堆吵鬧的孩子說話、並安撫他們，那將會事倍功半、手忙腳亂，很難完全針對每個孩子的狀況做完善的溝通。因此，一次一個念頭，盡量以簡單和簡短的句子來表達。

開始探究過程，有如佛陀在《金剛經》裡「洗足已，敷座而坐」，全身泰然，置心一處：

探究的念頭

例如：他不關心我。

四個提問

①這是真的嗎？

②你能完全知道這是真的嗎？

③當你相信這個念頭時，你是怎麼反應的？發生了些什麼？

④沒有這個念頭，你會是誰或是什麼？

透過回答頭兩個提問，它讓我們在「想」一個想法與「相信」一個想法之間有了距離和空間，答案也只有簡單的「是」或「不是」。第三個提問引導我們去鉅細靡遺地觀察，相信這些念頭讓我們的身心內外起了什麼樣的變化，又如何影響了我們的行動。然後透過第四提問去經驗，沒有念頭，我們那一刻當下的生命會是什麼樣子。

這個嶄新的體驗讓我們清楚看見，在同樣的情況下，相信念頭與

四個提問：

1. 這是真的嗎？
   Is it true? (Yes or no? If no, move to 3.)
2. 你能完全知道這是真的嗎？
   Can you absolutely know that it is true? (Yes or no.)
3. 當你相信這個念頭時，你是怎麼反應的？發生了些什麼？
   How do you react, what happens, when you believe that thought?
4. 沒有這個念頭，你會是誰或是什麼？
   Who or what would you be without the thought?

沒有念頭，我們的生命體驗會有什麼樣的不同。

回答完四個提問之後，接下來是反轉。

▪ 反轉（turnaround）

這是功課非常強有力的部分。在這個階段，你把寫下對他人或其他事物的任何看法，一一套回自己的身上，看看可能性是不是同樣存在；換句話說，看看是不是至少和原來的想法一樣真實，或甚至更真實。目的不在否定原來的想法，也不是轉換原來的念頭，更不是要為原來的經驗重新定義在一個概念上。對我而言，它更像是一個自己與自己的探索，我在探索與原來想法相反的各個可能面向。我利用這個機會去觀照，在真正的經驗裡，究竟都發生了些什麼？是不是存在我原來無法覺察到的別的可能性？

每一個反轉都提供不同的線索，引領我開拓視角，去看見真相的多元性，以及人生更大的可能。當我們困住在一個念頭裡，我們只能從那個念頭的角度看世界，視野是相對狹窄的，好像只能看到眼前四十五度的發生。反轉邀請我們，不僅僅旋轉整個三百六十度的視角，有時更像在雲端俯瞰，你會發現風景大不相同，與你原來的認知大相逕庭。

反轉的做法是把探究念頭的句型做不同面向的變化，基本有三個方向，然後根據反轉出來新的句子，回到原來的經驗裡，去找出至少三個具體並且對自己真實的例子。以兩個句子來示範：

①**完全相反**：這是一百八十度的轉變，把肯定句改成否定句，否定改成肯定。

他不關心我——反轉成——他關心我

他欺騙我——反轉成——他沒有欺騙我

②**轉向自己**：這是把句子中的每一個人都改成「我」，其他每個字都不變。

他不關心我——反轉成——我不關心我

他欺騙我——反轉成——我欺騙我

③**轉向他人**：也可以看成主客易位，換句話說，把我和批評的對象位子對調，其他每個字不變。

他不關心我——反轉成——我不關心他

他欺騙我——反轉成——我欺騙他

「四個提問」加「反轉」，是探究功課的完整流程，反轉不是獨立存在的步驟。沒有經過「四個提問」的過程，直接做「反轉」，會讓整個流程成為思惟智識的活動，對我們幫助不大，甚至有時反而會因為小我的抗拒，而感到受傷和挫敗。

邀請你去超越智力的活動。這些提問就像潛入心靈的探測器，將更深層次的認知帶到表層。先問問題，然後等待。一旦答案出現，然後再做反轉。表層的心智和更深層次的心智（我稱之為心靈）相遇，那時反轉的感覺就會像真正的發現。

——拜倫凱蒂

一旦我們能夠深入地去質疑一個想法，它就失去了讓我們痛苦的力量，最終甚至不再升起。「我不是放下我的念頭，」凱蒂說，「我以理解面對它們，然後它們放下了我。」

從四個提問到反轉，是一個有覺知的意識擴展的過程。個中玄妙，如人飲水，冷暖自知。我們無法從別人描述品嚐美食的滋味，而真正知道那是什麼樣的味道，探究功課也是如此。

本書的學習篇提供一個按圖索驥的方式，讓讀者隨著說明，帶領自己去體驗。如果偏好或需要有經驗的協導者帶領你做第一次的探索，可參照〈協導篇〉末的資源（第一六四頁）。

簡單總結功課的主要兩個基本內容：

一、覺察與梳理讓我們有壓力的念頭。（使用「我抱怨清單」以及「功課作業單」）

二、利用四個提問與反轉的探究過程，質疑有壓力的念頭。（可以使用「信念作業單」協助自己，也可以請協導者協助你。）

「心安住在家」網站

以上提到的三個作業單，便是功課中最常使用的三個文件，在〈學習篇〉中會有更多的說明。這幾個文件在網站上都可以免費下載使用，你也可以在本書的附錄中找到後面兩個作業單。

- 「我抱怨清單」。
- 「批評鄰人作業單」，本書中簡稱為「功課作業單」。
- 「一次一個信念作業單」，本書中簡稱為「信念作業單」。

> 你是否認為：你坐在椅子上，體悟了一個「洞見」，問題就此了結，從此過著太平歲月？我不認為如此。探究功課只是整個過程的「半途」而已，另一半要靠你具體「活出來」。除非它們化為行動，在生活裡隨時活用，否則你並未真正擁有它們。
>
> ——拜倫凱蒂

如何把在功課裡領悟到的智慧應用在生活上，是同等重要的，同時也是一種自然而然的發生。你內在的清明覺知會驅動你，去活出一種「為自己負責任」並且「誠實」的生活。功課的學習是全面的、是生活化的，也是知行合一的最佳實踐。在〈學習篇〉會提供：如何利用功課作業單，去活出自己想要的樣子。

在進入學習篇之前，我們來聽聽凱蒂對初學者的建議。

拜倫凱蒂功課國際華語協會

※凱蒂對初學者的建議

二〇一八年三月，我在凱蒂的九天功課學校擔任志工。那時我一時興起，想直接用手機，請凱蒂錄製一個簡短語音，向我在喜瑪拉雅語音平台的聽眾問好。凱蒂的慷慨完全出乎我的意料，直接請她的視聽團隊安排我訪問她。於是完全沒有經驗的我，只好打鴨子上架。

還記得那天歐海下著綿綿細雨，凱蒂夫婦連袂出席，我臨時準備了幾個問題，以中、英文交錯的方式，進行這段採訪（而其實對觀眾而言，這並不是最有效的分享方式，所以影片最後保留英文原音，加上中文字幕，呈現給觀眾）。在我口譯中文的時候，凱蒂夫婦全程耐心等候。現在回想起來，自己就像個不知天高地厚、學步的孩子，在父母面前玩扮家家酒。

凱蒂在這一小段的問答，精闢點出：與他人比較，造成我們自身的不平衡，練習功課讓我們有機會拿回自己的心智，回歸平衡的中心點。我們無需仰賴他人來減輕自己的壓力和痛苦。

您對不熟悉英文的學習者有什麼建議呢？

首先我會建議大家去登錄 www.thework.com 官網，聯繫所有會講中文的認證協導師，她們通過了全方位的培訓課程計畫，經過數年的學習，才可以在那個網站上公布她們的個人資料，那是第一步。然後在網站上，找到「批評鄰人作業單」的中文版，和一本介紹功課的小書。

拜倫凱蒂和史蒂夫向全球華人致意
功課要旨與《金剛經》

然後我會邀請他們，當他們真的在做功課的時候，慢下來。功課是靜心冥想，是一種找出並且質疑導致我們生活中所有痛苦念頭的方法。這樣我們就有機會拿回自己的心智，不必再依賴其他人，我們有自己的參考。

頭腦會喜歡與他人比較，每次比較，我們變得要嘛自大、要嘛自卑，一個是自我膨脹過高和痛苦，另一種則是抑鬱和心痛。所以當我們找出並質疑造成痛苦的念頭，我們開始平衡在自己的中心點。

不論我們是貧窮還是富有、有才幹還是沒才幹，它自己會回到平衡。我們的壓力水平，我們的痛苦程度，真的可以減少，不需要其他的老師，只需要我們自己。

拜倫凱蒂網站

拜倫凱蒂網站中文版

學習篇

4 如何利用探究功課處理生活中的困境？

功課可以探究的範圍無所不包，任何生活中不愉快的情況都可以處理，大至伴侶的背叛，小至討厭與自己無關痛癢的事，比如鄰居的吵架。你可以追溯到你最初的記憶，也可以處理對未來的恐懼，甚至包括讓你驚恐或不舒服的夢境。

如果功課對你而言是全新的經驗，你不妨先看看其他的篇章，尤其是〈應用篇〉和〈生命故事篇〉。等你準備好了，再跟著以下的步驟體驗。

步驟一、確定念頭與相應的經驗場景

有兩種做法：一種是從實際的經驗中，找出引起情緒的念頭；另一種是由念頭直接入手，去找相應的場景。

＊從實際經驗中找念頭

從實際經驗中去找當時造成你困擾的念頭，比如朋友和你約好時間見面，時間到了好一會卻不

見人影，而你可是婉拒其他邀約，氣急敗壞地趕來和他赴約的，當下你覺得很懊惱。這就是你的經驗場景。

去覺察懊惱背後是什麼樣的念頭：他不應該遲到、他耽誤我的時間、我要他準時到來、他至少事先跟我說一聲、他害我趕得上氣不接下氣、他太不守時了、他害我推掉一個重要的事情、早知道他會遲到，我可以先處理好……你可以從這一堆念頭裡，選擇其中一個入手，通常可以選擇那個讓你感到最有情緒的想法。

＊從念頭直接入手

另外也可以根據常常出現的念頭，來找相應的場景。比如：媽媽數落我、他不尊重我、老闆批評我、先生挑剔我。選擇想要探究的念頭之後，從過去的經驗裡，找出一個特定的情境或場景，在當時你有了這樣的念頭，並且感受到了當時的情緒。

一個場景的基本要素，有如一個電影畫面，包括時間、地點、在場的人物，以及其中的對話或互動。首先邀請你閉上眼睛，確定在腦海中看到了這個畫面，然後把重點簡單寫下來。在整個功課的過程，無論是填寫功課作業單，或是進行探究過程，會一再回到這個經驗，也就是這個畫面裡去觀照。

固定在一個特定的場景，對於做功課，有關鍵性的意義。功課最接地氣的部分之一，就是完全從我們自己的經驗入手。既然是從我們真實的經驗入手，那麼是否連接到我們真實的經驗，具有決定性的意義。如果不能與真實的經驗掛勾，找到相應的腦神經迴路，那麼我們依然只是在腦海裡編織自己的故事，於事無補，也無法真正解決我們的問題。這也是為什麼心理學家羅傑斯會一再強調，回歸自己真實的經驗，去發現更接近真相的理解。錨定場景的用意與重要性，在〈關鍵篇・從社會心理學的角度〉的探索（見第一一五頁）有更詳細的說明。也可以先去閱讀這一部分，再回來繼續。

此處就用「媽媽數落我」，來說明如何進行功課的探索。首先我們找到一個相應的場景：

＊確定場景的描述

幾年前一個週六下午四點左右，媽媽來我家，看到門外包裹，拿進來看到我，臉垮著抱怨說：妳又買衣服！要節約點，有的時候要防無日，你太不懂事了。

步驟二、填寫功課作業單

不一定需要針對每個事件填寫功課作業單。如果你已經找到一個不愉快經驗中的念頭，並且有明確的場景，即可以隨時直接進行第三個步驟：探究過程（四個提問和反轉）。

不過填寫功課作業單有許多好處，也是實踐功課不可或缺的工具。如果真相是你感興趣的，並且想從功課的學習獲得最大的利益，填寫功課作業單是很重要的一環，請參考〈關鍵篇．功課作業單是為自己量身訂作的幸福良方〉的說明（見第一三三頁）。

完成步驟一後，作業單的第一道題其實已經完成了。接下來的每一道題，都需要把自己錨定在這個場景之中。

你也許會留意到腦子想要一網打盡，把過去所有的怨言傾囊而出。請提醒自己，我是在為自己找真相，重新去檢視那個讓自己不舒服的經驗，而不是再次任由自己被既有的模式拉得團團轉，在過去的記憶和未來的想像中打轉。學習一碼歸一碼，而不是驟下結論、一竿子打翻一條船。所以，盡量只針對當時的狀況來寫，並且盡量用簡短的句子。句子如果太長，可以拆成兩三個句子。

步驟一圖示：場景的梳理	
時間	不一定需要明確的時間，留意到是一天當中的哪個階段，我們正藉由這些訊息，調取你貯存在大腦記憶庫裡的那個特定經驗。
地點	媽媽站在我家玄關，我站在離她不遠處。
對方是誰	媽媽。
對方說了什麼、做了什麼，引發了你的情緒	媽媽垮著臉說：你又買衣服，要節約點，「有」時要防「無」，你太不懂事了。
情緒	此刻感受一下你的情緒，是憤怒、煩躁、傷心、失望、擔心、無奈、焦慮，還是只是輕微的不滿或不耐煩？情緒通常是和原始經驗連結的最佳索引。情緒不明確也沒關係。可以參考書中所附的情緒明細表。
當時最強烈的想法／念頭	媽媽數落我。

填寫功課作業單和探究一樣，是一個靜心冥想，也是一個和自己愈來愈接近、聆聽自己的過程。念頭經常是成群結對而來，並且是以迅雷不及掩耳的速度蜂擁而至。功課作業單的基本功能是，幫助我們梳理在當時情景中內心的那團亂麻，以及潛藏在表層念頭底下的潛在信念。

如同之前提到，把自己的抱怨寫在紙上，我們正把似乎無形無相、左右我們生命品質的那些心念，邀請到這個物質世界裡。這不是一件小事，單單這個動作或習慣，足以開始引領你的生命往更清晰、更有自覺的方向前進。

▪ 第一道題：我對媽媽感到煩躁生氣，因為她數落我。

▪ 第二道題：想要——我想要對方……

在當時的情況裡，你認為媽媽數落你，是你不願意看到的一個狀況，那麼你想看到的是什麼樣的狀況呢？對方的表現在當時令你不滿，那麼你想要他做什麼樣的改變，才能符合你理想中的狀態？

直接用「我要對方如何如何」來表達。先不考慮對方是否能做到，這是和你有關，你在勾勒你認為的理想世界是什麼樣子；也先不考慮自己要的有沒有道理，或是否不切實際。

這是你的作業單，別人不需要看見，在這裡，你可以漫天要價，讓心底的聲音有機會徹底釋放出來。所以，你有機會為自己去檢視，都是那些渴望在無形中左右自己的生活，同時也學會如何去表達自己的想要。

邀請你，閉上眼睛，把自己安置在原來的經驗裡，跟當時的情緒在一起。在那個情緒中的自己，希望對方做哪些改變？此刻，不管內在出現什麼樣的念頭，歡迎它，把它寫下來。這裡沒有對錯，沒有適不適合，我們僅僅是邀請。

我要媽媽不批評我。我要她讓我自己做主。我要她相信我有分寸。我要她別再管我。

第三道題：建議——對方應該或不應該

既然對方的表現不符合你的期待，那麼你可以給他具體的建議，他聽明白或了解後，比較能表現出你想看到的樣子。換句話說，他比較容易做到你在第二道題所描述的狀態。直接用他應該如何或不應該如何。同樣的，與當時情緒中的自己在一起，看看此刻內在升起的是哪些應該與不應該，藉這個機會讓它們站上舞台。

比如說，在這個示範的例子裡，第二道題：我要媽媽不批評我，我要她讓我自己做主。我可以如何勸說媽媽，像一個好朋友一樣提供她具體的建議？如果她照著做，會比較願意或能夠不批評我，以及讓我自己做主。

媽媽應該先了解狀況。她不應該用她的想法來要求我。她應該尊重我的自主權。

她不應該干涉我的事。她不應該看到包裹就嘮叨。

我們對周遭的人有很多要求和期待，卻往往不知道如何幫助對方去達到我們的要求。當對方做不到或沒做到，我們的反應經常是失望、挫敗、生氣，要嘛責怪對方不願意配合或不看重自己，要嘛怪罪對方能力太差、反應太慢。

作業單上的第三道題就是我們最佳學習機會。如果第二道題是我們想要的，那麼我們能不能具體告訴對方如何做到呢？以一種合情合理的方式列出來。所以第三道題可以看成是：我們如何幫助對方給予我們「我們想要的」。

■第四道題：需要——我需要對方……（我的快樂處方）

表達完給對方的建議之後，回過頭來看看自己。處在當時難受的情緒裡，無論是煩躁、生氣、傷心、暴怒或無奈，就在那個時候，你不想見到的狀況已經發生了，你需要對方說些什麼或做些什麼，才能夠再開心起來？不是明天，不是將來，就是此時此刻。這是至為關鍵的。邀請你再度閉上眼睛，回到當時的場景裡，很安靜地貼近自己的內心，什麼是你此刻最需要對方為你做到的？讓你能夠破涕為笑、神采飛揚、手舞足蹈，真正開心起來！

那些你希望他明天或將來做到的，此刻從心上跳出來，依然可以寫下來。但一定記得，找到那個在當下就能讓你快樂起來的處方。這是你自己的仙丹妙藥，既沒有標準答案，也沒有人可以為你周全設想到。慢慢來，沒關係。這只是個開始。

如果這是你第一次嘗試寫功課作業單，可以進行到這裡，就值得為自己高興。如果到目前為止，你仍然處在瀏覽狀態，也要讚歎你的耐心和思慮的縝密。一切都是剛剛好。

我需要媽媽微笑拿起包裹。我需要媽媽開心享受我買的東西。我需要媽媽認可我的決定。

我需要媽媽對我表示感謝。

▪ 第五道題：抱怨——他／她是……

這裡是你情緒宣洩的好機會，把當時對他的種種埋怨不滿，通通寫下來，不必客氣。這是屬於你的空間，小我難得有機會盡情展示它自己，想到什麼就寫什麼。如果你留意到，寫下來的句子裡仍然有應該或不應該，就把它們放回第三道題。

有一個小小提醒，也是一個新習慣的邀請。在寫出自己的評判時，盡量用形容詞。去留意自己想要寫，像是對方是一個不知好歹的人，差勁的人，只要把後面「的人」暫時刪除就好。因為我們在這裡只是針對這個特定的經驗本身，不需要把它無限上綱到對方就是如此的一個人。在你的世界裡，他也許真的是如此的人，但是就功課的探究本身而言，我們在學習一碼歸一碼、就事論事。不讓頭腦習慣下結論的思惟方式，把自己困在一個非黑即白的概念世界，而忽略了眼前活生生的人。

媽媽是節儉的、操心的、多管閒事的、囉嗦的、害怕的。

第六道題：我再也不要……

作業單的最後一道題，問自己在這個經驗裡，不管是關於這個人或這件事，什麼是你再也不想要經驗到的？那個讓你最難受、最抗拒的是什麼？那個想起來就讓你覺得不願意去面對的是什麼？以我自己的經驗，靜心冥想一整張作業單下來，往往可以觸及到內心那個邁不過去的坎，這裡就是把它寫出來的機會。

我再也不要經歷媽媽數落我；我再也不要經歷媽媽看到我購物就嘮叨。

你可以把填寫功課作業單看成是像學習游泳。寫完一張作業單，就代表你已經成功從這頭游到對岸。速度、姿勢都不重要，在水中的深淺也不重要。剛開始學習的夥伴，有些寫出來的作業單，第二、三、四道題內容幾乎是一樣的。像是：我要他尊重我，他應該尊重我，我需要他尊重我。這

THE WORK OF BYRON KATIE

批評鄰人作業單

想一個和某人在一起，讓你感到有壓力的情況——例如，一次爭執。當你冥想那個特定的時間和地點時，開始去感受當時的感覺，然後填寫以下的空白。用簡短的句子。

1. 在這個情況裡，誰讓你感到憤怒、困惑、受傷、傷心或失望，為什麼？

我對 __媽媽__ 感 到 __煩躁生氣__ ，因為 __她數落我__
人名　　　　　　　　情緒

我對保羅感到很生氣，因為他騙我

2. 在這個情況裡 ，你要他/她做怎樣的改變？你要他/她做些什麼？

想要　我要 __媽媽__ 不批評我購物太多。 我要她讓我自己做主。我要她相信我有分寸。 我要她別再管我。
人名

我要保羅看到他錯了。我要他停止騙我。

3. 在這個情況下，你想給他/她什麼樣的建議？「他/她 應該/不應該」

建議　__媽媽__ 應該先了解狀況。她不應該用她的想法來要求我。她應該尊重我的自主權。

她不應該干涉我的事。她不應該看到包裹就嘮叨。

保羅不應該用他的行為嚇唬我。他應該做一個深呼吸。

4. 在這個情況下，為了讓你高興，你需要他/她怎麼想、說、感覺或做？

需要　我需要 媽媽 __微笑拿起包裹。 我需要媽媽__開心享受我買的東西。 我需要媽媽認可我的決定。

我需要媽媽對我表示感謝。

我需要保羅停止說話蓋過我。我需要他真正聆聽我說話。

5.在這個情況下，你對他們有什麼看法？請列出來。(可以瑣碎和苛刻)

抱怨　__媽媽__ 是 節儉的 、操心的、、多管閒事的、囉嗦的、害怕的、
人名

保羅是個騙子、傲慢自大、講話很大聲、不誠實，而且毫無自覺。

6. 關於這個人和這個情況，你再不想要經驗什麼？

我再也不要經歷媽媽數落我；我再也不要經歷媽媽看到我購物就嘮叨。

我再也不要保羅對我撒謊。我再也不要不被人尊重了。

現在，用以下功課的四個提問，質疑你的每個句子。對於第六道題句子的反轉，請用「我願意……」，「我很期待……」取代「我再也不要……」。

四個提問

例子：保羅騙我。

1. **那是真的嗎？**（是或不是。如果不是， 直接跳到第三個提問。）
2. **你能完全知道那是真的嗎？**（是或不是。）
3. **當你相信那個念頭時，你是怎樣反應的，發生了些什麼？**
4. **没有那個念頭，你會是誰或是什麼?**

反轉念頭：

我騙我。

我騙**保羅**。

保羅**沒有**騙我。

保羅對我**說實話**。

當你想像這個情境，沉思每個反轉如何對你是一樣真實或者更真實**。**

就是這張作業單應該有的模樣，完全沒有問題。我自己剛開始的時候，也會有這種狀況。那已經是一個很好的開始，你已經成功下水，游到對岸了。

當你的覺察力越來越靈敏，練習越來越多，功課作業單就逐漸能反映你內心的錯綜複雜。回到游泳的比喻，你越來越能留意到身體可以注意到的細節，姿勢自然來得更流暢，你甚至可以開始潛水，去探測你內心那些小小的角落。每個人都有自己學習的步伐，尊重內在顯現給我的，無論那是什麼，遠比速度或所謂的完美要重要得多。

完成功課作業單的填寫之後，便可以進行步驟三：四個提問與反轉。通常我們會從作業單上第一道題的概念開始探究，可以把第一道題看成是整張作業單的主要核心概念，我把它比喻成房子的屋頂；隨後的五道題，有如支撐主要核心概念（屋頂）的梁柱、牆壁。

依照下面的步驟三，探究完第一道題的概念後，一般的做法會接著探究第二道題，逐一探究；然後第三道題、第四道題等等，一直到第六道題。然而根據經驗，往往你還沒有前進到後面的幾道題，你的房子就已經倒塌了；換句話說，你對原來的經驗已經完全改觀了。原來困擾你的這些念頭，現在看起來，可能會覺得有點好笑。

另一種常見的做法，是從每一道題當中選擇一個信念，進行探究。一旦你熟悉功課作業單的填寫與探究，你有完全的自由，如何利用這張作業單找到自己的自由。在我們共修的課程裡，我們應用不同的方式與功課作業單互動，經驗是豐富的，滋味是甜美的，心裡是踏實的，頭腦是清澈的。

你可能會留意到頭腦裡已經開始出現一些雜音，比如說：天啊！如果每個不愉快的經驗都寫一張作業單，每張作業單上面的概念都要進行探究，那麼我何年何月才可能處理完我所有的不愉快的經驗呀?!你同時也感覺到這些念頭的沉重了嗎？你可能正舒服地坐在椅子上，什麼也沒發生，只是看著這本書呢！

這些問題幾乎是所有剛開始學習功課的人們共有的，包括我自己在內。真相是：每一次只要處理一個念頭而已。如果每一星期能撥出時間探索至少兩個念頭，長期以往，你的生命自然發生變化。那些願意每天像用早餐一樣練習功課的夥伴，所經驗到的變化近乎脫胎換骨。那個認為需要處理完許許多多不愉快經驗的想法，也僅是此刻腦海裡出現的一個念頭而已。

最奇妙的是，當你養成一種「把念頭寫下來」的習慣，不管是「我抱怨清單」或是「功課作業單」，即便不定期地針對這些念頭做探究功課，它們似乎開始信任你和這個過程。腦海中的雜音（或者說困擾）會越來越少，它們似乎願意在紙上靜靜等候，直到與你在探究過程中相會……

步驟三、探究過程（四個提問與反轉）

現在來進行念頭的探索，以這張「媽媽數落我」的功課作業單當示範。協助自己功課的部分可以使用「一次一個信念作業單」，信念作業單是一個書寫式的冥想。作業單的左側是引導你的提問，你可以直接在右邊作答。四個提問之外，在第三個提問下面，有幾個輔助問題。這些輔助問題可以幫助你以不同的視角去觀察當時的經驗，涵蓋了一個全方位經驗裡的幾個主要元素。

＊四個提問：

①這是真的嗎？

②你能完全知道這是真的嗎？

③當你相信這個念頭時，你是怎麼反應的？發生了些什麼？

・當你相信那個念頭時，出現了什麼情緒？

・當你相信那個念頭時，你的腦海中出現了有關過去及未來什麼樣的畫面？

・當你相信那個念頭時，你是怎麼對待你自己與其他人？

④沒有這個念頭，你會是誰或是什麼？

＊如何回答四個提問？

功課的回答，有別於一般的問答。嚴格來說，它不是一種回答，不是頭腦邏輯性的回答，也不是根據自己的想像和推測；它是一種靜心冥想與傾聽，傾聽內在呈現給你的答案。

二〇一八年我訪談凱蒂的那一次，凱蒂非常清楚地解釋了如何回答四個提問，也點出了，什麼是功課的回答、什麼不是。這次幾乎是凱蒂最清楚的一次解說，歡迎大家掃描 QRcode 觀看。我也把重點節錄在本書裡，讓讀者可以直接參照。

※凱蒂對回答提問的說明

您經常說，當你停止回答問題時，功課就停止發揮作用。您能詳細說明一下嗎？這在做功課的過程，看起來是怎樣的呢？

探究功課是聆聽。

如果我認為我有些地方不對勁，然後我問自己：

「我有些地方不對勁，那是真的嗎？」

然後我需要變得很沉靜，並且傾聽。閉上眼睛，看有什麼浮現出來？這讓我看到了一些非常真實的東西。那感覺是對的，我愛我內在的平衡，那是通向平靜的路，那就是探究功課。

那麼，「當我相信我有些地方不對勁，我是如何反應的？」我會非常安靜，閉上眼睛。

「我是如何反應的？相信這個想法時發生了什麼？」

我會去看，當我相信那個念頭時候的一個場景，
我會去見證，從我內在的眼睛去看，在那個場景裡的我的影象。
它是怎樣的感覺？那些感覺是多麼的深刻。
我說了什麼？我做了什麼？不論我感到多麼羞恥，功課是屬於個人的。
我只是在見證，我不是在回答，我是在見證我是如何反應的。
我是被顯示的。I am being shown.
你永遠不會知道會在那看到什麼，它可能會讓人非常謙卑。

第四個提問，也是最後一個問題。
我繼續冥想在那個場景中，
「沒有這個想法，我會是怎樣的呢？」
那個場景中，同樣我的影象向我展示。
如果我放掉我的故事，我只是看著，
我體驗到，就像我剛才見證到的，巨大的慈悲心，還有對自己從來沒想到過可能的一種仁慈與同情，以及當時相信那個想法所帶來的困惑。

我們做了四個提問，接下來做反轉：

「我有些地方不對勁」的相反面是什麼？

我有些地方是對的

現在我閉上眼睛，開始冥想。

我去看那個場景中，我有些地方是對的例子。

當我定靜在那個場景中時，我開始看到我是對的地方。

我看到我是多麼的無辜，並且我現在正在做功課，讓我能夠醒覺於那時痛苦的起因。

回答功課提問的重要關鍵

結合我多年的經驗，以及凱蒂在不同場合的解說，我整理出來六個重要關鍵如下表。

四個提問的作用是：邀請我們以一個觀察者的角度，回顧當時的經驗，去為自己釐清當時所發生的事實是什麼。以前相信念頭，內在發生些什麼，呈現在外的又是些什麼？從此刻安全、定靜的狀態下，回頭去經驗當時的一切，而沒有了原來紛紛擾擾的念頭，我能為自己體驗到什麼呢？

回答功課提問的重要關鍵

1. 安住在特定的場景裡（Anchor）
2. 傾聽（Listen）
3. 與自己內心的連結（Connect）
4. 等待答案的浮現（Wait）
5. 觀照／見證（Witness）
6. 描述與報告（Report）

因此，把觀察聚焦在一個特定的經驗是必要的。既然我們是在調取腦海裡原來經驗的記憶，那麼我們需要做的是關注內在呈現給我們的，而不是腦袋裡的想當然爾或猜測。

全神關注內在的呈現，就是一種傾聽與等待，讓自己完全沉靜下來，這個等待的本身就是在建立與自己內心的連結。當沒有腦海聲音的干擾，當你真誠地問，你會注意到浮現在心頭的答案或畫面。無論是回答四個提問，或是等待反轉的例子，都是同樣的傾聽與等待。

還記得我在序言裡分享一位夥伴的經驗嗎？她為終於能聽見內在的聲音而悸動不已。頭腦是編故事的高手，我們經常被它忽悠而不自知，以為出現在腦海裡的就是真的，以為那個就是自己想說的。因此，讓自己完全安靜下來，才有機會聽到來自你內在的聲音，那也是內在智慧升起的地方。

當你留意到內在呈現的答案或畫面，你所需要做的，只是去觀照與見證當時的一切發生，然後如實地將它描述出來。過程當中，你可能會留意到情緒的升起、身體的緊縮，宛如自己又重新經歷一遍當時的狀況；但你也會注意到，你同時也是那個帶著覺知在進行觀察的主體。你只是在觀察當時場景裡的自己，真正的你正在進行功課的探究，沒有把自己再陷入風暴圈的必要。而此刻升起的各種情緒、感受、畫面都是被歡迎的，也都是自然而然的。我們在見證一個特定的經驗，就如同看電影一樣，心情會跟著起伏，但你知道，你不是電影裡的那個人。

因此，你是全然安全的，可以仔仔細細地去回看，那些當時自己可能忽略掉的片段、細節，包括對方的表情、肢體語言，更包括當時自己無法看見的「自己」或對方眼中的自己：自己呈現在外的表情、語氣、肢體語言。

這樣的回顧，相較於我們原來初始的經驗（尤其是當時陷入情緒中的自己，可能只有九十度或更狹窄的視野），是更全面而完整的。第三個提問，包括許多輔助問題，都是在幫助我們全方位的審視原來的經驗。

現在讓我們一起來體驗：

＊實際案例操作

開始之前，邀請你把自己帶回到當時的經驗裡，通常閉上眼睛比較容易與當時的經驗連結。慢慢把心靜下來，你正要開始一場與內心連結的練習。答案沒有對錯，最終的答案是什麼也不是最重要的，這是一個意識擴展的過程，你的腦神經網路將因此而變化，那才是關鍵所在。在這個練習裡，你可以替換上自己的場景和念頭。

確定場景：

幾年前一個週六下午四點左右，媽媽來我家，看到門外包裹，拿進來看到我，臉垮著抱怨說：

你又買衣服，要節約點，有的時候要防無日，你太不懂事了。

地點：
媽媽站在我家玄關，我站在離她不遠處。
對方說了什麼、做了什麼，引發了你的情緒？
媽媽垮著臉說：你又買衣服，要節約點，「有」時要防「無」，你太不懂事了。

・第一個提問：這是真的嗎？（答案只有是或不是）

邀請你閉上眼睛，回到當時的場景，從這一刻開始慢慢安靜下來。媽媽數落我，那是真的嗎？看著當時在玄關的母親，掉著一張臉，口中說著……她這是在數落我嗎？仔仔細細去看，當時事實的真相是什麼。

如果第一個答案是：是的。那麼再給自己第二次機會。

・第二個提問：你能完全知道那是真的嗎？

你能打從心裡完完全全知道，媽媽這麼說、這麼做，是在數落我嗎？閉上眼睛，靜下來，去感受心頭的變化，去等待它給你的答案。

同樣的，答案只有是或不是（能或不能），不給理由去體驗這個簡短的答案。你也許留意到自己有想要解釋的衝動，尤其有人在協導你的時候，留意到就好。解釋會將你從當下踢出來，又回到腦海的概念裡。就像凱蒂常說的，當你停止回答問題，功課就不再起作用了。第二提問問的是「是」或「不是」，任何離開簡單的肯定或否定的答案，就是停止回答這個問題。

另外，我邀請大家去體會「知道」這兩個字，這個知道可以發生在頭腦理性的了解，也可能發生在心頭的一種心領神會。你是不是曾經有過這樣的經驗？你無法解釋，但你就是直覺地知道，不需要分析，一種來自心頭的感受。

無論是來自哪裡的知道，這是你的功課，這是你的歷程，你的答案就是對的。

■ 第三個提問：當你相信這個念頭時，你是怎麼反應的？發生了些什麼？

剛開始練習的時候，可以借用以下的輔助問題，做一個全方位的觀察：

①當你相信那個念頭時，出現了什麼情緒？

當我相信「媽媽數落我」，我感到氣餒、煩躁、失望、生氣、不滿，想要反抗，想要抗辯，也有一種無奈和無力感。感覺好像說什麼也沒用。

②當你相信那個念頭時，你的腦海中出現什麼有關過去及未來的畫面？

我回想到過去許多次媽媽批評我買東西太多或太貴的畫面，也認為她在未來還是會這麼做。

（剛開始練習時，可能注意不到腦海中的畫面，你可以把這個問題轉化為，「有沒有想起什麼過去的事情？或想到未來什麼事情？」比如說，你看過自由女神像嗎？有沒有發現你腦海中似乎隱約看到自由女神像？或者，你媽媽頭髮什麼顏色？留意一下你腦海中出現的。）

③看到這些畫面，經驗到這些情緒，注意到身體有什麼樣的感受嗎？

我感覺喉嚨是緊的，手臂感覺無力，胸口悶悶的，頭腦發脹，胃還有點不舒服。

④當你相信那個念頭時，你怎麼對待媽媽？

我不想看她，我迅速別過臉去，想把話題扯開，又不想回應她，也不想讓她看見我買的東西，想要遠離她。腦海裡埋怨她囉唆、管太多，不分青紅皂白就數落我，覺得自己很委屈。都已經是成年人了，錢也是自己的，她要到什麼時候才肯放手？她接下來講什麼，我也聽不進去了。感覺到自己的臉部僵硬，卻又勉強自己不發脾氣，板著一張臉，匆匆地從她手上拿走包裹，就往自己的房裡走，也沒有招呼她。

⑤當你相信那個念頭時，你怎麼對待自己？

我壓抑自己的情緒和感受，也要求自己要做一個好女兒，不能對媽媽發脾氣，想要假裝若無其事，卻又很難做到。責怪自己這麼沒能耐，也怪自己沒早一點把包裹拿進來，她就看不到，也不至於又來說我。明明知道她要來，自己還這麼不小心。

以上的輔助問題概括在第三提問裡探索的基本面向。更加熟悉功課之後，許多功課實踐者發展出更多的輔助問題，用來幫助自己與夥伴做更深入的探索。我的經驗是，當探索成為一種自然的習慣，在協導別人的時候，提問自然浮現，一切都會剛剛好。

■ 第四個提問：沒有這個念頭，你會是誰或是什麼？

暫時放下一切的念頭和故事，看著玄關中的母親或老太太或一個女人，靜靜看著她的表情和動作，聽著她的每一句話，去感受你心頭的變化。

我看到她幫我拿進來包裹，臉上似乎有一種憂慮和擔心，感受到她對這件事情的在意，那股殷切切背後對女兒的關心。聽到她說，「妳又買衣服喔！」是的，我確實又買了衣服，她沒說錯。

「要節約點，有的時候要防無日。」這句話很有道理，這是媽媽一向奉行的生活準則，也從不吝惜分享給我。

「你太不懂事了。」我突然噗哧一聲笑了出來，原來在親愛媽媽的眼裡，我還是那個受她寵愛的小女孩，還是那個不經世事的調皮蛋，在一位七十多歲的老人家眼裡，她自然比四十多歲的女兒懂事呀！

我感受到心頭暖呼呼的，有一種想要擁抱她的衝動。除了她，還有誰能看到我的不懂事，會原諒我的不懂事呢？沒有原來的念頭，我是輕鬆的、自在的、感恩的、快樂的享受媽媽的「埋怨」。

我會開心地迎向前去，接下包裹，給她一個歡迎的擁抱。我會撒嬌說：是的，媽媽，您說得對！沒有您常常提醒我，我要流落街頭就慘了！我親愛的媽媽可就傷心了！

剛開始學習的夥伴，如果不曾有過靜心冥想的經驗，經常表示很難回答第四個提問，很難把自己處在一種沒有念頭的狀態，去再次經驗原來的情況。可能也有夥伴對上面第四提問的回答感到詫異，不明白這個轉折是怎麼發生的。這兩個情況，我都經驗過。我自己也是從那個困惑點開始的，它是可以學習的。只要我們肯練習，不需要太長的時間，我們都有能力把自己暫時帶進一個沒有念頭的狀態。

來談談如何回答第四提問。「沒有這個念頭，你會是誰或是什麼？」在口語的協導中，有時候我會把它翻譯成：「沒有這個念頭，你會是怎麼樣呢？」它的答案是相對開放和寬廣的。它純粹在問，在原來的經驗裡，沒有腦海裡的任何念頭或自己賦予當時經驗的故事，你會是什麼樣子的？你可以回答你的感受、看見，你會有如何不同的反應或做法、你整個人的狀態。你只需要根據內在呈現給你的回答就好，沒有標準答案。有些夥伴會留意到別的念頭出現，或內在仍然有抗拒，留意到就好。如果實在無法進入靜心的狀態，也可以試著先進行反轉，再回過頭來經驗第四個提問。

綜合多年來協助初學夥伴的經驗，下列幾個方式都可以試試，然後靜靜的等待。

①把自己從原來的角色中抽離，把現場中的人物都當成是第一次遇見；換句話說，類似在晨間漫步中的練習，不是母女的對話，也不是夫妻的對話，而是兩個女人或一男一女的對話，而且是第一次的對話。去仔細聆聽一字一句，不去猜測對方可能有別的意思，就只是按照字面上的意思去聆聽。先去好好了解到底對方在說些什麼，然後去留意自己內在的覺受有什麼樣的變化。不著急，慢慢來。

②先讓自己安定在原來的場景裡，調整自己的呼吸，像晨間漫步一樣，觀看在場景裡的擺設或環境，比如窗外的景觀、眼前的桌椅，等你安定下來，準備好了，再去觀看對方。以慢動作的方式進行。你就只是看和聽。

③你也可以把自己擺在一個純然觀察者的角色，宛若站在門邊或角落，去觀看在場景中的人物。

我們經常發現會有與原來全然不同的體驗，每個人都不一樣。你的體驗對你而言，就是你的真實。我自己多次經驗到，當我能暫時放下一切故事與身分認同再去觀察，純然活在那個當下的時候，內在的智慧會給我不同的應對方案。我會看到，原來我可以這樣回應啊！這種方式通常是更有智慧、更幽默、更有效率、更清爽、更和平、更有愛的。

＊反轉——並找出反轉的例子

‧完全相反：媽媽沒有數落我

①我在第四提問裡，感受到的是一個母親對女兒的擔心，她只是在表達她的看法與建議。
②她並沒有說我做得不對。她只是認為，對她而言，這是一個不懂事的表現。
③她幫我把包裹拿了進來，並沒有在當下要我做任何的改變，說了那幾句話之後，也沒有再提這件事。也沒有進一步的批判或不讓我買東西。

‧轉給他人：我數落媽媽

①在回答第三提問時，我看到自己在腦海裡如何批評她，感覺我數落她的聲音遠比她說我的幾句話要多得多。
②我不僅在當下埋怨她，給她臉色看，在內心也排斥她，想躲開她，不想理她。
③我當時腦海裡出現的畫面都是在批評她的，都是怪她不好的。還想像她將來也是如此這般垮著臉數落我。

▪ 轉給自己：我數落我

我當時責怪自己好幾件事：

①沒早一點把東西拿進來。

②沒能做個好女兒，也覺得自己買東西的行為是不好的。

③批判自己做不到若無其事。

④另外，腦海中出現媽媽數落我的畫面，等同於我拿過去的經驗來數落自己。那並不是在當下發生的事情，那是我過去的記憶和想像。包括對未來的想像，也是自己數落自己。

通常一個句子有三種基本反轉，有時候更多，有時候更少，依句子的形式而定。另外第六道題的反轉與前五道題不相同。以下另外說明。

＊特殊的反轉

第六道題的句子只有兩種反轉的形式：

「我再也不想聽到媽媽數落我」反轉成

「我願意再聽到媽媽數落我」以及

「我期待再聽到媽媽數落我」

然後針對每個反轉後的句子，舉幾個例子，說明為什麼你會願意和期待。例如：

我願意，因為媽媽在將來可能還會再數落我，我可以藉那個機會知道自己是不是真的可以對這件事釋懷，也可以知道自己是否會再因和媽媽不同的作法而責怪自己。

我期待，因為那就是媽媽表達愛的方式，也是讓我享受母愛的時刻，也期待自己可以找到安撫她恐懼擔心的辦法。

第六道題句子的反轉幫助我們，能張開雙臂迎接生命中所有的想法和經驗，尤其那些你原來強烈抗拒的，因為同樣的情況可能會再度發生。它會顯示出，生命中還有哪些是你仍然抗拒或排斥的經驗。如果你感覺到自己依然抗拒任何一個念頭，那表示還有尚待處理的部分。

這裡介紹幾個方法讓你參考：

①你可以將整句話拿來探究，用四個提問和反轉。也就是，質疑「我再也不想聽到媽媽數落我」這一個概念，反轉的時候，比照上面處理，反轉成「我願意……」及「我期待……」。

②如果這個概念是你之前不曾探究過，多半是第一次出現在這張作業單上，那你可能需要針對這個念頭做功課。比如說，我再也不要經驗他誤會我，你可以只針對「他誤會我」進行四個提問和

反轉。

③使用友善的宇宙提示句去找可能的例子。

可以問自己，「如果宇宙是友善的，我願意……和我期待……對自己、對他人、對世界各有什麼好處呢？」以上面的例子來說，就是我願意媽媽再數落我，對我、對媽媽、對世界各有什麼好處呢？

一如所有的反轉，詢問之後，靜下來，慢慢等待內心的答案。

我們在許多情況都可以使用這個提示句，主要是針對已經發生的事實，讓我們學習去留意，找出那出乎我們意料之外，或者我們所抗拒的事情背後真實而美好的理由。

功課是一個觀察生命本質的練習，是把自己帶回現實中來、帶回事物良善本質的一個途徑。當你能誠實地期待著以往不適經驗的再度降臨時，你的生活將不再有任何恐懼，你會將生命中的一切視為帶給你自我領悟的禮物。

活出反轉——活出你想要的樣子

在完成功課的探究之後，你已經不是原來的你，那個原來讓你感到煩躁憤怒的經驗，已經有了新的意義與感受，與母親（或你批判的對象）在內心裡開始有了細微的連結。然而我們的慣性和長久以來的習氣是強大的，如果我們可以把這一丁點珍貴的看見和體悟，用具體的行動來鞏固它，並持續針對任何帶給我們壓力的念頭做探究功課，便能更徹底和快速地改變我們的慣性與習氣，讓我們的生活逐漸輕鬆、自在與快樂。

在每個功課的體悟之後，你有完全的自由，決定在生活裡做什麼樣的改變；同時你可能也會發現，即使你不做什麼事，你再一次看見媽媽（或批判的對象）時，內在的感覺是不一樣的，會相對地輕鬆自在，不再那麼緊繃。以前面剛剛做過功課的概念為例，這位夥伴表示，下次同樣事情再發生時，她已經知道怎麼處理了，因為在第四個提問，她的內在讓她看見，她可以如何回應媽媽。

許多夥伴（包括我自己在內）都有類似的經驗。當我們去重新經驗原來的場景，而沒有原來困擾我們的念頭或任何的故事，在內心相對沉靜安定的狀態下，我們內在的智慧自然湧現，很多時候會以畫面的方式，讓你覺知不同的因應方式。

拿我自己的例子來說，兒子五歲時學珠算，好幾次我忙完家務，去查看他是否完成了剛剛彼此同意要完成的作業，卻看到他在玩樂高，作業在旁邊納涼。這樣的情況總是讓我感到很挫敗，後來也就沒再繼續學了。我學習功課時，兒子已經高中了。我回過頭去針對這個經驗做功課，來到第四提問，出現的畫面至今難忘。

我看到自己蹲下來，和他在同一個高度，輕聲細語地問他，在玩什麼？陪著他，用樂高引導他學習珠算，跟著他一起探索，帶領他去體會珠算的樂趣，而不是在心裡責備他。畢竟他還只是個五歲的孩子，還沒有完成作業的概念，而當時卡在念頭中的我，卻因為相信他應該完成他的作業而感到焦慮和挫敗，完全看不到眼前的事實，更談不上有智慧去引導孩子。

出現的畫面讓我十分驚訝，原來我可以如此引導孩子！原來我錯失了許許多多可以和孩子享受學習的機會。我讚歎內在智慧提供的因應之道，也感激有這樣的看見。同時也明白，當時困在那個念頭的自己，是沒有其他選擇的。遲來的覺悟總比不悟好，也體會凱蒂常說的，「我們現在開始」。與其懊悔，不如從現在開始改變。

所以，對我而言，第四提問極其珍貴，它經常以超出我既有生命經驗的方式回應我，而那個方式永遠是輕鬆、溫暖、有智慧，甚至是幽默的，我的心頭往往可以感受到一種愛的流動與連結。正因為這些新的因應方式，並非我曾經有的生命經驗，因此它不是來自我大腦的記憶庫，它來自一個更深層的智慧。

其實道理很簡單，也一點都不神祕。我們的老祖宗早就知道了。

儒家《昭德新編》：「水靜極則形象明，心靜極則智慧生。」《延乎答問錄》：「蓋心下熱鬧，如何看得道路出？須是靜，方看得出。所謂靜坐，只是打疊得心下無事，則道理始出。道理即出則心下愈明靜矣。」

道家也有這個說法：「靈台清靜，靜能生定，定能智慧生。」佛家的「靜能生慧，慧能生智」，更為眾人所周知。

《楞嚴經》：「攝心為戒，因戒生定，因定發慧。」幾乎完美詮釋了探究功課的過程。探究功課即讓我們把對外的心神收回來，專注內在，靜心冥想，讓自己的心念慢慢安靜下來。而在那樣的沉靜當中定在一個畫面裡，卸除所有雜念，置心一處，智慧自然升起。那既不是你習得的知識，也超乎你的生命經驗。

《四書・大學篇》：「知止而後有定，定而後能靜，靜而後能安，安而後能慮，慮而後能得。」如今讀來，心有戚戚焉。

探究功課提供了簡單可行的流程，讓我們從頭腦紛擾的念頭裡，得以開展出一個清靜、安寧、祥和的內在空間，那裡有一切我們想要知道的答案，那裡就是我們幸福圓滿的所在。「道理即出則心下愈明靜矣」，咱們老祖宗說的真好！

所有不真實的妄念，都經不起探究的考驗。

「勤修戒定慧，息滅貪瞋痴」，探究功課處理的就是人類共通的貪瞋痴妄念。針對每個念頭，功課以尊重為本，理解為要，以愛相待，只是傾聽，只是容許，與妄念共舞，妄念自消。

出現在腦海裡的念頭，不專屬任何個人。我們都在同一條船上，在無始以來的妄念大海載浮載沉。當一個念頭被理解，妄念大海就少一個驚濤駭浪，一直到你明白，那個在船上搖晃不已、晃動船隻的是自己，船下只是和你玩遊戲、在沙灘上稍縱即逝的小水花，哪來的大海？於是你可以安然自若，看著一切表象的載浮載沉，知道所有人都是安全的。

功課活出反轉的特定方式

領悟在生命中尚未活出來之前，不具有任何價值。

——拜倫凱蒂

自我領悟只有化為行動，才具有真實的意義與力量。功課的活出反轉，便是設計來輔助我們將領悟活出來的一個特定方式，值得有心的朋友試試看。

在這裡要特別感謝凱蒂的慷慨，允許我在這本書裡和大家分享這個方法。它是每一位受訓成為認證協導師必須學習的重要環節，到目前為止，並沒有對外公開。我特別珍惜這個分享的機緣，也再一次為凱蒂身體力行的慷慨無私大度感動不已。

活出反轉，是讓我們以對方為鏡，直接從自己的經驗與智慧出發，為自己量身訂作在生活中實踐的方法。它其實很簡單，不需要高深的學問或技巧，但有趣的是，我們都會像幼兒學走路一樣，難免要搖搖晃晃一陣子，才會比較得心應手。畢竟我們從來沒有真正學習過如何去生活、如何與自己相處，如何在自己感到困難的時候支持自己。

＊活出反轉的步驟

首先，請拿出自己填寫的功課作業單，也可以使用前面示範的作業單。功課作業單上的第二、三、四道題就是我們希望對方可以做到的，也是我們對生活的期待、標準，和內在的需求。所以，就從這裡開始，去找到自己可以遵循的行動方案。可以選擇這三道題裡任何一個概念做練習。不一定需要針對每一個概念找行動方案，可以選擇經常發生，而你苦無對策，對方就是不能、不肯或無法做到你期待的那些念頭。比如說：

我要他尊重我、我要他好好跟我說話、我要他少玩手機、他應該努力找工作、他應該專心學習、他應該好好照顧自己的身體、我需要他不發脾氣、我需要他立即回覆我的訊息，我需要他看到我的努力。

注意到這幾個特定的句型了嗎？選擇肯定的句型，如果你原來的句子是「他不應該罵我」，那是你認為不對的做法或行為，那麼對的做法或行為是什麼呢？他應該如何呢？比如說可以改成，「他應該心平氣和跟我說話」，再來進行這個練習。

我要對方如何：

他應該如何：

我需要他如何：

如同所有功課的練習，這也是在靜心冥想當中完成的，其中有部分是藉由觀想去實際體驗，如同把自己的心當成一個實驗室。當我們把自己的心準備好，有了實際可以執行的步驟，就可以在生活裡應用出來。下次再遇到類似的情況，你就有了自己的因應之道，可以馬上拿出來使用，而不會在遇到狀況時感到手足無措，任由情緒與念頭把自己帶跑。

第一個步驟，很自然地，就是選擇一個特定的概念來進行。

功課永遠是一碼歸一碼，不含糊其詞，不模擬兩可，不混為一談。

第二個步驟，非常關鍵的先決條件是，針對這個概念，先完成四個提問與反轉的探究過程。

這個步驟一定不能少，這個練習需要心腦合一。沒有經過探究，就會淪為邏輯思惟的活動，它不會產生力量。經過探究，你對原來的經驗有了新的覺知和認識，可以處在一個不同的意識狀態來進行這個練習。

第三個步驟，回到場景，描述我想要看到的樣子。

我們拿「我要他認可我」做例子。我們依然回到做探究功課的場景，如果他當時認可我，那他看起來是什麼樣子的呢？具體的描述出來。例如：

・要認真聽完我的話
・用讚賞的眼光看我
・口頭表示同意我的做法
・說一些讚美的話

第四個步驟，回到場景，對方如何一步一步地做到呢？

根據上面列出來的清單，在這個場景下，對方可以如何一步步的做到？你可以給他什麼具體可行的建議呢？對方需要通過哪些具體的行為步驟，才能讓你覺得他是認可你的？你可以閉上眼睛，觀看對方在當時的狀態，他如何可以從他當時的狀態，一步一步去做，達到你認為「他認可你」的標準。將這些步驟一步一步寫出來。例如：

①他停止說話，轉過身，面對我，
②微笑著，聽我說話，
③用讚賞的眼光看我，
④聽完我的話，
⑤點頭或說話表示贊同，
⑥說一些讚美的話讚許我。

第五個步驟，回到場景，依照給對方的指示，反轉給自己。

轉向自己：我要我認可我（原來的概念：我要他認可我）

先來試試看，能不能把「我們要別人為我們做到的那些」給自己？當別人不能給我們的時候，至少自己可以給自己。透過這些步驟，我們在學習如何滿足自己的需要和期待。首先，把前面列出對方可以如何做到的步驟，一一套回自己的身上。有些地方可能需要稍微調整，也可能需要你自行體會那個步驟代表的意義。例如：把原來寫「他」的地方改成「我」。

①我停止說話，轉過身，面對自己，

②微笑著，聽自己說話，

③用讚賞的眼光看自己，

④聽完自己的話，

⑤向自己點頭或說話表示贊同，

⑥說一些讚美的話讚許自己。

你可能需要藉助旁人的幫忙，進行以下的觀想練習。閉上眼睛，把自己帶回原來的場景裡，去經驗你所寫出來的每一個步驟。請對方緩慢地一字一句讀回給你聽，並且在每一個步驟讀完之後，稍微停頓一下，讓你有時間去經驗和感受每一個動作，再進行下一個步驟。換句話說，在腦海裡觀想自己採取這些行動的樣子。

「用讚賞的眼光看自己」就是需要自己去體會的一句話，沒有標準答案，完全取決於你自己。這是什麼意義？你怎麼給自己？你才會覺得你是以讚賞的眼光看自己。

「我經常在做這個練習時，感受到內心裡長出來的力量，有一種跟自己站在一起的感覺。我從來不知道，原來可以和自己做這樣的對話和交流。實在太有意思了！」夥伴如此說。

當你進行前幾次的練習，可能有些不習慣，這是正常的。如果察覺到自己心裡的抗拒，有可能需要回頭針對這個場景，繼續做探究功課，也可以趁機覺察抗拒的念頭。一位受過培訓、有經驗的協導者，在這個階段能提供適當的導引，在你逐漸熟悉、抓到竅門之後，你便能協助自己完成。

第六個步驟，回到場景，依照給對方的指示，反轉給對方。

在這個步驟，我們把原來希望對方給予我們的，在自己有力量之後，給予對方。同樣閉上眼睛，以觀想的方式去體驗。在這之前，先把句子做適當的修改，把原來要給自己的地方，都改成是對方。

轉向他：我要我認可他（原來的概念：我要他認可我）

例如：

①我停止說話，轉過身，面對他，

②微笑著，聽他說話，

③用讚賞的眼光看他，
④聽完他的話，
⑤向他點頭或說話表示贊同，
⑥說一些讚美的話讚許他。

和第五步驟一樣，如果有人帶領你，你將更能專注於內在，去觀想和體驗。你會發現觀想與體驗本身就具有力量，許多夥伴，包括我在內，經常在這個階段感受到內在心頭湧出一股暖流。原來自己是有力量的，不但可以給自己，也可以給別人。

如果你覺察到自己的抗拒，同樣可以和第五步驟分享的方式來處理。同時也不勉強自己，覺察到了就好。

以上便是活出反轉全部的步驟，如果對你是可行的，可以把這些步驟寫在備忘錄上，或放在手機裡，提醒自己。下次情境出現的時候，如果不記得自己要怎麼做，可以迅速地拿出來參考。事到臨頭，通常可能記不全步驟，有時候，僅僅是一個小步驟，就足以扭轉你原來反應的方式。

有些夥伴是以提醒自己的句子作為可以實踐的步驟，比如說，提醒自己深呼吸。有位資深的協導師告訴我，多年來她用一招走天下，對她十分管用，就是：脾氣上來的時候，告訴自己，停頓三秒鐘，再說話。這短短的瞬間，就足以制止一場口舌之戰的爆發，也給自己一個反思的空間。

我自己最熱愛的方式，是問自己第四提問，此時此刻，「沒有任何念頭，我會是如何呢？」多年來數千小時的探究功課練習，幫助我可以迅速回到當下，對雜念喊暫停，把自己安定下來，可以相對清醒地處理眼前的狀況。然後，有空的時候，再來探究那個跑出來「搗亂」的念頭。

功課作業單實例

＊經理不要我

一位住在紐西蘭的單親媽媽，她帶有口音的英文聽起來特別有意思。她的作業單是針對她的經理。場景是她在上班，面對著電腦，與公司經理開視訊會議。經理告訴她，還要再雇一個臨時工。她問說，這是不是意味著我上班的時數要從二十二小時減為二十小時呢？經理回答說，是的。她的場景就定在這個畫面裡。

這張作業單把她當下的念頭和需求，有了比較詳細的梳理。當她探究第一道題的句子「她不要我」，在回答第三個提問時，她注意到了一些潛在的信念。比如說，在上位有權力的人應該保護我，我必須要保持表面的和諧。

而在這個功課的過程裡，最讓她驚訝的是，她從反轉「我不要她」的例子中看到，自己花了多少精力在經理身上，並且如何把自己的力量給了別人——我不要她是一個我害怕的人，我不要她是一個我認為比我好的人，我不要她是一個我認為看不起我的人，我不要她是一個我看重她的意見遠超過我自己的人。

她在看到的同時，內在有翻轉的感覺，意識到我可以是自己的老闆，可以管好我自己的事，可以對自己溫和，也可以對別人溫和。

在反轉給自己的時候，她說，我不要我膽怯、我不要我認為我令人討厭，我不要我軟弱。

在做完功課後的星期一，她回到公司上班，發現在和經理說話的時候，居然能夠直視她的眼睛，不用特別費勁，就很自然能夠這麼做，好像自己內在有個東西徹底改變了，是完全不同的能量。她也能夠心平氣和地跟經理討論她們之間的合約，沒有害怕，也沒有憤怒。以她自己的話說，感覺好像是

· 我對經理感到害怕，因為她不要我。
· 我要經理支持我。
· 我要她給我時間考慮。
· 我要她對我公平。
· 我要她停止給我壓力。
· 她應該遵照原有的合約。
· 她應該在事先和我清楚討論這件事情。
· 她不應該突如其來的嚇我一跳。
· 我需要她更溫和、更仁慈一些。
· 我需要她看見我的潛能。
· 我需要她栽培我。
· 我需要她告訴我，我是個好員工。
· 我需要她察覺我情緒上的變化。
· 她是不值得信任的，只為了她自己，不仁慈、霸道的、沒時間理我。
· 我再也不要覺得我自己很笨，惹人討厭，
· 我再也不要經驗不敢為自己說話。

有人替她禱告，然後一瞬間她就改變了。

拜倫凱蒂功課就是這麼奇妙，有時候短短的一個小時內，全然改變我們的認知。有時候這個改變也許無法立刻辨別出來，但它不知不覺地滲透到你生活的另一個層面，你會突然訝異地發現，怎麼有些人看起來比較順眼了，或對其他人不再多做要求了，或者不再排斥原來不喜歡做的事情。

＊我要他認可我是重要的

她是一位七十多歲、在美國的心理學博士，平常的工作是負責審核各種監護權的申請。我很佩服她求學求知，以及退而不休的精神。

她這張作業單的場景是在辦理她哥哥喪禮的殯儀館裡，主其事的人問她，有沒有其他的兄弟姊妹，她哭了起來，在此之前她曾經聯絡弟弟，至今仍然沒有收到他的回話。

在探究功課開始的過程裡，她的心情是沉重的、悲哀的，感覺自己似乎同時失去了兩個兄弟，有種孤單和悲涼的感受。我們一起探究的概念是「我要他認可我是重要的」。

當我邀請她回到場景裡去找反轉的例子，「我要我認可我是重要的」，她欣然發現她在整個喪禮中所承擔的，作為大家長舉足輕重的角色，是如此地關鍵，得到許多來自親朋好友溫暖的關懷和敬重。在沒有弟弟的陪伴下，看到當下自己承擔一切的勇氣、穩重和信心。她說，除了腦海裡的念頭外，我其實從頭到尾都處理得好好的，也很享受和晚輩們相處、互相扶持的時光。

她也體認到，「我要我認可他是重要的」，這是我自己的事。他在我心裡有一定的分量，還有我對他的愛，我把他的名字放在訃聞上，也在事後把哥哥喪禮的紀錄片和照片以電子郵件傳給他，讓他看看哥哥以退休軍人的禮數埋葬的光榮，因為弟弟本身也是位退休軍人。在喪禮現場，感受到自己對他的愛，心裡是飽滿的。

「我不要他認可我是重要的」。這位女士破涕為笑地說，他人不在現場，也不知道他到底在那裡。他在母親過世後，和家人也斷了十五年的音訊。這就是事實的真相。我重不重要，不需要他來肯定，他或許臥病在床，完全沒有能力來面對這些事情，或許他根本沒有收到我的訊息，何來表達和肯定「我對他而言是重要的」？然後長吁一口氣，整個人放鬆了下來。

只有自己可以給自己平安，功課就是讓我們找到內心平安的方法。

不同年齡、不同的背景、不同的文化都一樣，都可以藉助這個方法讓自己從痛苦中覺醒，回歸

· 我對弟弟感到傷心失望，因為他沒有回覆我。
· 我要他分享對哥哥死亡的感受。
· 我要他認可我是重要的。
· 我要他和我一起出席喪禮。
· 我要他打電話給我。
· 他應該至少發簡訊給我。
· 他應該讓我知道他收到了我的留話。
· 他應該讓我知道他對哥哥死亡的反應。
· 他應該回應我對哥哥死亡的感受。
· 我需要他知道哥哥走了。
· 我需要他讓我和他分享我的悲傷。
· 我需要他立即和我聯絡。
· 他是遙遠的，不在場，置身事外，孤立在自己的世界裡。
· 我再也不要經驗被離棄的感覺。
· 我再也不要經驗沒有人回應我的悲傷。

平安喜樂。

作業單上第二和第四道題是以「我」為開頭的句子，反轉的時候，不更動第一個我。主客易位的部分只有在後面的部分，「我要：他認可我」反轉成「我要：我認可他」。

功課的學習主要在看清屬於自己責任的部分，而不是介入他人的事，所以，通常不會轉成「他要我認可他」。

＊我需要頭髮美麗、健康和強壯

這位有著一頭烏溜溜長髮的美麗女士，是我在學習功課的過程當中，結伴互相協導而認識的。她在瓜地馬拉主持一家身心靈中心，我們彼此間做了好幾個功課。連續幾次洗頭髮時，察覺自己掉了很多頭髮，於是針對她的頭髮寫了以下的作業單。

大多數的我們可能都有這樣的時刻，只是困擾難過的程度不一樣，我們來看看做了探究功課之後，她發現了些什麼。

做探究功課不是在改變我們的想法，讓我們更開心，而是去看到現實的真相是什麼，這樣的看見才是帶我們走入平安的契機。

她意識到，她無法知道她的頭髮是不是每時每分都在掉，也有可能

- 我對頭髮感到傷心，因為頭髮一直在掉。
- 我要頭髮強壯、茂密。
- 頭髮不應該離棄我。
- 頭髮應該和我在一起。
- 頭髮應該讓我看起來美麗。
- 我需要頭髮美麗、健康和強壯。
- 頭髮是脆弱的。
- 我再也不要照鏡子的時候看到頭髮變少了。

每時每分都在長新髮。當她看見掉在地上的頭髮，而且滿腦子只關心掉在地上的頭髮的時候，她忘了此刻在她頭上，滿頭烏黑健康的頭髮。她也不能確定每一根頭髮都是脆弱的；而在此刻，她的頭髮只能是現在的樣子。而且要每根頭髮都永遠留在頭上，而不會在某個時間點上掉落，是個很不合實際的想法。至於頭髮是不是美麗，更是見仁見智。那是誰的意見為準呢？情人眼裡出西施，當我不帶著任何批判的眼光看著鏡子裡的頭髮，沒有任何的故事，它能不美麗嗎？

《六祖壇經》說到，不是風動，不是幡動，仁者心動。講的不就是這個道理嗎？健康、美麗、強壯與否，頭髮只能是此時此刻的樣子，它如如不動，是我的想法脆弱、偏離真相，說了一個讓我傷心的故事，而心動了。

拜倫凱蒂功課就是從心入手，滋味無窮。

當我們寫的是關於一件事物或主題或機構時，例如身體或環保組織或交通狀況，反轉的時候都可以使用「我的想法」來進行。在這個例子裡，「頭髮不應該離棄我」反轉給自己的時候，可以是「我對頭髮的想法不應該離棄我」。

這樣的反轉是很難用頭腦來理解與找到例子的，也正是如此，往往讓我們更能與內在的智慧連結。當你靜靜等待，它所提供的往往會出乎你的意料之外，而滋味雋永。

深入功課常見的瓶頸

拜倫凱蒂功課是個足以改變生命的大法，能幫助人們將壓力、消極思想轉化為自由與創造力。三十多年來，數以萬計的人們已經透過功課的學習，改變了他們生命的品質。

但是如果你感覺到，它似乎對你使不上力，並沒有帶來什麼改變，尤其是那些你一直渴望能夠有變化的人事物。到底是發生了什麼？為什麼會這樣呢？你又該怎麼辦呢？

如果你對探究功課的結果不滿意或感到困住了，可以看看是否經驗到了以下幾個常見的瓶頸。我提出了一些相應的對治方法，然而這些僅僅是個參考，不等同於對錯的規則，請留意頭腦想要把它們當成一種規範來執行的傾向。

＊一、認為功課對我沒有效果

這句話的本身，就值得你去質疑它。無論它是否真實，你的相信會讓你看不到任何功課的效果。你能確定真的沒有發生任何變化嗎？你能確定變化一定需要按照你預期的模樣發生，才算是有變化嗎？你真的能夠比較今天和多年前的自己？或者一個月前？如果你放下既定的目標和預期它應該如何的樣子，你能不能發現什麼呢？沒有你的期望、對成功的想像、改變應該是什麼樣子的，你會是誰？

探究功課並不是總會有一對一的效應，換句話說，不是我做了有關孩子的功課，和孩子的關係就立刻改變了。它是在不知不覺中起作用，而且可能發生在你意想不到的地方。有時候雖然你做的是有關孩子的功課，你可能卻突然發現身旁的同事變得友善了，或者洗碗不再是一件令你討厭的事。

自然之道有它的規律和順序，認為我們可以操縱是異想天開，也是自尋煩惱。

・因應之道

功課的練習會持續淡化你建立起來的身分認同和故事，只不過，一如人世間所有事，我們對於何時產生變化，以及產生什麼樣的變化，是沒有控制權的。但是，你可以讓自己放鬆下來，暫時把對結果的預期放到一邊，並繼續質疑讓你感到有壓力的想法。你也可以針對「功課對我沒有效果」做探究功課。

＊二、協助自己時，不寫下來，只是在腦海裡做功課。

在學習初期，這樣的效果可能有限。功課是靜心冥想，一種讓心沉靜安定的練習。當心念安靜下來，你才有足夠的內在空間，去等待內心給我們的答案，那些能夠改變我們生命的答案。

如果只在腦子裡進行流程，很容易變成一個思慮的活動，很難產生改變生命的影響，並且很難不受自己其他隨時升起的念頭干擾。

▪因應之道

協助自己的時候，可以使用「一次一個信念作業單」。它是一種書寫式的冥想，你隨時可以知道自己功課的流程進行到哪裡，尤其反轉找例子的時候，你可以一五一十記錄自己的看見，細細品味內在流淌出來的智慧。功課夥伴經常把這些稱之為珍珠，那些原來不曾被我知曉，而今看見珍貴的部分。

我很享受安靜協助自己的過程，從一團混亂當中，慢慢地梳理，慢慢地看見，心慢慢地打開，視野慢慢地擴大。在第四提問的時候，心裡開始溫暖，開始清晰，心智開始清醒，腦袋和心終於同步。到反轉的時候，有時內心就像有一群迫不及待的孩子，吱吱喳喳，等著和你分享他們所看到的，有時書寫都來不及，深怕錯過了任何一顆珍珠。那是一種和自己親密在一起的滋味，歡迎試試看。

＊三、只做批評自己的功課。

開始學習功課的時候，很多人都想避免批評別人，覺得似乎那是修養不足的人才會做的事。尤其在修行道上的夥伴們，在觀念上認同「自己才是一切問題的所在」，並且認為批評別人不符合自己靈性的修養，只想針對自己做功課。然而這裡存在一些誤解和陷阱：

首先，針對自己做功課，就好像雙眼直視太陽光，很難真正看見自己，我們的腦袋有時是很狡猾的，它會巧妙地把探究過程變成是合理化自己的工具。比如說，我認為我太胖了，反轉的結果就是我不胖。於是，我不胖可能變成支持我繼續大吃大喝的藉口。其次，對於那些我們牢牢抓住的身分認同來說，更是很難一開始便能完全開放。

雖然我們從小被教導不要去批評別人，然而腦海裡的批評是從來沒有停止過的，那些是自有人類以來就在人世間兜轉的念頭，即便我們沒有說出口，它仍然無形中影響了我們內在的感受。因此，「我對別人無聲的批評」依然是「我」的一部分。

因應之道：

如果你想處理的是自己的愧疚或自責，先去看看在此之前，都發生了些什麼？在那個情況裡，別人說了什麼、做了什麼，讓你覺得自己做錯了。即使你腦海裡有一個聲音說，你已經知道和他們無關，是你自己的錯。你仍然可以留意自己心裡頭對他們小小的批評，從這個聲音的視角，去寫一張「批評鄰人作業單」。

另外，你可以回到事件的本身，去看當時自己是因為相信了什麼，所以做了你當時做的事。仔細去回顧事情的始末，你在當時有可能不相信你當時所相信的嗎？

如果實在找不到或不願意去批評身邊的人，可以藉由對陌生人的批判入手。比如：排隊不耐煩，認為前面的人拖拖拉拉耽誤你的時間；或者對新聞人物的評判，傳訊息給朋友，隔好久都沒回，感到不耐煩的時候；或者追劇時，覺察對劇中人物的批判。這些都是可以做探究功課，認識自己的機會。

＊四、想要透過功課讓自己更好

想要成為一個更好的自己，似乎是件天經地義的事，然而這樣的動機和想法，幾乎是大部分走在修行路上的人們容易掉入的陷阱，因為潛台詞可能是當下的我還不夠好，還不夠完美，我需要在未來達到一個更好的境界，有一個我想像中更好的自己等著我去完成。於是，它可能帶來一種匱乏感，不能完全接納自己當下的樣子。腦子裡可能會不自覺地不停地評判或要求自己，「我修了這麼久，怎麼還可以這樣？別人會怎麼看我？」「人家能，我為什麼不能？」

事實的真相是：未來永遠不會在此刻來到，任何的追求都是時間幻相的產物。功課的真正本質是愛上當下的一切，只有與當下同在，才有真正的平安喜樂可言。愛上當下意味著，無論你處在什麼樣的狀態，眼前是什麼樣的狀況，你深刻明白它就是此刻的樣子，而那是最好的安排，你體會得到當中的美與善，深深愛上你眼前的一切。

當你明白你與現實是一體時，你不再找尋，因為你認識到，你有的正是你想要的。一切都合情合理，因為你不把自己的想法加在現實上。當你犯了個錯誤，你立刻認識到那不是個錯誤，它是應該發生的事情，因為它已經發生了。事前，有無限的可能；事後，只有一個。你越清楚地認識到本來可以、可能可以、應該可以只是些未經質疑的念頭，你就越會感激那表面上錯誤的價值以及它產生的結果。認識到這點，是全然的寬恕，在理解的清晰裡，寬恕是多餘的。

——拜倫凱蒂

功課是一個觀察生命本質的練習，是把自己帶回到事物良善本質的真相裡，理解並接納當下的自己。最終你可能會發現，你完全不需要定義自己、改造自己，只有你當下的樣子，而沒有一個不變的、實質的、可以稱之為「自己」的個別生命體。

■ 因應之道

當你覺察自己「想要透過功課解決任何自己不足」的動機，去看一下你所謂的「問題」或「不夠好」，如果宇宙是友善的，那有什麼不可以嗎？可以看到它對你的好處嗎？去留意，並且找出我們抗拒的的事情背後，真實而美好的理由。

＊五、從來就只做一個念頭，沒有完整地做過一整張作業單的功課。

給自己一個機會，看看當中的差別和不同，它們的效果不一般。雖說如此，也是有夥伴只憑一次一個念頭，也經驗到了生命巨大的改變。

＊六、不想去揭過去瘡疤

所有我們對未來的投射，都是根據過去的經驗。只有處理了過去的經驗，才有可能去投射一個不一樣的未來。有些過去的經驗甚至會在身體留下印記，如果沒有真正理解這個經驗，這個印記或心結可能會持續影響到我們生活的各方面。

即便回顧這件事讓我害怕，功課的探究是一個相對溫和的過程。如果有協導幫你守護好探索的空間，只是回頭去觀看當時的發生，觀察並且描述你當時不能、而現在可以留意到的。你已經離開了那個事件的環境，是在一個非常安全的地方，去檢視過去發生的事情。同時如果情緒上來了，不要壓抑，該出來就出來，盡量維持一個旁觀者的角度，能讓自己不會再度陷入情緒的漩渦。可以從小的事件開始，不必勉強自己。

・因應之道

如果你決定要回去面對這些痛苦的經驗，可以尋求你信任的、有經驗的夥伴協導你。可以從批評鄰人作業單入手，先好好梳理在那個事件裡，你的種種念頭。並且固定在一個場景裡，讓頭腦和實際的經驗連結。一位經驗豐富的協導者，可以為你守護探索的空間，讓你能安全地專注地探索。

＊七、速度：欲速則不達

雖然講求速度或效率是我們當今社會的常態，然而當你一直這麼做的時候，你可能會錯過生命的深度——那些可能改變你生命的契機。就像在一列飛速的火車裡，面對窗外呼嘯而過的景觀，一不留神就錯過了你可能一直想看的地標。

當我們快速做功課，把它當成一個任務或目標來完成，你可能會難以接受反轉給自己時的感受，會感到像自我批評的刺痛。我親眼目睹極少數人因此而離開功課學校的現場，也聽聞少數夥伴因此而放棄功課。

講求快速就像揠苗助長，適得其反。當你給足自己時間，反轉給自己時，可以是一種極為甜美的滋味。那是一種對自己——不論曾經以如何的醜態出現——自然地完全接納，你會因為看見而慶幸和喜悅。

如果你能以慢動作的方式做功課，靜心冥想一個曾經讓你煩惱或生氣的情景，在每一個問題上，花五分鐘，十分鐘，甚至更長的時間。它將變成心智的一種模式，一個自然傾聽的狀態，探究功課成為瓦解任何不是你的真相的一個途徑，除了清晰的頭腦之外的任何東西。覺知不是一個技巧，也不是一種特殊的思考方式，它純粹是把小我的亂碼解開了。

——拜倫凱蒂

▪ 因應之道

慢下來，非常非常慢，不要把它當成任務來完成。安靜地待在你探索經驗的場景裡，保持沉靜，按照四個提問的順序，靜靜等待內在升起的答案或畫面。你可以在一張批評鄰人作業單上待上一個月，每天只做一個概念。好好享受你的旅程。

功課最重要的是過程，而不是結果。是這個過程的看見，終將改變內在的認知，而不是完成了多少功課才算數。

＊八、跳過四個提問，直接做反轉

這可能是我們腦子喜歡玩的把戲，覺得四個提問千篇一律，反轉才是重點的所在，快快完成，以為這樣就能直搗黃龍。卻不知這樣只會讓功課淪為頭腦的一個遊戲而已。不但沒有任何實質的意義，有時反轉給自己時，反而會無辜地往自己的傷口抹鹽。

▪ 因應之道

功課過程的本身，其實比最終的結果重要。我的經驗是：在這個過程裡，我們的腦與心，慢慢地同步。慢慢體驗以全方位的角度看一切的發生，慢慢去打開自己。明白這一點，我們不會輕易跳過四個提問，直接做反轉。

＊九、解釋和長篇故事

在回答提問時，試圖去講述整個故事，通常是自我探究的主要障礙。很多時候我們不僅想把事情的來龍去脈講得清清楚楚，還在講述的過程裡，不自覺地去證明自己是對的，或讓自己看起來更好。

我們總是希望得到別人的理解、共鳴或者喜愛。問題是，當我們抱著這樣的動機，述說自己的故事時，我們其實並沒有進入功課。我們不是在回答提問，而是在以我們一貫看待事情的方式描繪情況。這讓我們失去機會，透過探究的過程覺察新的視角。

・因應之道

如果是以書寫的方式協助自己，去留意自己是在寫日記和故事，還是在探索，留意到時，以功課的提問把自己帶回到探究裡。如果發現自己有這樣的傾向，可以請別的夥伴協導你，有經驗的協導者自然知道，在什麼時候藉由提問的方式，把你拉回探究中。如果對方是新手，你也可以讓他知道自己的傾向，請他適時用你可以接受的方式，提醒你回到功課。尤其當自己在說，「但是，雖然，不過，因為」。

＊十、但是，這是真的！

當你認為：功課只能處理一些情況，還有其他情況是「真實的」，是不容置疑的；而且針對這些真實的情況做功課與否，不會有什麼差別。那麼，你就把生活依照你的想法來劃分：什麼是可以根據我的想法而改變的，而什麼不能。你寧可將一些其實讓你不安的狀況，擺在一個特殊的類別——那些不容質疑的事情。

比如說，人們常常把身體上的疾病與死亡，看成是一種真實的損失或威脅，認為探究功課並不適用這些情況。然而，在我個人的經驗，包括周遭朋友的經驗，探究功課依然適用，即使是關於死亡和疾病。

・因應之道

試試看吧！把你認為「不能質疑的事實」，通過四個提問和反轉，看看會發生什麼？你可能會感到非常的驚訝。

關鍵篇

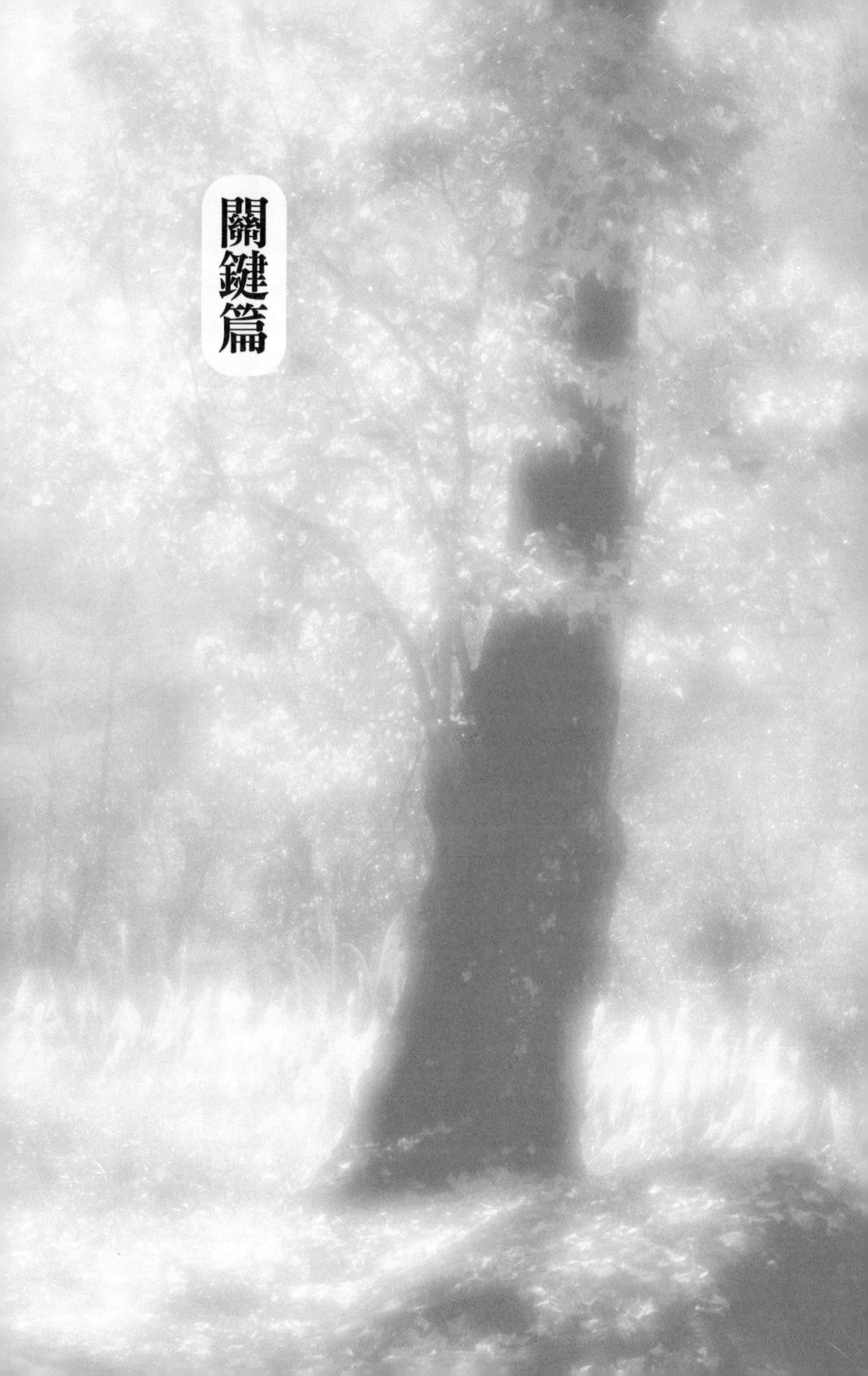

5 功課的關鍵原則

我根據自己多年的學習以及帶領課程的經驗，整理出六個關鍵原則，希望可以協助學習者更快掌握功課的核心精神，少走一些彎路，能夠順利從功課的練習中獲得真實的益處。

一、為發掘真相而探究

如果你帶著任何動機來做功課，即使是出於最好的動機——讓丈夫回到身邊，治癒身體或拯救世界——那將不會是真誠的功課。因為你會尋找某些特定的答案，而不是讓更深層的真相浮出檯面。只有當你完全不知道你會發現什麼，你才能對那會改變你生命的答案保持開放。除了對真相的熱愛，其他任何的動機都是行不通的。

——拜倫凱蒂

在進行功課探究的過程，保持開放、不抱任何特定動機是極為重要的。換句話說，在回答四個提問與反轉時，秉持著一種「我不知道會發現什麼」的態度，先放下任何預期、想要看到的結果，以及是非對錯的觀念。你在開發的是與自己內在智慧連結的能力，慢慢學習在無所住心中游刃有餘。任何的動機都會帶你偏離你真正在尋找的。

英國心理學家彼得華森在一九六〇年代提出了證實偏差理論（Confirmation Bias），恰恰為這個現象做了最好的說明。他經過一連串的實驗發現，人們在收集以及吸收訊息的時候，傾向於選擇符合自己想要的結果的資訊，容易忽略與自己信念不符合的訊息。證實偏差的現象幾乎無處不在，一來，對大腦而言，這是一種處理信息的有效方式。人類在與社會互動中被信息轟炸，不可能花時間仔細處理每條信息，來形成公正的結論。二來，人類決策和信息處理通常是有偏見的，因為人們僅限於從自己的角度解釋信息，人們需要快速處理信息以保護自己免受傷害。

不抱任何特定動機，就是有意識地避免證實偏差的陷阱，避免讓固有的成見妨礙自己看見真相的機會。否則，我們只是在原地打轉而已，也就不難理解，為什麼有些人因此而認為功課對他們沒有效果。

證實偏差無法避免，但可以經過「有覺知的覺察」、「對相反面的觀察」和「對訊息有意識的開放」，而不至於掉入其中的陷阱。探究功課中的反轉步驟，就是有意識地去探索相反面存在的可能性，讓我們能夠以更全面的方式看見事情的真相。

二、注意到每個人只活在自己認知的世界裡

真相讓你自由，不僅是《聖經》上的一句話，而且是一個非常準確的陳述。我們這裡談的不是別人的真相，而是你自己的真相，那是唯一能讓你自由的真相。

——拜倫凱蒂

我們真的能夠知道別人在想什麼嗎？即便別人說出自己的想法，有時候我們也未必相信對方說的是真話。我們能夠確定別人看出去的世界和我看出去的是一樣的嗎？這世界真的有放諸四海皆準的真相嗎？

我們生活中充滿和別人的矛盾衝突，小至夫妻之間搞不定浴室裡牙刷放哪裡、馬桶蓋是關還是開、做父母的對孩子的教養有不同看法、兄弟姊妹對如何安置父母的晚年起紛爭，大至政黨之間的政治理念之爭、大國之間的博弈。爭執的落腳點最終都是在個人的想法上，而想法來自於每個人對世界的認知與解讀。如同沒有兩個人有一模一樣的指紋，沒有兩個人對世界的認知與解讀是一模一樣的。是非、對錯、好壞，依然是每個人拿著自己的標準對這個世界比手畫腳，依然只是活在自己認知的世界裡。這個隱含的意義就是：沒有一個個人可以看見事情的全貌，我們都有如瞎子摸象，前面提到的證實偏差也間接揭示了這個事實。

而這樣的理解，其實帶來的是一種自由，可以為自己全權負責的自由，同時也還給了別人自由。

功課的探究，也一再讓我們體悟，我們唯一能知道的只有自己的想法，這樣的領悟幫助我們學會謙卑。於是，在探究的過程裡，我們更能專注在自己身上，不再去編織或堅持別人如何如何的故事。

三、覺察並找出壓力背後的念頭

念頭和情緒誰先誰後，市面上有不同的說法。而其實去區分誰先誰後，對我們日常生活也沒有絕對的重要性。你可以把它們當作是雙胞胎，因為無論你是否覺察到念頭的存在，念頭會引發情緒。凱蒂在《一念之轉》書裡如此說：

我所經歷的痛苦或壓力無一不是因為執著於某個不真實的想法。每個不舒服的感受背後都存在著一個對我不真實的想法。「風不該吹個不停」、「我先生應該同意我」，就這樣，我們先有一個和事實爭辯的想法，接著我們感覺到痛苦或壓力，然後我們再依著那個感受去行動，給自己造成更多的壓力。然而我們不了解造成痛苦或壓力的起因是來自我們的想法，往往從外境入手，設法去改變別人，或是藉由性、食物、酒精、藥物或金錢，得到暫時的慰藉，和以為自己能掌控外境的幻覺。

我們很容易受情緒的打擊而一厥不振，所以，記住這一點，會大有幫助：任何有壓力的感受正如一個鬧鐘，善意地提醒你：「你被困在夢境裡了。」不論是沮喪消沉、痛苦和恐懼，都是一項禮物，它們說：「甜心，請看一看你現在的想法，你正活在對你不真實的故事裡，像困在夢境裡。我們總是設法從身外尋求改變，想要操控這些不舒服的感受。我們通常先察覺到我們的感受，而不是念頭，所以我說感受其實是個很好的鬧鐘，讓你知道自己的想法有待審查。透過探究功課審查不真實的想法，常能帶你返回自己的真相裡——認識自己真正是誰。如果你所認識的自己和真正的自己背道而馳，或活在任何不愉快的故事裡，你不可能不感到痛苦。」

因此，我們只需要把情緒當成是一個壓力的偵測器，提醒我們此刻正相信了一個不真實的念頭。同樣的，你可以為自己去檢驗凱蒂這個說法的真實性。

功課的學習是接納一切的情緒，一切萬有都有生存的權利，包括情緒。和念頭一樣，它不是敵人，也不是需要控制的對象，既然發生，它就是被歡迎的、值得被關注的。在探究過程裡，我們觀察它；在平日裡，我們當下接納，也一樣可以觀察它。功課的學習是讓我們自然愛上當下一切的發生，在那樣的自在、喜悅、清醒裡，與一切共同創造。

情緒升起，當你想要抑制它、改變它，或甚至僅僅是覺得這樣不好，你便在自身之內製造了對抗。然而，如果你能及時覺察，明白這是來自你的念頭，當下收心，專注辨別出現了什麼念頭，你會發現情緒的力道沒那麼強烈，甚至還有可能在消退中。

當你更加熟悉功課，你連情緒都可以質疑，那個你認為的憂慮、憤怒、傷心等等，真的是如此嗎？它們也是構成認知世界的名相，一樣可以被探索。

四、認識想法無常的本質

首先，我們來看一下念頭的本質。

如果仔細觀察，你會發現幾乎所有念頭都不請自來。早上起床時，它們就紛沓而至。你也控制不了什麼念頭來、什麼念頭不來。真的是你在想嗎？還是它只是出現？如果是你在想，為什麼你無法選擇一早起來要想些什麼？煩惱的事，不願意去想它，也教自己不去想它，卻揮之不去？

你可能也會發現，你挽留不住任何念頭。你可試試，一天之內只抓住一個念頭不放。即便念佛，功夫不到時，嘴巴唸著，腦子也會飄來他念。

念頭來了，是要經過，而不是停留。當你開始和一群人學習功課，你可能會發現大家的念頭都沒有太大差別。人世間的愛恨情仇，古今中外從來沒有變過。因此，念頭並不屬於任何個人，它是全人類共有的。出現在你腦海中的任何念頭，都不專屬於你，你並不等同於那些念頭，也不等同於那些念頭認為你是或不是的那個人，無論說的是你太胖太瘦、不夠美麗、不夠會賺錢等等。我們誤以為腦海裡說的都是真的，我們誤以為自己就是腦海裡一直認為的那個人。而它就只是一個想法，或一堆想法，本身不具傷害性，只有當我們相信它是真的，它才有牽動我們的力量。

五、專注在自己的事上——天下三件事

凱蒂說，天下只有三種事：我的事，你的事，老天的事。老天的事，指的是那些你我無法控制的事，比如天要下雨。三件事的覺察，可以看成是凱蒂的基本教導之一。它是一個覺察的工具，而不是一個行為準則。換句話說，它不意味著，在行動上只做自己的事，完全不參與別人的事。絕非自掃門前雪、不管他人瓦上霜。

所謂的覺察，就是當我們感覺到孤單或無力或與別人疏離時，問自己，精神上我此刻在管誰的事？就是如此簡單一個自省。而單單這樣的一個覺察，便創造了一個心靈空間，幫助我們從不自覺的抱怨中抽離，回歸當下，找出當下自己的行動力。

舉例來說，孩子玩手機，孩子沒交作業，孩子成績很差，是誰的事？孩子的。

當我為孩子擔心，感到生氣或失望，去留心背後的念頭：我要他放下手機、他不應該不交作業、他應該更努力、我要他有更好的成績，不然上不了大學等等。那麼此時，我就是在精神上管起了他的事。當我擔心感染新冠、地球暖化、戰爭、股市變動等等時，我就變成在管老天的事了。當我精神上跑去管你的或老天的事，那麼誰在這裡過我的生活呢？結果是與自己分離，自然感到孤單與無

力！

許多壓力其實是來自「我們精神上離開了自己的事」，包括你給別人一個他並未向你要求的建議，不管你是真的說出口了，還是在心裡認為對方應該如何如何。當你如此做的時候，你在管誰的事？

意識到自己在管別人或老天的事，可以問自己，什麼是此刻我可以做的事？我此刻自己處在什麼樣的狀態？把心神收回自己身上。我的情緒、我的反應、我如何去面對這些事實、我打算怎麼做，才是我的事。

與其擔心，不如採取行動。我要他放下手機，就可以利用在〈學習篇〉介紹的步驟，先以四個提問和反轉去探究這個概念；然後利用活出反轉的練習，去找到愛的連結方式，從自己開始實踐出來。你內在的創意等著你，沒有做之前，你永遠不知道會發現什麼。

當自己陷在情緒的泥沼裡，很難有足夠的清醒，找到好的因應之道。就上面的例子而言，做父母的可以怒氣沖沖地拿回手機或斥責，也可以創意的方式，讓孩子主動放下手機，這都取決於父母自身的狀態。

邀請你試試看，當你感到孤單或疏離時，問自己，精神上我此刻在管誰的事？

六、分辨故事和事實的不同

能在日常生活中分辨事實和腦海中的故事，與覺察天下三件事一樣，將帶來你意想不到的清晰與輕鬆。

所謂的故事，是指我對事件以及他人言語行為的解讀、解釋、評估、假設、意見與看法。而事實則是一種觀察，可以用真實的發生或實體的證據來證明，並且不同的人觀察的結果可以是一致的。比如說，他常常遲到，是一個故事，因為每個人對「常常」的定義不同；他一個月遲到五次，就是一個事實的描述。所有形容詞，基本上屬於故事性的描述，因為那都是基於主觀的判定。我們都能理解，每個人美醜的標準肯定是不一樣。以下這首詩，清楚地表達了故事與事實的區別：

我從未見過懶惰的人，
我見過有個人有時在下午睡覺，
在雨天不出門，但他不是個懶惰的人。
請在說我胡言亂語之前，
想一想，他是個懶惰的人？
還是他的行為被我們稱為懶惰？

我從未見過愚蠢的孩子，
我見過有個孩子有時做的事
我不理解，
會不按我的吩咐做事情，
但他不是愚蠢的孩子。
請在你說他愚蠢之前，
想一想，他是個愚蠢的孩子？
還是他懂得事情與你不一樣？

我費勁看了又看，
但從未看到廚師，
我看到有個人把食物調配在一起，
打起了火，看著炒菜的爐子，
我看到這些，
但沒有看到廚師。

告訴我，當你看的時候，
你看到的是廚師？
還是有個人做的事情被我們稱之為烹飪？

我們說有的人懶惰，
另一些人說他們與世無爭，
我們說有的人愚蠢，
有些人說他學習方法有區別，
因此我得出結論，
如果不把事實和意見混為一談，
我們將不再困惑。
因為你可能無所謂，
我也想說，這只是我的意見。

——魯思．貝本梅爾

造成我們煩惱和困惑的，經常不是來自於事實本身，而是我們對事實的解讀。而探究功課從第一個提問開始，即是邀請我們去看真正的事實是什麼？在那個經驗裡，真正的發生是什麼？一直到第四個提問，沒有我們腦海裡的故事，我們又看到了什麼？經驗到了什麼？

去觀察我們一天的行為舉止，也許你能理解凱蒂的這段話：

我們人生中只做三件事，坐著，站著，和躺著，如此而已，其他一切都是故事。人生並不難，是你的想法讓它變得困難，你的幸福或不幸全來自你的想法。有兩種坐著、站著或躺著的方式：你可以輕鬆自在，或是焦慮緊張。如果你不喜歡你現在的處境，我邀請你質疑你的信念。

晨間漫步的練習，讓我們使用第一代的名稱來描述我們所看見的世界，即是邀請我們放下概念，去體驗真實的世界。我注意到，當生活中能有這樣的覺知，你的語言也會跟著改變，無論是內在的聲音還是與別人的溝通，你再也不會驟下結論，任意給別人貼標籤，「應該」這個字眼也逐漸在你的生活中消失。於是，我們可以坦蕩蕩地生活。真正耗費我們能量的是腦海中種種的臆測，你變得有效率、清晰、自在，可以在一天之內處理比以前更多的事情。

不帶評判的觀察是人類智力最高的表現。

——克里希納穆提

探究功課的前四個提問，進行的便是不帶評判的觀察，培養的就是這樣的能力和覺知。許多人把「不帶評判的觀察」奉為圭臬，我們姑且不論這句話是否為人類最高智力的表現，它確實讓我們處於一種相對清醒平和的狀態，可以更從容地面對眼前的發生，觀察外在可以看見和聽見的事實，觀察內在自己的起心動念、情緒與身體感受。沒有任何好壞對錯的評判，你反而能夠在清醒的觀察當中，知道自己可以怎麼做，腦海中的評判才是造成困惑的元兇。

比如說，你因為某人的一句話而生氣，注意到自己的憤怒和生氣即可，你可以做的，是去留意自己為什麼生氣，這是學習功課的基本功：對念頭的覺察。如果你一邊生氣，一邊覺得自己不應該生氣，或生氣是不好的，或者一邊在想，不能讓對方知道我生氣，一邊壓抑自己的怒氣……那麼你就已經離開了觀察，並且在生氣的事實上，繼續添加自己的故事。

相反地，如果你可以在當下還原事實，換句話說，如果你覺察到自己生氣的原因，也就是那個引起你情緒的念頭，比如說，他認為我辦事不力。當下的事實是什麼？他到底一字一句說了什麼話？當你能在第一瞬間回到事實，你可能就此豁然開朗；如果不能，你知道如何去質疑引發你情緒的念頭。

6 為什麼功課具有改變生命的力量？

在見證了許多生命的改變之後，我忍不住想要探索功課能改變生命的關鍵。一來是對這個美好生命本身的好奇，二來或許可以幫助善於思考、看重邏輯與科學求證的人們，進一步理解背後運作的原理，而不是僅僅把它當作一個適用少數人尋求安慰的偏方，錯失了這門簡單易行、足以改變生命的大法。

我在這裡所有提出來的論證，除了少部分借力當前兩位認知科學家的實驗結果，全部根據實踐功課的同修們親自體驗和說明。目的不是在為功課建立一個學術理論的基礎，而是希望透過非專業語言以及實際經驗的分享，提供一個更全面的視角，一個可以參考的藍圖。對正式的學術研究報告有興趣的讀者，可以先瀏覽本書的附錄，以及〈應用篇〉裡斯坦福大學的實證研究。

從社會心理學的角度

先直接從社會心理學的角度著手，安．克里斯彭茨（Ann Krispenz）博士是第一位試圖從各種心理學說來解釋功課的教育心理學家。她具有德國大學法律以及心理學雙博士學位，任教於瑞士伯恩大學，同時也是經由德語拜倫凱蒂功課協會認證的協導師。二〇一九年我在德國凱蒂的功課學校擔任口譯，安博士也同時在那裡擔任義務工作人員，並進行她對功課的田野研究。

她在伯恩大學為有考試焦慮症的學生開了一門傳授功課的課程，課程期間聽到學生們的抱怨，表示不了解為什麼要學習這樣的方法，促使她整合已經存在的心理學說來說明功課的作用。

簡單來說，我們對外在事件以及環境的認知、評估或解讀，取決於我們內在的認知系統。認知體驗自我理論（CEST-Cognitive-Experiential Self-Theory）是由西摩·愛潑斯坦（Seymour Epstein）開發的一種雙過程感知模型。它指出人們同時使用兩個不同的信息處理系統：理性（rational system）和經驗（experiential system）。理性系統是深思熟慮的、緩慢的和合乎邏輯的，我們通常偏好相信我們一直都處於理性的系統中，比如，我認為我會焦慮是因為我沒有足夠的時間準備考試，或因為我不夠聰明或其他原因。它對我們產生的影響相對比較小。更大的影響來自經驗系統，它是在無意識或潛意識狀態下工作、並且運作迅速，從我們整體的生活經驗中吸取累積而來，尤其是從我們童年積累的經驗。所有這些經驗整合轉化為我們的行為認知模式（Schema），形成幫助大腦組織和解釋信息的認知框架或概念。

舉例來說，當你遇見一個特定的情況，你的大腦會掃描整個情況，試圖找到與當前情況相匹配的經驗。這些經驗儲存在你的大腦中，是一種全方位、整體性（holistic）的存在，換句話說，是以腦神經網絡的型態儲存在大腦裡。例如，你第一次上學，碰到一個令你害怕的老師，他可能提高聲量跟你說話，你的大腦記憶會儲存當時情景的圖象、感受到的情緒、身體的感覺與想法，比如學校是可怕的，或老師是可怕的，甚至包括一種身體標記（somatic marker），提醒身體這是危險的。

我們在從零歲到六歲的年齡階段，對一切經驗照單全收，並沒有能力過濾或選擇，完全基於經驗系統在運作。理性系統則是在七歲到十二歲的階段才逐漸建立起來的，這段期間我們接收很多的教導，會不自覺地開始使用理性系統的語言文字去解讀以前的一些經驗。然而這些解讀是不是原來的事實，我們從來沒有機會檢視過。但那逐漸形成了我們對生命的認知、對人生的認知、對自己童年經驗的認知，於是這些經驗所發展出來的行為認知與反應模式，也就是已經形成我們腦神經網絡的一部分，一直左右著我們日後對外在事件的評估與對應的方式。

＊錨定場景的用意與重要性

要改變原來經驗的神經網絡，我們必得回到過往的經驗入手。所以在探究功課中，我們錨定一個特定場景。如果我們把腦海裡所有的經驗比喻成一個圖書館，每一個特定的經驗就有如圖書館裡的一本書。如果你想重寫一本書的故事，你需要先找到那本特定的書，把它拿出來看看，然後修改；如果不鎖定場景，大腦則無法找出那本特定經驗的書，它會困惑，因為它無法和一個場景掛勾，也找不到可以連接的神經網絡。所以我們選定具體的場景，定焦在過去的畫面，幫助大腦引導我們回到那個特定的經驗。

＊提問與經驗系統

在功課中的第三個提問：（當你相信那個念頭時，你是怎樣反應的？發生了些什麼？）你看到了過去或未來的什麼畫面？這是一種連接：當你看到這些畫面時，你有什麼情緒反應？你的情緒會在身體的什麼部位產生感覺？你如何表現，你如何對待自己，你如何對待他人？

我們實際上在第三提問中做的，便是打開神經網絡，通過觀察，而不作出反應，只是看著它，允許大腦和你在同樣的場景下體驗。現在大腦不需要對外界做出反應，就好像注意到它不再危險了，我真的可以不做任何事，就僅僅是看著它。

避免用你的理性系統去尋找答案，因為這不是經驗系統運作的方式。基於經驗的系統是整體性的，並和其他經驗元素緊緊相連的。所以如果能靜定在場景裡，經驗的聯想會出現，可能會有過去的畫面，你不能真正地以邏輯的方式聯繫起來，但是，這就是它工作的方式，所以這些畫面可能是你以前或現在經歷的根本原因，你甚至不知道。因此，錨定在那個場景下會很有幫助，讓那些事物浮現出來。

拿書來做比喻，找到書之後，我只是閱讀它。你會看到書中有更多的圖片，有情緒，有感覺和行為。當我們在第三個提問中去觀照這個場景，就好像只是打開書，感受一下發生了什麼，這本身已經是一種新的體驗了。因為我不再立即反應，我可以觀察原來的經驗，對大腦而言，它可以使大腦杏仁核平靜下來，邊緣系統也可以平靜下來，意識到這真的沒有危險，我只是個觀察者，觀察發生了什麼。

然後我們進入第四個提問：（沒有那個念頭時，你會是怎樣呢？）

我們通常體驗到的是相對正向的經驗，在這裡，同樣的場景非常重要，沒有第三問的全部故事，在同一個完全相同的場景下，你是誰？然後大腦就會有一種新的體驗，像是自由的、放鬆的。讓大腦重寫，是透過重新體驗而不是去思考它，這種體驗和情感體驗一樣有效。這個體驗非常重要，它在創建一個新的神經網絡，可以非常強大，成了新的身體標記，它知道並學習到它不再危險了。

功課所做的是：讓基於經驗的系統在理性的頭腦中展現出來，如果理性頭腦有動機，那麼基於經驗的系統就無法展現自己。而且對於所發生的事情，你也不能假設有一個類似於線性理性的解釋，因為我們大多數的經驗是在六歲之前產生的，在那之前，我們還沒有理性系統去解釋這些經驗。

這些幼年的記憶都是圖象、情緒和身體上的感覺，而沒有理性的念頭。因為理性系統是在七至十二歲之間發展的，在此之前，我們沒有這個理性系統，然而我們之後會對這些記憶進行合理化。所以尋找這些合理化的解釋並不是很有幫助，即使大腦試圖去做這件事。

＊反轉與理性系統

在反轉之前的四個提問，我們基於經驗系統在運作，已經改變了經驗，現在我們進入理性系統。以大腦運作的時間來說，到達前額葉皮層的理性系統是緩慢的。當我們做反轉，便是和理性系統一起工作，因為我們有了新的經驗，而且也有了一些理性的認識與觀察，可以透過檢視相同的場景，試圖探索相反的信念是否也可能是真實的。由於我們有了新的經驗，頭腦是開放的，願意去嘗試探索新的可能性和證據。

而在功課整個觀照與覺察的過程裡，理性的頭腦就像觀察者一樣，我們稱之為「去中心化」（decentering）＊，就像走出中心的能力，看到正在發生什麼，而不是在風暴裡面（看不清楚所發生的）。去中心化是理性頭腦的能力，理性思惟能夠做到這一點，就是它在做功課過程當中的作用。在我們進入反轉，理性頭腦可以協助找到更多有效的證據，證明新的經驗也是真實的。

根據我的經驗，你以後可能還會遇到類似的情況，因為舊的網絡通常很強大。但你也已經有一條新的神經小徑，它是一個小的、能夠覺察的視窗或有意識的空間，讓你能夠更早抓住它（指信念）或者沒有抓住。

這是一個新的機會之窗，可以改變你的行為，因為你的大腦記得。同時當你功課做得越多，你

＊ decentering：去中心化。瑞士兒童心理學家皮亞傑（Jean Piaget）創造了這個名詞，來描述嬰兒從閉鎖、以自我為中心的認知當中超脫出來的現象。

安博士 YouTube

就越容易進入新的方向，你的大腦神經網絡變化就越大。每次做功課都是在重新訓練你的大腦，你有意識地把這些舊的經驗帶出來，去改變它們，從根本上讓你的大腦產生新的經驗，所以這對你「如何做功課」有特殊的意義。

安博士這裡所說的改變，不等同於一般所理解的吸引力法則的改變，或是帶有目的性的刻意顯化。它純粹代表對原來經驗的重新認知，相較於原來痛苦的經驗，就是一種改變。這個變化是在探究過程中自然發生的，是不帶目的性的。

在安博士的談話中，有一段話對於我們如何生活、如何反應外在的現象，具有重大的意義，也可以看成功課為何具有改變我們生命巨大力量的關鍵之一。

於是，當你進入一個新的經驗情境，大腦會搜索記憶庫，找到類似的情況，然後把它放到新的經驗場景當中，所以你可能會相信這一切現在正在發生。但事實上，這是把過去的影象加諸在眼前的情況上。

如果這一段話屬實，那意味著我們的眼見未必為真，我們的耳聽也未必為實。那麼，我們究竟是在和眼前的人互動？還是只是在跟自己腦海裡的影象互動？我們可曾真正清醒地看見眼前當下的一切？

凱蒂常說，沒有兩個人曾經真正相遇過。

對一些讀者來說，這可能是相當震撼的說法或概念。許多功課的實踐者，包括我自己，都在一次又一次的練習當中驗證了這樣的經驗。我們通常無法藉由別人的一句話或一個理論說服自己，如同心理學家羅傑斯所說，經驗是最高的權威，自己的經驗才是最佳的試金石。探究功課就是一個經驗的邀請，邀請你自行去體會。

有趣的是，不管是認知科學或是神經科學，他們的研究結果也支持了這個經驗，讀者可以從接下來「認知科學」部分的討論，進一步去了解。簡單來說，我們所感知的是大腦對「外在世界是什麼」的最佳猜測，我們所看見的不等於眼前的現實，我們的感官其實分不清楚內在外在的差別（因為事實上並沒有內外之別）。

從認知科學找證據

我們所感知的是大腦對「外在世界是什麼」的最佳猜測

（What we perceive is its best guess of what is out there in the world）

阿尼爾賽斯（Anil Seth）是英國蘇塞克斯大學認知與計算神經科學教授，長期從事意識科學的研究與成果發表。他有關意識科學的著作名列暢銷書排行榜，同時是牛津大學意識神經科學的期刊的總編輯。二〇一七年他在一場 Ted Talk 當中，提出以上的論點。

他以麻州理工學院視覺科學教授艾德森在一九九五年開發的棋盤格陰影錯覺，來說明，我們眼睛所見的不等同於外在影象的實際畫面。這是因為大腦會根據以前經驗，而有了預期的模式，那些已經深深建構在視覺皮層的迴路，會實際影響我們所看見的影象。在這個例子裡，我們大腦自動投射陰影使表面的外觀變暗，於是我們就會看到B比實際更淺的顏色。而其實A和B兩個顏色是一模一樣的。

同樣的狀況也發生在聽覺的部分。他與現場觀眾直接做了一個聽覺實驗，他先播放一段似乎無法辨識內容的語音，沒有人聽得懂在說些什麼；然後，他唸了一段文字，請大家再聽一遍原來的語音，這一次大家可以聽出來正是那段文字的內容。他提醒大家去留意，進入大腦的感官資訊一點都沒變，改變的只是大腦對感官資訊產生的最佳猜測，就改變了我們有意識聽到的內容。

這意味著，我們對外在世界的感知，並非完全取決於從外界進入大腦的信

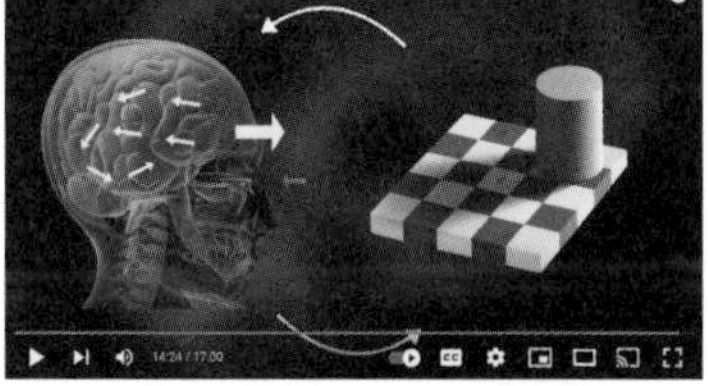

A

B

阿尼爾賽斯 Ted Talk

號，它同時取決於來自內在的感知預測。我們不只是被動地感知外在世界，我們同時也積極創建它。我們所經歷的世界，同時是從外到內，與由內而外。

無獨有偶的，在美國加州大學爾灣分校任教的認知心理學家唐納德・霍夫曼（Donald Hoffman）更是直接挑戰了「時空是客觀現實」的根本看法。以下他對視覺運作的說明，來自於二〇一五年他在 Ted Talk 的演說，更進一步呼應賽斯教授提出來的觀點：

> 神經科學家告訴我們，大約三分之一的大腦皮層從事視覺活動。當你只是睜開眼睛，環顧這個房間時，數十億個神經元和數萬億個突觸參與其中。這有點令人驚訝，因為就我們考慮視覺而言，我們認為它就像一台相機，只是照本來面目地描繪了客觀現實。
>
> 確實有一部分視覺就像相機：眼睛有一個晶狀體，可以將圖象聚焦在眼睛的後部，那裡有一點三億個光感受器，所以眼睛就像一個一百三十兆像素的相機。但這並不能解釋，數十億個神經元以及數以萬億計參與視覺的突觸。神經科學家告訴我們，這些神經元正在實行同步創造我們看到的所有形狀、物件、顏色和動作。雖然我們感覺就像只是在拍攝這個房間的快照，但事實上，我們正在構建我們所看到的一切。我們不會一下子構建整個世界，我們只構建當下需要的東西。

一九九八年他出版了《視覺智能：我們如何創造我們所看到的》，而在他最新的《不實在的現

唐納德 Ted Talk

實》這本書中，他更深入探討感官是否真的能準確反映真相，並且根據模擬實驗的結果，以及觀察到的真實生物界演化的經驗，大膽指出，我們的感官自有智人以來，一直朝著最有利生存的方向修正，而非如實反應現實的真正樣貌。我們看見一輛車疾駛而來，自動知道不要走到它前面去；看見壞掉的食物，自動知道不能吃。然而這樣的印象並非根據客觀現實。就像我們眼睛所見的電腦螢幕上的資料夾圖示，並不是電腦檔案真正的模樣，它只是一個方便使用的符號，我們每天看到的東西也都是圖示而已，好讓我們能夠安全、放心地在世界上過活。

最後這幾句話聽起來有沒有一點似曾相識的感覺？

佛說世界，即非世界，是名世界。

凡所有相，皆是虛妄，若見諸相非相，即見如來。

我引用這兩位專家的主張，目的只是讓讀者參考，意識到，也許來自我們感官解讀的訊息是有局限性，未必能夠代表事實的全部真相，能夠在下判定之前，有一個思考的空間。我沒有相關的專業科學背景，去判定這些理論的真實性，本書的目的也不在於此。然而，就練習探究功課相當時間的人而言，兩位科學家的主張卻不約而同地支持了我們的真實體驗。

當我們回答第四個提問，「沒有這個念頭，你會是誰或是什麼？」在同樣的場景裡，同樣的外在發生絲毫沒有改變，我們往往都能觀察到原來錯失掉的細節，甚至看見自己的誤解，不管是聽見的或是看見的，尤其在解讀文字的訊息上更為明顯。我們清楚地體驗到視覺的不可靠。

誠如兩位科學家所言，我們看見的，是自我創建的圖象，是我們大腦演繹的結果，或者說是我們認知的結果，而不一定是眼前現實的真相。我們甚至可以觀察到，自己如何在相信某些特定念頭時，任由腦海中出現過去或想像中未來的畫面，左右了自己當下的行為和反應，而幾乎忽略了眼前正在發生的一切。

不管是大腦神經科學或認知科學，在最近二十五年有長足的進步和發展，幫助我們逐漸明白大腦的作用、意識的作用，乃至於和外在環境互動的關係。然而，如果我們不是在經驗層次上去真實體驗到，對我們而言就只是知識而已。知識可以啟發我們，可以幫助我們理解生命的現象，但是要破除自己的盲點，在生命裡真實起作用，需要的正是像探究功課這樣的實修過程。

功課重新教育頭腦回到中立點

安博士的談話中提到，每一次做功課，都是在重新訓練大腦，都是在重塑自己的生命經驗。如果她所說的「改變」是不帶目的性的、不等同於吸引力法則，或是帶有目的性的刻意顯化，那麼究竟是什麼樣的改變呢？

以下全都是功課實踐者不約而同的經驗談，而這些經驗，在理解大腦的認知作用之後，確實是有脈絡可循的。

其中之一是：能讓大腦或自己，對事件或人的認知，逐漸回歸到相對中立與平衡的立場，或者甚至不再抓取任何的立場。我們的頭腦善於快速處理訊息，甚至根據過去經驗，自動演繹、填空、歸納、總結，一旦下了結論，「他欺騙我」，「他不聽我的話」，「他不尊重我」，整個經驗就此在腦中被貼上標籤定型，沒有轉圜的餘地。

在回答四個提問以及尋找反轉例子的過程當中，我們以慢動作重新審視當初的經驗，好像看著一幀又一幀的畫面，像個好奇的偵探，認真還原當初發生的事實。這是我自己的生命，如果這個想法帶給我壓力與困擾，它絕對值得我細細去看，去看看我生命裡到底在發生些什麼。我認為在那個情況裡對方不尊重我，那麼我把整個情況翻開來看，抽絲剝繭，看看是不是真的是這樣？對於那些願意看到真相、不想讓自己抱守痛苦念頭過一輩子的人，這真的是一個福音！

回答第三個提問，我觀察的是自己的種種反應，我如何對待自己與在場的人。第四個提問（沒有這個念頭，你會是誰或是什麼？）給了我們機會去重新體驗原來的情況，暫時放下原來相信的念頭，只是去看當時事實正在上演的是什麼？對方到底說了什麼？做了什麼？一字一句，如實地聆聽，不在上面添加任何其他的解讀，做一個純然的觀察者，宛如你第一次聽見與看見。這時，你感受到什麼？你觀察到什麼你原來忽略的？

反轉的時候，這位好奇的偵探已經有了相對完整經驗的訊息，現在可以從其他的角度來找找是不是有別的可能性。從那一幀又一幀的畫面中去找，有沒有對方尊重我的地方？他說的話當中，也許百分之八十聽起來不像尊重我，那有沒有至少一兩句或動作其實是一種尊重呢？

做功課時，你正安安靜靜地跟自己在一起，完全有足夠的時間慢慢去看，不著急。只要你真誠地想要知道答案，你會很驚訝的發現，答案（或者說實際的具體例子）會自然出現。

有沒有我不尊重對方的時刻？有沒有我不尊重自己的時候？如果這個可能性存在，那麼它看起來會是什麼樣子呢？

「功課的第三提問裡讓我清楚看見，當我相信念頭時，自己的種種反應。反轉能讓我看到其他更多的角度，我就有機會回到一個中立點。當我一旦回到這個中立的點，再去感受這件事的時候，我發現是如此的不一樣，就越來越喜歡這個功課了。」功課夥伴說。

探究過程可以區分現實與幻想

功課第三個提問當中的一個輔助問題，「相信這個念頭時，有沒有注意到過去或未來的畫面？」提醒我們去觀察，在當時的場景，腦海中浮現的畫面，是不是有對當下的現實加油添醋？無論是過去的記憶或是對未來的想像，對當下而言都是一種幻相，都只是腦海裡播放的電影。

你可能會認為，過去的記憶不就是我實實在在的經驗嗎？我們可以來檢測一下，你有過和親人對同一件事情不同的記憶嗎？尤其和兄弟姊妹或同學回溯從前，你會發現大家記得的片段是不一樣的。換句話說，我們不見得保有完整的經驗記憶。

其二，功課的探究會讓你體會到，沒有念頭時和相信念頭時，你所感受到的經驗是不一樣的。如果是這樣，我如何能夠確定我記憶中的片段等同於真實的發生呢？會不會我記憶中的經驗事實上只是我當時的一個故事呢？

「功課讓我看到現實與幻想的差別，讓我看到什麼是真的、什麼是假的。它讓我體驗到，原來是我把假的當成了真的，才造成了痛苦壓力。現實與真相本身就是有力量的。」一位夥伴分享。

功課的第四提問讓我們看到眼前的現實是什麼，而不是活在腦海的電影幻想中。陷入在過去和未來的幻想中，對於改變現狀是沒有力量的，只有面對擺在眼前的事實，我們才真正有著力點。時間是個幻相，我們永遠只活在當下。當腦子跑到過去與未來，才是我們痛苦和恐懼的來源：一個是我們認為改不了的過去，一個是我們認為控制不了的未來。當我們的覺知被這兩者帶走，我們幾乎忽略了當下，而活在自己的輪迴裡。

記得前面安博士的這段話嗎？「於是，當你進入一個新的經驗情境，大腦會搜索記憶庫，找到類似的情況，然後把它放到新的經驗場景當中，所以你可能會相信這一切現在正在發生。但事實上，這是把過去的影象加諸在眼前的情況上。」

安博士充分明白箇中道理，她分享自己的活出反轉：在遇到情況時，第一瞬間會提醒自己，我現在意識到的是過去的畫面，而不是現在的發生，然後把自己帶回當下。

舉例來說，妳晚上睡覺前和老公吵了一架，第二天早上，妳在廚房準備早餐，老公走進廚房，說了一聲「早」，妳心裡還在生氣昨晚的爭執，愛理不理。這個時候，妳看到的是腦海中昨晚的老公，而不是眼前的這個人。眼前真真實實的這個人，和妳腦海中想像的老公，是妳把他們畫上等號。

當你回應的對象是你腦海中的想像，你再也看不見眼前真實的這個人。即便他是帶著微笑、開開心心地和你打招呼，你未必能夠注意到。

功課就是回到當下的練習

如果你去留意，會發現我們所有的恐懼、害怕、擔心都和未來有關，因為我們無法知道、無法控制、看不到、摸不到，也使不上力。可是如果你真的去觀察，事到臨頭時，幾乎所有人最終都能面對和處理。這裡談的不是最終結果的好壞對錯，因為所有的好壞對錯都只是一個對事實的評判；我指的是所有生命經驗的過程，無論是如何地顛沛流離或動盪起伏，無論我們如何去描述它，它就是一個從出生到死亡的生命歷程，套句俗話說，它都會過去。所有的害怕、恐懼，就像凱蒂說的，就只是針對一個不可知的未來。

雖說如此，又有幾個人能免除對未來的擔憂呢？我們又如何能夠克服對未來的恐懼呢？

功課，如前所說，讓我們學會逐漸分辨事實與幻想。除了讓我學到，透過觀察去了解事實，不被腦海中對未來的想像所蒙騙，還能逐漸對未來保持開放。因為這些練習會讓我們明白，未來永遠只是此刻的一個念頭而已，毫無實質的意義，而對未來，我們完全未知。

第四個提問的回答，就是一種「把自己帶回當下」的練習。持續地練習，能逐漸培養我們對當下的一種覺知，並且能隨時在生活中，把自己從腦海中的想像和概念裡拉回當下。此外，「如果宇宙是友善的」這個提示句的練習，讓我們逐漸看到宇宙良善的本質，而學會信任一切的發生，並具有「從表象中看見善意」的能力。

功課作業單能瓦解關係中的心結

如前所述，功課作業單不僅僅只是一個梳理與記錄的工具，填寫的過程，更是一個與自己逐漸接近的靜心冥想，與自己深度連結的契機。功課作業單讓蟄伏在內心、不容易覺察的念頭，有機會以自然溫和的方式浮現出來。

填寫過程當中，聆聽與走進自己，情緒自然流動，逐漸鬆動原來在內心盤根錯節的糾結。往往當你完成一整張功課作業單的探究功課（這不等同於必須探究作業單上的每一個概念，它比較接近房子倒塌了或信念瓦解了的概念），能讓你瓦解過往事件帶來的心結。如同楊定一博士所說，每一個未處理的情緒或經驗，都會在身體上留下一個結。當心結瓦解，身體跟著舒暢，生命的品質自然改觀。

友艾慷慨分享她與婆婆之間的關係，是如何透過一張作業單轉化的。一張作業單的力量往往比單獨探索一個念頭要來的徹底和強大。在我周遭，透過功課而改變關係的例子不勝枚舉，僅僅透過一張作業單，讓原本互不說話的兩人，重啟關係並能自在相處的，也比比皆是。

記得我的第一張批評鄰人作業單，寫的是我眼中的婆婆。讓我驚訝的是，整張作業單做下來，我對婆婆的念頭全都鬆動了，那面堵在我心裡的牆倒塌了，內在無比地輕鬆和暢快。沒有了念頭的操控，我和婆婆的交往變得直接、坦誠，自然。從此，我愛上了功課。

我非常喜歡功課這樣一種「用冥想的狀態去觀察每一個當下」的方法。當我去到那個讓我有情緒的場景時，發現我整個心智都被我的念頭帶跑了，完全無法看到場景中的真相，於是我陷入情緒中和情緒對抗，指責別人批評自己，把自己搞得很累、很苦、很糟糕。當我沒有念頭時，我體驗到了清明自在、喜樂平安。在反轉中，我也學習了

作業當中的場景：
我坐在臥室的椅子上看到婆婆發來的微信，一整屏的文字，我心想，又來了……

1. 我對婆婆感到憤怒，因為她給我壓力。
2. 我要她沉默。我要她不對我指手畫腳。我要她管好自己。
3. 她應該體諒我。她應該相信我可以成為一個好媽媽。
4. 我需要她向我道歉。我需要她不要再給我發訊息。我需要她讚美我。
5. 她是自私的。她是控制欲極強的。她是不信任我的。
6. 我再也不想看到她給我發的資訊。我再也不想聽到她的聲音。

如何看清真相、如何去說，以及如何去做。

功課在我的生活中就像一部鬧鐘，當我有情緒、有念頭升起時，這個鬧鐘立刻提醒，我用功課去覺察，用功課去發現真相，讓我的生活多一些幸福平安。

功課作業單是為自己量身訂作的幸福良方

我們從小到大在學校裡學習的，是以知識與技能為主體，很少學習如何去認識自己、如何面對自己的情緒和挫敗、如何與別人相處（是的，我們確實被教導要與人為善，要與別人和睦相處，但是，沒有人教導我們，當我們做不到時，可以怎麼辦？我們經常勉強自己去維持表面的和諧，把自己的不舒服掩藏起來，或者責怪自己做不到，或者選擇逃避），而這些卻是我們要能快樂生活的重要元素。如何忠於自己，還能同時與人為善，需要的不僅僅是對自己的認識、對人性的理解，還需要處世的智慧。沒有兩個人的生命經驗是完全一樣的，每個人都有自己的課題，適合別人的方法套在自己身上不一定行得通。除了你自己，沒人可以給你屬於你的人生妙方。

功課作業單恰恰提供了一個自己可以如何生活的藍本，每一個填寫的過程，都是在不同的經驗裡去找到符合自己本心的行為準則，以及讓自己快樂的處方。所有你需要的人生答案，全部都在你身上。俗話說，解鈴還需繫鈴人，我是那個認為生活中有問題的人，那麼問題的答案只能在我之內，不會在別人身上，因為別人不見得認為那是有問題的。

當我利用功課作業單，在第二道題寫出自己想要的，便是勾勒生活藍圖的第一步。更重要的是，探究的過程讓我真正去體驗，那真的是我想要的嗎？在我實際生活中真的行得通嗎？還是我只是道聽塗說，別人都是這樣要的？或者那只是頭腦認為該如此而已？

那些我在第三道題給別人的建議、應該與不應該，正是指導自己行為的準則，因為它們完全來自我的內在。我在要求別人如此做的同時，我是不是也該親身檢驗一下，我提出來的建議是不是真的行得通？隱藏在這些應該與不應該的後面，都是些什麼樣的潛在信念呢？我為什麼會認為事情應該是這樣的呢？這些規定是從哪裡來的呢？既然這是我奉為圭臬的標準，是依照我內心的正直操守量身定做的，那麼便是我自己可以在生活中遵循的原則。

尤其在第四道題中，是去找出：在最有壓力的時刻，如何將在情緒風暴中的自己，帶回平衡與快樂的狀態。我們往往對別人有百分之百的視力，卻往往看不清楚自己。整張作業單，就是透過我們對別人的評判、要求、建議與期待，來看清自己內在的渴望與需求。利用別人作為一面鏡子，去透視自己內在那把尺，那個我們時刻用來衡量自己、也衡量別人的條條框框。

在明列出來的基礎上，我們深入探究，為自己斟酌：這些真的是我需要的嗎？這些應該與不應該究竟合不合用呢？一次又一次地探究，就是一個去蕪存菁的過程，你將逐漸領悟，是什麼使你真正快樂，如何有效地回到內心的真實需求上，去滿足自己。

一位具有多年諮商經驗的心理諮商師，分享她自己的經驗：

藉助批評鄰人作業單梳理情緒，與自己接近，知道自己要什麼，真的是自己的行為準則。我想讓別人做什麼，恰巧是我自己該怎麼做；當我不知道怎麼做的時候，作業單就是一個很好的行為準則，我學會滿足自己的需要。

比如，我在回顧成長中與媽媽有衝突的一個場景時，藉助功課作業單梳理自己，我看到我有一個很強烈的需要是：我需要她尊重我的感受。

在探究功課（四問、三反轉）時，我看到自己這麼多年來都有一個習慣的模式：在關係中遇到衝突時，只知道生氣、憤怒和傷心，害怕真實表達自己的感受和需要。媽媽不知道我需要什麼，要孩子告訴她，我對自己的需要也還在探索中。不管能不能滿足，媽媽需要先清晰孩子的感受和需求。

當我羅列出「具體需要媽媽怎麼做」是尊重我的感受後，我也清晰了我要怎麼做，要怎麼對我自己、對我的孩子，怎麼示範給孩子看，在與他人交往中，如何清晰表達自己的感受和需要。

當面對我的孩子、家人、身邊的朋友，當我不知道該怎麼去跟人相處、不知道怎麼走下一步的時候，我就寫批評鄰人作業單。做功課之後，我就知道可以怎麼做，先按照我想要的方式，滿足我的需要。

比如，作為家長，每次接到孩子老師的信息時，我都會有焦慮和緊張。擔心孩子給老師留下不好的印象，常常不知如何回應。針對這樣的情況，我寫了批評鄰人作業單，當我寫下一連串有壓力的念頭，看見自己焦慮擔心的情緒背後是「我需要老師認可我的孩子」；用四問三反轉探究「我需要老師認可我的孩子」這個念頭後，我看到我在管老師的事（世上三件事：老天的事、你的事、我的事），我希望藉助孩子得到認可，從而獲得「我是個好媽媽」的認可。

我清晰地羅列需要老師認可、信任孩子的什麼，我管不了老師，然而我能做的是管好我的事。我先學會認可和信任我的孩子，這給了我自己在與孩子相處時具體清晰的指導。

所以這兩個部分讓我覺得特別有力量，我有了自由選擇決定自己怎麼做的主權，生命也有能量了。我每一步都走得非常扎實、非常穩，這真的是找到屬於我自己的快樂處方和指導自己的方向。

功課培養定靜的功夫

功課像是一種心念的瑜伽術，可以訓練心智有能力處理發生在精神層面的事，不僅維持情緒的健康，還能保持頭腦的清醒，這也是目前廣為人們認可的正念冥想練習想要達到的狀態。

我們會透過鍛鍊身體來維持或增進健康，卻往往忽略了心念的鍛鍊。而其實心念的鍛鍊是我們老祖宗一再耳提面命的教導，更是佛家教導的精髓。無論是曾子的「一日三省吾身」，陽明學說的「心即理」，孫子兵法的「攻心為上」，孟子的「學問之道無他，求其放心而已」，《金剛經》的培養「無所住心」，乃至《黃帝內經》的「精神內守，病安從來」等等。即便是身體的病變，古人的智慧認為根源依然在心。放眼望去，不勝枚舉。

一切唯心造，唯心所現，心是一切的關鍵所在。不管是實質上內在的感受，或者經驗在外的現象，體現一切的根源，關鍵就在心。

如果不訓練心念安靜下來，不但很難認清眼前的事物，更為自己帶來諸多的煩惱，影響的就不僅僅是情緒而已，乃至身體自然的運作。透過有覺知的訓練，心靈的真實本性自然顯現，能經驗到一種清晰明亮、持久平靜的感覺。

功課就是一種有覺知的心念訓練，讓我們的注意力回到自己身上，回到那個最根源、心的作用上。一再透過四個提問，慢慢潛入內心，與如如不動的深度連結，靜、定、安、慮、得，一切昭然若揭，自性現前，愛與智慧同在，慈悲雙修。

當你把它當成一種日常的練習，功課會自然起作用

當我們把功課當成一個日常的練習，它逐漸成為生命的一部分，自然會在內在起作用。當我又去管別人的事，或起煩惱心時，內在會有聲音把自己拉回來，「你在管誰的事？」「這是真的嗎？」或「你確定是這樣嗎？」「事實是什麼呢？」這些自動升起的詢問，讓念頭與我們之間有了一個距

離，大大減少念頭來時自動對號入座、被耍得團團轉的機會。來個好的念頭，你開心；來個讓你煩惱的，你可能甚至一整天都悶悶不樂。

「老公有外遇時，我經歷了一段很痛苦的時間。如今要感謝這個痛苦，讓我找到了功課。有天我們又起了爭執，一股很強烈的憤怒從內在升起，我衝口而出諷刺他，轉身就走，『你已找到了你的摯愛，別找我麻煩！』話音剛落，內在一個聲音如雷貫耳，向我說道：『你已找到了你的摯愛，別找他麻煩！』好一個反轉！我楞在原地，頓時明白這個反轉中的『我的摯愛』就是功課，也是那個透過功課而逐漸認識的自己，那一刻對我竟是如此的真實。瞬間，我的憤怒消失的無影無蹤。可不是嗎？找回迷失在妄念中的自己，如此珍貴，何必再要求對方什麼呢！這個經驗著實嚇了我一跳，沒想到腦海裡的反轉如此迅速，又如此到位！不僅憤怒煙消雲散，內心居然有滿滿的感動，也放掉了對方。」一位夥伴私下分享。

改寫過去，讓未來成為真正的創造

我們對未來的投射奠基於過去的經驗。所謂的輪迴，某種意義上指的是：我們一再重複自己的慣性和習氣，而無法超越我們原本的經驗。如果真的如此，當我們透過探究功課，改變我們對過去經驗的認知，未來的變化是完全可能的。以前面安博士分享有關腦神經迴路的原理，以及賽斯博士提到的「我們所感知的，是大腦對『外在世界是什麼』的最佳猜測」，就不難理解這個道理。

而當我們能改變舊有的認知，並對任何可能性保持開放，某種程度上，你便開始了人生真正的創造。過去的經驗真正已是過眼雲煙，因為它已經失去牽制你的力量，不再是限制和捆綁你的枷鎖，在你面前的便是無限可能的康莊大道。你的生命潛力是不可限量的。

猶記得我第一次的功課學校，最後一天離開前，凱蒂語重心長地對大家說，大意是：我原來只是沙漠小鎮上沒有大學學歷的平凡女人，如今可以坐在這裡，請不要小看你們自己的未來，不要輕忽自己的潛力和生命的無限可能。也把這些話轉送給大家。

協導篇

7 你也能成為守護心靈空間的協導——成為自己的諮商師

功課是每個人必須自己探究的過程。這是一種靜心冥想，沒有人能代替我們靜心冥想。然而，與另一位提問並傾聽你答案的人一起做功課，探究可以是一個很棒的經驗。同時學習作為一位能夠在恰當時機提問、並守護對方自我探索空間的協導者，對個人生命的拓展與成長，宛如加速器，能在既有的功課基礎上，如虎添翼。

協導者在做些什麼？我們可以從協導中學習到什麼？目前坊間介紹拜倫凱蒂功課的各種版本書籍，無論是以任何語言，尚未有一本書討論或介紹功課的協導。一部分原因是源自於，真正受過凱蒂功課學院全面協導培訓的人為數不多；另外大多數的人是為了解決自己的痛苦而來，關注的重點自然在於如何掌握這個工具為自己所用。

我的分享算是一個創舉，這個決定來自我這幾年親身的深刻體驗，我意識到，這是一條多數人不曾知曉的康莊大道。既然大家都已經走在修心、修行的路上，誠願大家都能入得寶山滿載而歸，我豈能不分享這塊山中瑰寶？獨樂樂不如眾樂樂。

我自己投入了兩三年的時間完成功課學院培訓的學習，並且一直持續在學院裡帶領來自世界各地的人們進行培訓的課程。過去兩三年，國際華語功課協會在凱蒂的支持下，幾位華語認證協導師也將整個培訓的核心精髓帶給了願意深入學習的會員，透過這些夥伴們的學習經驗分享，我更加確定這條康莊大道上的風景無限。

協導的基本認識

功課的過程是提問與回答，因此功課的協導有兩端：協導者與探究者。協導者以四個提問和反轉，帶領探究者完成功課，這個過程稱之為協導。有協導者的帶領，可以讓整個探究的過程相對容易一些。當有人向你提問，你可以把全部的注意力集中觀照內在，去專心聆聽自己的答案，而不必擔心過程的細節，只需要覺察和專注自己內在的體驗。

在某種程度上來說，學習如何協導不難。如前所述，協導者與探究者是平等的，更精準地說，探究者為主，協導者為輔。功課的本質是自我探究，是個人在自己內心找到屬於自己答案的過程，它不需要協導者對探究者的問題有任何了解，或負責幫探究者找出任何解決方案，甚至不主動提出建議。它不要求協導者做任何的研究、分析或具備某個領域的專業知識。它甚至不需要協導者自身之前有任何的類似經驗。凱蒂曾說，你可以請家裡的人或任何人協導你，他們只需要問四個提問，並邀請你反轉就可以了。協導確實可以如此簡單。

那麼如果協導如此簡單，為什麼會有這麼多的培訓與課程呢？包括凱蒂和她所創建的功課學院，也是一直在提供許多有關協導與功課的課程。個中有什麼玄妙？協導在學些什麼？如果你已經學會了如何做探究功課，學習協導又能幫助你什麼呢？我們一步一步來看。

協導者在做些什麼？

協導者主要是為探究者守護一個開放和安全的探索空間，並作為一個見證。在整個過程裡，同樣靜心冥想，盡量不帶評判、全身心聆聽對方的回答，並適時提出問題或反轉的指示，留意對方是否偏離探究，提醒引導，將對方帶回功課靜心的過程。在整個協導中，尊重對方的歷程，與對方保持連結，只有在對方願意接納的狀態下，適時分享自己的看見。同時，協導者可以同步探索自己的內在。

聽起來似乎有點複雜，好像跟我們的日常生活扯不上關係。實質上，它與我們每天的生活息息相關，我們每天和他人的溝通，某種程度上就是一個協導，而行走人間，你就是一個協導者（Facilitator）。協導的英文 Facilitate 意思就是促進、幫助，讓事情、狀況進展變得更容易。協導者的角色和功能不言自明，我們每個人不都是在幫助生活裡的一切進展地更容易的那個人嗎？無論是讓飯桌上有營養的食物、生活起居作息順暢、在工作崗位上各司其職等等。每一次你和別人的對話溝通，無論是和孩子、父母、伴侶、上司、下屬、客戶、朋友，除了發表自己的高見以外，不也是聆聽和提問？

讓我把這個句子裡的一些詞，做一些替代調整，也許你就可以看見它們的相關性：

與別人溝通時，我主要是為**來到我面前的人**守護一個開放和安全的探索／**表達**空間，並作為一個見證。在整個過程裡，盡量不帶評判、全身心聆聽對方的**談話與回答**，並適時提出問題或指示，留意對方是否偏離**討論的主題**／探究，提醒引導，將對方帶回討論的主題。在整個過程中，尊重對方的歷程，與對方保持連結，只有在對方願意接納的狀態下，適時分享自己的看見。同時，**我**可以同步探索／**觀照**自己的內在。

在和別人溝通時，這是不是你希望被對待、被聆聽、被接納的方式呢？如果有人願意如此聆聽你、接納你，你是不是更願意和他們交流呢？把它套用在企業管理上、團隊合作上、親子關係上、親密關係上、解決衝突和糾紛上，是不是都適用呢？

不帶評判、全身心專注聆聽的力量，是超乎想像的。

這也恰恰是美國心理學大師、人本主義創始人之一，卡爾・羅傑斯（Carl Ransom Rogers）當年引導整個心理治療界的巨大變化。在他體驗到傾聽的力量之後，首先開發出「以客戶為中心」的心理治療方法，打破過往由治療師主導患者的方式。治療師成為一位協導者，而由客戶（不再被稱為病患）決定治療的過程和速度。卡爾．羅傑斯被廣泛認為是心理學界最傑出的思想家之一，並且在一九八七年，以「傾聽」為主導的方法，和平調停愛爾蘭各種宗教之間的紛爭，而獲得諾貝爾和平獎的提名。

他在下列這段話中似乎表示，人們的傾聽和理解，可以給對方帶來一個不可思議的心靈空間。在這個空間裡，問題可能得到解決，混亂也會變得清晰。

> 如果有人傾聽你，不對你評頭論足，不替你擔驚受怕，也不想改變你，這多美好啊！每當我得到人們的傾聽和理解，我就可以用新的眼光看世界，並繼續前進……這真神奇啊！一旦有人傾聽，看起來無法解決的問題，就有了解決辦法，千頭萬緒的思路也會變得清晰起來。

在這裡要特別說明，功課的協導，本質上不是一個心理治療，也不是教學或指導。幫助探究者取得任何突破或重大洞見，不是協導者的工作，突破與否取決於探究者的本身。實質上，它更像是一個雙向的探索，一如凱蒂對學院受訓學員的耳提面命，「來到我面前的是來喚醒我的，而不是反過來的。」

協導者在學些什麼？

＊全身心傾聽的能力

心理學大師馬歇爾．盧森堡（Marshall B. Rosenberg）博士，在他著名的《非暴力溝通》書中，以整整兩個章節的篇幅說明，用全身心傾聽的困難之處與傾聽的力量。

為了傾聽他人，我們需要先放下已有的想法與評判，全神貫注地體會對方。然而，用全身心傾聽他人並不容易。法國作家西蒙娜薇依寫到，「傾聽一個處於痛苦中的人，不僅十分罕見，而且非常困難。那簡直是奇蹟，那就是奇蹟。有些人認為他們可以做到，實際上，絕大部分的人還沒有具備這個能力。」遭遇他人痛苦時，我們往往急於提建議、安慰或表達我們的態度和感受。可是，傾聽意味著全心全意體會他人的信息——這為他人充分表達痛苦創造了條件。有一句佛教格言恰如其分地描述了這種能力：「不要急著做什麼，站在那裡。」

馬歇爾博士書中的這段話，精準和完美地描述了功課協導者主要學習的內容、培養的能力與扮演的角色。協導者不僅站在那裡，守著場域，不提建議，不安慰，不表達自己的態度和感受，全然聆聽，與對方同步，在心的深處有一種無形的連結，彷彿坐在對面的就是自己。因為他的探索，就是我的探索，他的煩惱、恐懼，就是我有的或曾經有的煩惱和恐懼。他過程中的智慧和看見啟發我，帶領我往自己的內在做更深的探索。他是來喚醒我的。這就是我所謂的雙向探索。

然而，如同馬歇爾博士所說，這確實是不容易做到的。他在這段話中提到幾個重點：

①首先需要放下已有的想法和評判

②全神貫注地體會對方

③不急於提建議、安慰或表達我們的態度和感受

在書中的章節裡，馬歇爾博士還提出了其他可能會妨礙我們體會他人處境的行為，包括教導、比較、否定、糾正、同情、辯解。並且舉了許多生動的例子來說明。

這些可以當作守護空間的協導者學習的主要方向和內容，卻不是唯一的。功課協導的學習一如功課的學習，秉持著的都是反求諸己的精神。要具備能夠傾聽別人的能力，必須要先能夠傾聽自己與安頓好自己。光「需要放下已有的想法和評判」這個先決條件，就好像要清空腦袋瓜子一樣，談何容易！尤其連自己當下有什麼想法和評判都無法覺察的時候，何談放下？

讀者到現在可能已經明白，凱蒂所說的探究功課，是一種傾聽的練習。你說不定也已經注意到了，我們每一次在第四提問的練習，「沒有這個念頭，你會是誰或是什麼？」不也是一種傾聽的練習嗎？第三個提問傾聽自己，第四個提問同時傾聽對方與感受自己。此外，活出反轉與功課作業單的填寫，就是在學習如何安頓好自己。協導別人必得站在這樣的基礎上，才可能逐漸養成去守護探究者空間、全身心傾聽別人的能力。否則自己都心神不寧、妄念紛飛，站不穩自己的腳跟，是沒有內在空間去真正傾聽的。

「我的性格超級快，跟機關槍一樣行動，說話什麼都快，所以聆聽真的是一個很大的挑戰，協導帶給我最大的禮物，就是學會盡量地靜下來去聆聽。一開始覺得，他們說的那些，我都想打斷，到後來就忍住不打斷，到現在可以自然安靜，沒有想要說話的衝動。當然也不是經常都能安靜，但是我看到自己的改變。其實有時候靜靜地聆聽別人，會發現，比你自己說，還能學到的更多。」一位學習協導的夥伴分享自己傾聽的過程。

我們如何做到馬歇爾博士提到的這三點？無論任何一點，都不是件容易的事。要做到「放下已有的想法和評判」需要的不僅僅是傾聽的能力，這就是學習成為協導者很大的亮點，以及寶藏的所在。

＊瓦解自己的盲點

唯一值得學習的事是瓦解你所學的。質疑你認為你所知道的每一件事就是實際去做的方法。

你一旦找到深入你內在的那把鑰匙，你就發現了無邊無際的自由。它浩瀚無垠到沒有一個物質肉體能容納得下它，甚至連宇宙也容納不下。瓦解學習就是：這份廣大無垠如何展露它的自身。只要我們依然受困在我們自認為知道的事情裡，世界就依然渺小，生命也會活在表相的痛苦中。

——拜倫凱蒂

如何利用協導，瓦解自己的盲點，有如一場精心設計、峰迴路轉、柳暗花明的絕妙旅程。

就拿協導本身來說，我們的自然傾向是想要幫助別人，不希望有人受苦，更何況當我們已經體會到功課帶來的輕鬆與解脫，更希望能把這樣的經驗帶給周遭的人，尤其是來到我們面前的探究者。也如同馬歇爾博士所分享的那段話，「遭遇他人痛苦時，我們往往急於提建議、安慰或表達我們的態度和感受。」他沒有在這一段話做進一步說明的是，當我們過於急切，不管是以語言或行動，往往適得其反。他在書中舉了好幾個這樣的例子。

我們內在幾乎都有這樣的渴望，成為能拯救別人免於苦難的「那個人」，是「我」讓這個世界更好、「我」是有價值的、「我」是能給別人帶來益處的、「我」是比較有辦法的……你不必同意這個說法，同時可以在生活中留意一下自己細微的心思。

學習協導幾乎都是從這裡開始的：經常急於想幫忙對方，或不自覺要讓自己有用，帶著看似美好的動機，以及從未察覺的自我盲點，最終可能會干擾探究者的內在過程，或在不恰當的時機打斷了對方的靜心冥想，以及對方與自己內在的連結。因此，需要瓦解的是：任何阻礙我與對方產生連結的各種動機與想法。這包含之廣，可能超出你的想像，也自然因人而異。簡而言之，事實上，它包含了幾乎所有人與人之間互動存在的各種想法與動機，尤其是捆綁人類的魔咒——希望獲得別人的愛、讚賞與認可。

＊覺察自己的起心動念

同樣的反求諸己，我們從覺察並且質疑自己在協導過程中的念頭開始，包括自己的動機和對探究者的各種評判。例如：

我想讓他有一個良好的體驗。我要他們認為我是一個好的協導者。我需要他們不再痛苦。我希望他們感謝我的協助。我想要他們看到我所看到的。

這些看似無辜且充滿善意的心思，充斥在我們平日和別人的互動上，尤其與親密家人和友人之間。而當對方沒能接受我們的善意，我們會感到挫敗、傷心，甚至憤怒；卻不明白，有時是我們自己出於「自以為是的好」，不真正明白別人的需要和立場，失了分寸，越了界，管到別人的事上。有時自己是帶著期待對方某些特定行為和反應的動機，而那其實是為了自己，而不是為了別人著想。

「我發現，我認為對別人好的，其實就是插手了別人的事了。我想要你開心一點，其實就給別人罩了一個罩，讓別人變成自己想要看到的那個人，已經介入別人的世界了。所以讓我看到，我是真的想讓別人好嗎？還是只是為了我自己？」一位夥伴分享自己功課後的反思。

當你在不同情況下協導別人，一次又一次地質疑這樣的動機時，你開始認識自己的不同面貌，那些你未曾看見的盲點，你逐漸洞悉人與人互動之間的真實本質。你的認知起了嶄新的變化，獲得一個新的視角。你開始理解，探究者在功課裡深入的程度是他們的事，你開始信任他們和他們的智慧，你開始真正信任這四個提問和反轉。而這些變化會滲透到你生活的每一個層面，你也能逐漸在生活裡與人的互動中保持覺察，觀察到自己的起心動念。

於是，協導別人成為一件很愉悅的事，同時也是深入自己的機會。在那個過程中，彼此的共鳴成了一種享受。能見證一個心靈的打開、煩惱痛苦的轉化消融，是一種莫大的榮幸。但是，如果你有動機想要改變他們、拯救他們，或者讓自己看起來很有本事或有智慧，那就完全成了另外一回事。然後，協導（如果你還能這麼稱呼它的話）會變得困難，無論是對你或他們都一樣。

「我很喜歡去協導夥伴，其實每一次我靜下心來去傾聽，和對方同步在場景和功課裡，就覺得，真的是人類共有一個大腦。而且學習到的協導原則，與心理諮商師的諮詢原則是完全一致的。一個是以來訪者為主導，這是核心。同時所有來接受我協導的夥伴都是來成就我的，讓我透過他看似與我沒有關係的故事或場景，經驗到，其實跟我都是相連的，甚至往往都是此階段我正在經歷或忽略沒有看見的。然後在跟隨他的功課過程中，反而給了我回到生活中一個非常有利的幫助。這也是我覺得功課真的堪比專業諮詢的一個地方。我從個人諮詢的經驗和做協導這兩年，慢慢地找到了這個相同之處。」一位有多年心理諮商背景的夥伴如此分享。

＊學習接受並給予反饋

剛剛提到，覺察並且質疑自己在協導過程中的念頭，這些念頭包括自己的動機和對探究者的各種評判。對坐在我們面前的探究者的評判，就是我們行走人世間對各種人、包括自己和最親密的家人，各種評判的縮影，全部都是我們自己心念的投射。

我們如何看待對方，會影響我們自己的言行舉止，自然也會影響我們如何協導對方。比如說，當我們認為對方太囉唆，可能會想打斷他；或者我們認為對方慢吞吞，可能會催促他。大家在平日與別人的談話中，都可以留意到這些傾向。或者我們認為對方和我們有不同的觀點，有時也會在內心忍不住想要去辯駁，甚至直接打斷，或開始發表自己的觀點去反駁，內在同時也會有對這個人的評判，比如他說的沒道理、他說得不清不楚、他自相矛盾等等。

利用我們對他人的評判來認識自己，本就是探究功課的基本功，所以不再贅述。培訓課程的巧妙是：更進一步地讓我們從聆聽並給予反饋中，逐漸學習把批評當成是一個禮物，透過它來看見自己的盲點，以及誠實無懼地向別人表達忠於自己的看法。這幾乎是我們在生活中最難做到的事情之二。

我相信從字面上大家都能理解，把批評當成是禮物的意思。至於「誠實無懼地向別人表達忠於自己的看法」，極可能被誤解成「大咧咧地、口無遮攔、不計後果、直接了當說出自己的看法」。這裡談的誠實溝通與表達，完全不是如此。就像馬歇爾博士用一整本書來介紹「非暴力溝通」，我深深感到，任何一個我在功課裡體驗到或協導中學習到的，幾乎也都可以用一本書來深入介紹。

簡而言之，這裡談的誠實無懼的溝通，比較接近「非暴力溝通」的定義和目的。馬歇爾博士在這段話中表達得很清楚：

> 如果我們只是想改變別人，以使他們的行動符合我們的利益，那麼非暴力溝通並不是適當的工具。非暴力溝通是用來幫助我們在誠實和傾聽的基礎上與人聯繫。
>
> 然而，堅持以非暴力溝通的方式與人溝通，是很不容易的。對於父母、老師、經理以及其他處於管理位置的人來說，尤其如此。

功課的協導與否，強調的都是與別人的連結，而不是改變對方來符合我的期待。溝通的目的是在「對自己誠實，並且完全傾聽對方」的基礎上，表達自己的需求或期待或反饋，清楚明白這一切是跟自己有關，別人接受與否是別人的事情。在這種基礎上的表達，是開放的、溫和的，是對自己與別人的一種仁慈。這裡沒有隱藏、沒有操控、沒有對抗、沒有要求、沒有應該。它是誠實本性的自然流動。

因此，學習的過程，一切都在身體力行中進行，看似不經意，卻處處充滿設計者的智慧。經常是——你在不經意當中猛然醒悟，變化已悄然在你身上發生。

「透過同伴針對自己協導的反饋來學習，幫助我克服面對批評的恐懼。對我來說是個關鍵，你很難在一般的課程裡接觸到這部分，就是讓別人直接給你反饋，不管那個反饋是說你好或你認為的不好。學習在心裡慢慢去離開那個好壞的評判，這樣的一種能力，其實在平常生活中是很重要的。當我漸漸能把所謂的批評這兩個字，不再把它看成是一個負面的、代表我不好的名詞，慢慢學會從別人對我的觀察與反饋中去認識自己，把它當成一個禮物與發現來看待。好像從更多維的角度來認識自己，特別是去面對別人的反饋和批評，透過課程的學習，我真的著實往前走了一步。」一位夥伴如此說。

一個協導別人的過程，常常能反映出自己的習氣與慣性。於是，在學習成為一位內在如如不動、真正能守護空間的協導者的過程裡，那隱藏在語言行動背後、無形中支配我們人生的信念系統，得以在同伴的反饋中現形，在「自己如何面對反饋」中悄然現身。然後，有時如同禪師的當頭棒喝，帶領人一個簡單的提問，你驀然驚醒。

＊誠實的溝通、與他人的連結

學習功課之後，才知道誠實的不容易，因為在沒有覺知到自己的盲點之前，我們很難完全誠實。我們可能意識不到自己的不誠實，一直不自覺地戴著面具做人，為了符合社會的規範，為了符合角色的定義，為了希望得到別人的認可、愛與讚賞。於是，有時因為害怕而心口不一，有時很困惑，不知道自己真正要的是什麼，往往同時想要兩個看似互相矛盾的東西。例如：不想借錢給別人，卻不希望他因此不喜歡我；累了不想出去，卻又擔心別人以為我擺架子；吃安眠藥可以解決睡眠問題，卻又認為吃安眠藥不好。

這一段凱蒂協導一位女士的部分片段，可以幫助我們了解什麼是真正的誠實。

女：我要慢性疲勞症候群從我身上消失。

凱蒂：為了什麼目的呢？

女：這樣我就可以獲得平安。

凱蒂：相信「妳需要它消失」這樣的故事，而同時凌晨兩點妳睡意全無、渾身乏力，在那個時候，妳的感覺如何呢？

女：嗯，事實是從來沒有出現過這種情況。因為我一直都在吃藥。我沒有那種經驗，但一直生活在對它的恐懼中。

凱蒂：好的。所以妳得了慢性睡眠障礙。妳能確定那是真的嗎？

凱蒂停頓了一會兒：妳看到妳不能，因為妳晚上都能睡覺。這是事實。

女：嗯，是的，因為我在吃藥。

凱蒂：藉助藥物睡眠有什麼不可以的嗎？

女：我對這有很大的成見。

凱蒂：我注意到了。

女：超大的成見。

凱蒂：好的，現在我們來請教妳，妳就是專家。晚上藉助藥物睡眠有什麼不對嗎？請注意，我並不是在提倡使用藥物幫助睡眠。

女：我不想藉助藥物睡覺，可是我卻不得不用。妳的問題是？

凱蒂：晚上藉助藥物睡覺有什麼問題嗎？妳到底想不想睡覺？妳有沒有注意到妳同時要兩樣東西：妳想睡覺，妳不想吃藥？我怎麼知道妳想要吃藥？因為妳正在吃藥，這就是事實，承認它並負起這個行動的責任。

女：對。

凱蒂：我不想吃藥，反轉過來。我確實……

女：我確實想要吃藥。

凱蒂：沒錯。歡迎對自己的誠實。

女：好吧。

凱蒂接著說：我想吃藥，是因為我要睡覺。如果有人問妳，妳在吃藥嗎？妳可以告訴他，是的，我想睡覺。

女：然後我又會因此恨自己。

凱蒂：那是因為妳對此不夠誠實。當人們吃藥時說，我討厭吃藥，我不想吃藥，肯定是一個謊言。我知道妳想吃藥，因為妳正在吃藥。為了能夠睡覺，妳想吃藥。

女：沒錯。

凱蒂：所以現在妳可以睡著了。妳做了自己允許而且同意的事，吃藥睡覺。但是，如果妳需要藉助藥物才能睡著，然後說我不想吃藥，那就是一個謊言。

當我們覺得我不想做，卻不得不做，然後一邊做、一邊抗拒它或帶著委屈，心不甘情不願，妥妥貼貼地在製造自己內在的衝突。當妳能承認並負起這個行動的責任——是的，我就是要這樣做，因為我需要——這就是對自己真正的誠實，也是我領會到禪門裡所謂的直下承擔。我清楚知道我在做什麼，而不是我不想做，又不得不做，讓自己陷入衝突、糾結，而未能承擔起自己行動的責任。

誠實溝通的學習，除了心口如一、言行一致，還包括如何表達自己的脆弱，如何誠實友愛地拒絕別人，以及接受別人的拒絕。一切以內在的正直操守為基礎，以與對方的連結為依歸。

學習成為協導者真正的意義是什麼？

> 當有人協導功課，給出四個提問時，他正接收的是我最初於我內在接收到的另一個層次。如果他真的是從中立的立場協導對方，沒有任何動機，那麼他便處於另一邊、我所在的地方。它僅僅是增進了自己的自由。它是在內或在外，無邊無際。
>
> ——拜倫凱蒂

你有機會成為在生命中自由的人，也可能成為有能力滋養自己與別人的人。

有兩位夥伴如此說：「我終於找到了靠自己就可以轉變自己的心的方法，從內心找到對自己和別人的愛。」「我學會照顧自己，也教會別人滿足我的需要。覺得行走人間有了信心與兵符。身旁許多人覺得，不是自己不想好好活，而是不知道怎麼活。現在我有能力自助助人，授人以魚，不如授人以漁。」這真是功課最大的特點，終於學會了怎麼活出自己想要的生活！還可以把方法傳授給別人！

學習成為一位能為他人守護心靈空間的協導，能拓展個人生命的深度和廣度，一切最後都指向自己的自由。在深度上，隨著探究者的探索，你能在更深的層面裡認識自己、認識心的作用，有一種對人類心靈深層的理解；在廣度上，許多自己生命經驗裡也許不會或不曾探索的角落，透過來到面前的探究者，你有了深入的機會。每一位都可以是自己學習的對象，世界看似向外擴展，卻同時天涯若比鄰，更拉近了距離。

當你成為一個守住自己本分的協導者，自然成為一個善解人意的傾聽者。然後你會發現，和周遭人的關係，在不知不覺當中變和諧了。你成了人們願意接近的安全所在，在你面前大多能放下心防，毫無顧忌、沒有恐懼，去展現自己脆弱的部分，會願意與你連結，那是無與倫比的信任。你能想像，當你是在這樣的狀態，你與孩子、父母、親密伴侶、兄弟姊妹、朋友、同事的關係，會是何等光景呢！

隨之而來的是一個全新的生活方式、一種全然不同的生命狀態，你學會了和自己的念頭和平相處，學會了往自己的內心看，懂得如何照顧自己的需要，懂得如何處理自己的不安，不再把箭頭指向別人，懂得如何好好行走人間，也就自然懂得如何好好說話、如何聆聽別人，與周遭的人聯結，平安喜悅是日常。

我們藉由批評別人當自己的鏡子開始，最後一切回歸自己，心安自在，因為你知道問題永遠不在外面，你也知道如何從根源上處理。

難怪我們不喜歡我們自己——因為我們不喜歡的那個人不是我們自己，那只是我們的面具——那根本就不是我們。你明白了嗎？就好像你不喜歡的那個人根本不是你自己，那是你為了得到我們的認同而假裝的你。所以，你都不能說你不喜歡你自己，你應該說我不喜歡我戴的這張面具。然後，你讓你戴著的這張面具脫落，做回真正的自己。

——拜倫凱蒂

清醒，從來不是一件永遠的事。一如吃飯、刷牙、洗澡，沒有一勞永逸之事。作為協導，幫助我扎根在功課裡，學習活出真正的自己。

初學者可以怎麼做？

如果朋友之間想要練習互相協助對方，可以這麼做：

＊協導步驟：

①確定對方要做功課的念頭和場景。
②寫下對方的念頭。
③邀請對方回到場景裡。

④按照黃卡上的四個提問。不隨便修改「功課」的問題。

⑤給對方充分的時間回答問題，回答完畢後再進行下一問。

⑥結束四個提問以後，口頭重複做功課的念頭，並請對方反轉。

⑦對方說出自己反轉後，邀請他舉三個具體而真實的例子。

⑧重複這個步驟，直到完成原來念頭的兩個或三個反轉。

⑨可以問對方，你還看到其他的反轉嗎？有時候會有超過三個的反轉。

THE WORK OF BYRON KATIE

摘錄自

批評鄰人作業單

也被稱為**小黃卡**

回想一個特定的、有壓力的情況。允許自己在精神上回到當時有壓力情況的時間和地點，然後一邊填寫以下的空白處。

在這個情況裡，誰讓你感到憤怒、困惑、受傷、傷心或失望，為什麼？

我對＿＿＿＿＿＿＿感到＿＿＿＿＿＿＿＿
人名　　　　　　情緒

因為＿＿＿＿＿＿＿＿＿＿＿＿＿＿＿＿＿

＿＿＿＿＿＿＿＿＿＿＿＿＿＿＿＿＿＿＿。

例子：我對**保羅**很**生氣**，因為**他欺騙我**。

現在用背面的**四個提問和反轉**來質疑這個想法。

欲知更多關於功課請閱讀**《一念之轉》**及造訪 thework.com/chinese-traditional。

THE WORK OF BYRON KATIE

四個提問

例子: 保羅欺騙我。

重複你的句子，然後問：

1. **那是真的嗎?** (是或不是。如果不是，直接跳到第三個提問。)
2. **你能完全知道那是真的嗎?** (是或不是。)
3. **當你相信那個念頭時，你是怎樣反應的，發生了些什麼?**
4. **沒有那個念頭，你會是誰或是什麼?**

反轉念頭。

我欺騙我。

我欺騙**保羅**。

保羅**沒有**欺騙我。

保羅**對我說實話**。

當你想像這個情境，沉思每個反轉如何對你是一樣真實或者更真實。

小黃卡正反面

＊注意事項：

①明確地了解，我的責任僅是問「功課」的問題，我不可能知道什麼對對方最好，信任對方的智慧平等。

②注意，當發現自己「想要給對方提建議」時，停下來，重複一遍「功課」問題的方式，重新開始。

③給對方足夠的靜默時間，等待他自己的回答。

④當對方遇到困難，不知如何回答，或做反轉及舉例卡住時，在徵得對方同意的情況下，「我可以分享我看到的例子嗎？」得到允許後，可簡短分享你自己相應的體驗。

＊對探究者的提醒

①如果可能的話，盡量懷著「我不知道」的開放心態來做「功課」。

②回答問題時，給自己足夠的時間。閉上眼睛，回到本次功課的場景。深入自己的內心，聆聽內在的答案。

③當注意到或被提醒自己偏離了功課，或是在分析、解釋、說明、辯護，停下來，不評判自己，溫柔地讓自己回到功課裡來。

④如果發現協導者在說自己的看法，或未經邀請地給自己提建議，或問與功課無關的問題時，請行使自己的權利，溫柔地提醒對方，「請只是問功課的問題」，讓我發現屬於自己的真相。

如果你想要進一步學習，大門永遠為你敞開。

關於協導——

如果你想找受過培訓、有經驗的協導，體驗探究功課，你可以找「心安住在家」或「國際華語協會」的協導團隊。

如果你想要深入功課，歡迎來參加國際華語協會的培訓計畫。這是拜倫凱蒂唯一核准的華語資格鑑定計畫。

如果你想要進一步了解功課的學習，可以掃描加入 Line 群組，或加微信 zs465385143（請註明「愛上當下」）。

「心安住在家」網站

拜倫凱蒂功課國際華語協會

Line 群組

應用篇

8 功課在不同領域的應用

教育上的「思惟計畫」

將自我探究帶給全世界每一位學生

培養青少年的幸福感、創造力與好奇心

瑞秋皮克特（Rachel Pickett）學習探究功課之後，十多年前一日在超市購物，突然冒出一個念頭：「我早應該在學校學習到自我探究。」平日扎實的練習，在那瞬間，內在自動出現以下的反轉：「我早應該在學校教導自我探究。」這句話如雷灌頂，更像一道照亮前路的瞬間閃光，引領瑞秋進修教育碩士學位，成為一名中學老師。

在接下來的數年裡，她不僅成功地在所任教學校教導師生運用這個方法，效果卓著，並繼而成立了一個教導學生探究功課的非營利機構——思惟計畫。她立下的宏願（也是思惟計畫的終極目

思惟計畫

標），便是把自我探究帶給全世界每一位學生。透過精心設計有趣的課程、活動和專案，幫助學生識別出並且克服有壓力的想法、限制性的思惟，提升他們面對壓力的能力和自我覺知。

思惟計畫提供完全免費的教材給任何有興趣的老師或家長＊，透過直接支援學校、在家自學團體以及課後輔導，並且培訓教育工作者。在思惟計畫的網站上：

「一個公認的事實是，如果學生（和成年人）在不安全感、壓力、焦慮或抑鬱的重壓下受苦，學習和創造力幾乎是不可能的。所有這些狀態都使我們的思想處於生存模式——封閉並充滿壓力荷爾蒙。我們支援青少年培養幸福感、創造力和好奇心。當我們擁有應對生活挑戰的工具時，這些特質都是我們心的自然狀態。」

在二〇二一至二〇二二學年度，瑞秋的團隊和一所有三百一十五位學生的中學進行合作計畫，並測量學習成果。各項數據都顯示正向的影響，從平均增加的數值，我們可以觀察到學生們：

他們比以前更願意和其他人分享自己的感受，平均增值為十一．二八％。

當被干擾時，他們比以前更有能力保持專注，平均增值為八％。

他們比較能以不同的角度和方式去解決面臨的問題，平均增值為十％。

＊ 思惟計畫目前徵求志願者進行多國語言的翻譯，希望有朝一日可以提供不同語言的教材給全世界有興趣的教育團體或家長。有此專長的讀者若有興趣義務幫忙，請與作者聯繫。

以我們慣性對數字的認識，也許乍看之下，這些數據似乎談不上顯著的成效。請你稍為停歇，思索一下。我們真正在測量的都是些什麼？而在測量的數字背後，那些不可測量的質的變化，又怎麼可能靠數字表達呢？

我在二〇一七年親身聆聽過瑞秋任教中學的校長、主任現身說法，那時沒人想到要去測量些什麼，純粹沉浸在孩子成長轉變的喜悅裡，所以當時沒有任何可提供參考的數據。而事實的轉變是：首先一個原本不被看好、弱勢社區的公立學校，竟然有了出色的學測成績；原本對升學不抱期待的部分學生，開始對未來充滿信心，更多的學生選擇繼續升學。

第二，課堂上的討論也起了跳躍式的變化，孩子們開始懂得思索，事件背後是什麼樣的思惟導致事件的發生。他們從探究的過程驗證到，念頭帶來情緒，情緒激發行動，而行動導致結果。於是，他們逐漸學會觀察，主宰表象背後人為的想法。

更重要的轉變是，當孩子間有了衝突，不再是帶進辦公室訓斥或開導，仰賴權威來解決。取而代之的是：孩子們靜下來，針對對方填寫批評作業單，讓所有的不滿宣洩在紙上。然後主任只需要以四個提問和反轉，協助孩子完成自我探究的過程，讓孩子自行體會，找到屬於自己的真相。結果幾乎都是孩子們主動互相道歉，嘻嘻哈哈又玩到一起。孩子們逐漸體會到，原來惹毛自己的幾乎都是自己的想法作祟；發生不愉快的事，要面對的不再是師長的責罵，而是對自己的反省。他們學習到的正是為自己負責任的態度和方法，對於家長、教育者，這豈不是千金不換的無價之寶，不正是教育最終的目的之一?!

這種轉變是巨大的，影響的不僅是孩子在學校的生活，而是孩子的一輩子；也不僅是孩子的一輩子，更擴至他未來的家庭、孩子，乃至一個家族的傳承。

一個孩子就是一座森林的開始。

不再自我污名化——「超越恥化」

娜汀法蘭絲（Nadine Ferris France）是一位全球衛生科學碩士，目前是愛爾蘭國立科克大學的博士候選人，也是我敬重的一位功課夥伴，臉上經常帶著一抹慧黠的微笑，她是土生土長的愛爾蘭人，卻能說一口流利的泰語。我和她一起在凱蒂的工作坊擔任義務志工時，經常忘了她是位金髮美女，內心不經意地有一種共通文化背景的親密感。在我的經驗裡，這樣一種親密感通常只會發生在與來自亞洲其他國家的夥伴之間，像是韓國、日本。

娜汀在聯合國和民間社會機構，以及亞洲、非洲和愛爾蘭的學術機構，從事全球衛生工作長達二十五年。基於自身透過探究功課、克服自卑自貶的深刻體驗，她與好友共同創立了「超越恥化」（Beyond Stigma）的非營利組織。雖然這是一個在愛爾蘭註冊的機構，它主要關注發展中國家的弱勢群體，遍及越南、柬埔寨、非洲津巴布韋各國，支援的對象主要是那些深受自卑、無價值感和羞恥感之苦的群體，比如，受愛滋病毒感染的人群、性工作者、受性別暴力影響的人、結核病患者、超重患者等等。

「我曾在三十多個國家工作過，遍及非洲、亞洲、拉丁美洲和歐洲，在我工作過的每個社區，都觀察到自我恥化或自我貶抑（Self Stigma）。無論是年輕人還是老年人，無論是男人還是女人，愛滋病毒感染者，經歷過暴力的人，乃至於 Ted 演說家，甚至醫療保健專業人員，舉世皆然。」娜汀在一次 Ted 演講中如此說。

自我恥化或自我貶抑，就是負面的自我評判，它導致內疚、羞恥、自我否定和自我厭惡，也是普天下人類共同的經驗，只是程度不一。一個簡單的「認為自己不夠好」，就可能引發一連串的心理和生理效應，而嚴重影響到個人的生命品質。

過去十多年，娜汀為了更好地理解自我恥化，做過許多研究和設計各種方案，並與弱勢群體合作，嘗試處理自我恥化。她表示：

研究結果是如此清晰：自我貶抑對我們的健康和福祉產生負面影響，導致抑鬱症的增加，降低了生活品質以及我們的自尊心；甚至可能意味著，不服用救命藥物，尤其是當我認為我不配或我不值得的時候。

根據我對愛滋病毒的研究，我開始探索相關的模式、思惟和信念。並且觀察到一些共同的想法，像「我感到自卑」、「我不配」或「我不夠好」，「我是個壞人」、「他們認為我很髒」。所以在最糟糕的模式下，我們每天會活在自己的祕密世界中，然後在外面表現完全不同的面貌。從研究中，有些事真的讓我感到驚訝。我發現愛滋病毒感染者對自己的汙名化，是社會上實際汙名化愛滋病毒感染者的三倍。所以這意味著：我認為你對我的看法，經常不是真的。

我們開始應用拜倫凱蒂功課，一種自我探索的方法，與那些有內疚信念的人一起探究，圍繞羞恥感、性、身體，那些我害怕向他人透露的，以及其他人對我的看法。透過實證研究的結果，我們看到，即便他們生活的外在環境保持不變，抑鬱症與生活品質都有所改善，人們現在能夠參與以前無法進行的日常活動，也開始追求自己的夢想，願意抓住人生出現的機會。

娜汀透過與當地機構合作，將探究功課介紹給這些群體，並通過和社區組織的長期合作，培訓當地的功課教練（Coach for The Work），讓這個方法能更為普及，在當地生根茁壯，惠及更多的人。同時不定期資助當地的功課教練，遠渡重洋參加凱蒂的工作坊，或是持續地在線進修。

除此之外，「超越恥化」組織運作的獨特點還在於：所有工作項目的開發或執行，都是以證據為依據的。換句話說，娜汀的團隊持續針對實際項目所產生的影響，進行專業研究與評估，並在網站上分享給大眾。讓關心世界人類福祉的人們可以借鏡他們的經驗。

我曾經現場觀賞，並且聆聽娜汀團隊在拜倫凱蒂功課學院所做的影片報告。其中有許多當事人的現身說法，自己如何從自責、自我否定的狀態之下，重新找到生命的力量。我隨後也在德國遇見了幾位來自津巴布韋的功課學習者，在互動中進一步印證與了解，這項計畫對身處其中的人的意義與重要性。

我們生活在相對發展良好的經濟及社會環境裡，有時很難想像世界其他角落的人們，無論是源自於教育不普及、錯誤的資訊，或是缺乏完善的公共衛生系統，所面臨的生活挑戰。然而探究功課一再提醒我，也是佛陀耳提面命的眾生平等、眾生皆有如來智慧德相，乃至於凱蒂的「人們皆有均等的智慧」。即便是我們眼中的弱勢團體，掙扎於社會的邊緣，人類與生俱來的智慧無二無別，同樣精采、同樣充滿睿智。他們對探究功課的理解、領悟乃至於應用，一樣叫人讚歎！

坐在大廳聆聽一切的我，被這群人所散發出來的善良、智慧、友愛感動不已，更為自己先前對這群弱勢群體的刻板印象感到汗顏，在那一刻，他們即是來喚醒我的老師，讓我看見自己的無知與傲慢。

很慶幸自己有機會接受娜汀的邀請，義務支援「超越恥化」的項目，主要是協導幾位在津巴布韋熟悉功課的夥伴。他們經由「超越恥化」贊助，才能有幾個小時的網路時間，以通話軟體和我一起做功課。他們網路時間是珍貴的，我深感榮幸。

※個案協導案例

安塔莎已經在事先寫好了一張功課作業單，場景是一個早晨，她的小狗跑出去，被路上的車子撞死。

· 我對司機感到憤怒因為他撞死我的小狗。
· 我要他買一隻狗還我。
· 他不應該一大早就超速。
· 我需要他承認我是對的。
· 他開車不長眼睛，他不值得擁有駕照。
· 我再也不要看到任何車子超速。

下面這張作業單非常簡單明瞭。有些讀者可能會感到疑惑，小狗明明就是被這位司機開車撞死了，這個也可以或需要質疑嗎？做這樣的功課有什麼用嗎？

答案是可以的，至於需不需要，屬於個人的決定。如果這件事情讓我耿耿於懷，讓我內在有任何一丁點的不舒服，那就是我可以去探索真相的時候。我們確實無法改變事實，然而有時卻很難接受眼前的事實，探究是為了自己的自由和內在的平安。

這位女士在做完整張作業單的探究功課之後，這位司機在她眼裡，從一個粗心、莽撞、不長眼睛、可惡可恨的人，成為一個可能清早趕路、為生計奔波、並且很願意為自己行為負責任的人。她理解了這件事只是一個發生，不是任何人可以控制的，每個人都盡力了。同時她也看到自己需要負責任的部分：如果她當時把院子的門關好，小狗也不至於跑到馬路上。她不再要求對方還她一隻狗，雖然這位司機事後很願意這麼做，但她充分理解這件事不是司機的錯、不是任何人的錯。如果她還要養狗，那麼，那是她自己需要去做的事。

當她反轉到最後一句，說到「我再也不要看到任何車子超速」的時候，她自己哈哈大笑地說：如果我把門關好，別人車子開快開慢，關我小狗什麼事啊！

短短一個小時的探究功課，她在這件事上平安了，也學習到了該為自己負責的部分，並且在她的世界裡少了一個可恨的人、多了一個可愛的人。她的心是溫暖的、輕盈的、也是流動的。我深深感動，也感恩於這樣的時刻。在此刻，美國和萬里之外的非洲並沒有距離，很榮幸成為這個轉變的見證者。

※我不夠好

如果要列舉所有人類的共同信念，「我不夠好」極有可能拔得頭籌。我尚未碰到任何一個人，不曾在自己生命中的某個時刻，覺得自己不夠好，或覺得別人認為自己不夠好，或者擔心害怕別人認為自己不夠好。也有些人以為，覺得自己不夠好是一種謙虛的美德，或者相信，必須認為自己不夠好，才能督促自己變得更好。無論是從哪一個角度，圍繞在「我不夠好」的信念上，都是一種對自己的不接納，潛台詞都是負面的自我評判，都屬於娜汀團隊研究的主題：自我貶抑或自我恥化。

這個主題在功課探究裡有許多的層次，既有趣又深刻，需要花上大幅篇章才能帶領大家去真實體驗。我們無法朦騙自己，也不可能從邏輯或理性上說服自己。功課有時像剝洋蔥一樣，在一次又一次探究的洗禮中，讓念頭歸念頭，自性現前，當下即是。

這裡邀請大家一起來探索的，是其中一個最表層的：擔心害怕或者難以接受別人認為我不夠好。以下的分享與引導來自娜汀在 Ted Talk 的現身說法，請大家也跟隨娜汀的引導，實際去體驗：

我邀請你閉上眼睛。
你有沒有想過「我不夠好」？
當你相信這個想法時，你的內在出現什麼樣的感覺嗎？
注意它如何限制你，如何讓你感覺渺小，
在你的腦海中，你如何將自己與其他比你更好的人進行比較。
注意所有你認為你不能做或你不能做的事情。
當你相信「我不夠好」的想法時，
這就是自我貶抑的影響。

現在我分享一點自己對自我貶抑的經驗。十多年前我剛回到愛爾蘭，我在泰國清邁生活和工作了十二年，兩個孩子都在那裡出生，當時我正經歷與結縭十五年的丈夫的痛苦離婚。愛爾蘭是一個以天主教為主的國家，在那個年代，離婚並不常見。我的第一要務是幫助我的兩個孩子適應他們的新環境。

娜汀 Ted Talk

有一天我從學校出來，走在回家的路上，一位非常友好的媽媽出現在我身邊。
她問了我一個非常簡單的問題：你丈夫是做什麼的？
時間彷彿靜止了。一種陌生的羞恥感遍布全身，我的思緒紛飛：
如果我告訴她，我要離婚，她不會讓她的孩子和我的孩子一起玩。
她會認為我的孩子對她會有不好的影響。
「她會覺得我有問題。」
她會認為我是個失敗者。
「我是有問題的。」
「我是個失敗者。」
所以，我說，「嗯，他是個科學家。」這是真的，他是一名科學家，但我沒有告訴她的是，我要離婚了。
在接下來的幾天裡，我質疑所有這些信念，仔細看看我在想什麼和相信什麼，我意識到了一些非常重要的事情。
首先，我不是失敗者。我也意識到我不知道她在想什麼，或認為我是如何的一個人。我其實不知道她對我的看法。所以我在想的那些想法，全部都是我的想法。
這就是自我恥化。

去年，我和一位美麗、年輕的越南女人一起做功課，她之前是一位性工作者，所以背負著很多自我恥辱和羞恥。她有一個十歲的兒子，最擔心的是兒子會發現她曾經是一名性工作者。她相信，如果他知道，他不會再愛她了。

於是我帶領她做探究功課：

我問她：這是真的嗎？如果他知道了，他就不會再愛你了。

她說：是的。

我問她：你能完全知道這是真的嗎？如果他發現，他不會再愛你了？

她說：不能。

我問她：當你相信這個想法時，你如何反應，會發生什麼？

她描述了自己的內心世界。幾個晚上的哭泣。描述了充滿羞恥的生活，充滿了恐懼，害怕某個地方有人會認出她，並告訴她的兒子，也曾有過自殺的念頭。她正在腦海中播放兒子發現這件事的電影畫面：不和她住在一起，也不再和她說話。

我問她：沒有這個想法，你會是誰？

她說她感到平靜，感受到與自己的連結，以及與兒子的連結。

接下來把想法反轉過來，

「如果他知道了，他會愛你的。」

我看著她沉思這種可能性，眼淚從臉上滾落下來，開始述說……

作為一個年輕、脆弱的女人，她第一次有機會看見自己，如何不得已、必須從事性工作以養家餬口。沒有自己的工作，家裡不會有食物。她可以看到自己的勇敢、善良，以及對家人的愛心。她感受到了對自己的理解和愛。沒有自我汙名和羞恥，她能夠考慮兒子會愛她的這種可能性。

我是一個務實的人，我相信改變始於內心。從我開始，也從你開始。

今天，我想邀請大家親身體驗一下。

我邀請你閉上眼睛，

並找出一個過去的經驗，當時曾經有過這個想法，覺得對方認為你不夠好。

這可能是你真正尋求認可的人，可能是父母、老闆或朋友。這可能是二十年前發生的事情，或是昨天發生的。當你覺得有人認為你不夠好時，先只是去留意那個人當時在說什麼或做什麼。

我想和你分享我的情況。最近我和一個人會面，她的認可對我來說意義重大，我也非常愛她。我和她分享了一些我做的事，這是多年來貼近我內心、我很珍視的事。然後某一刻，她提高聲量說，「我就是不明白！」

這就是我要探索的時刻。

因此，當我進行提問和反轉時，邀請您在腦海中根據自己的情況來回答。

她認為你不夠好，那是真的嗎？

答案只有是或不是。

對我來說，答案是肯定的。

你能完全知道這是真的嗎？她認為你不夠好。

同樣的，答案只有能或不能。

我的答案是不能。我無法完全知道。

當你相信她認為你不夠好時，你如何反應，會發生什麼？（只要去留意自己的反應）

對我來說，我注意到我感到悲傷。

我真的聽不清她在說什麼。

我開始替自己辯護、辯解和解釋，話都說得沒有條理。

然後我感到非常沮喪——對自己感到沮喪，也對她很失望。

我注意到我把她當偶像崇拜，她是優越的，而我是不如她的，好像我自卑、軟弱、不聰明一樣。

我想放棄。實際上在那一刻，我確實放棄了，感覺真的很痛苦。

那麼，沒有這個想法，你會是誰？

只是一秒鐘，沒有想到她覺得你不夠好？

相信一個想法，就像我們戴著帽子，現在我們只是摘下那頂帽子，輕輕地把它放下。只是去留意，沒有她認為你不夠好的想法，你會是誰？

我注意到，我會感到更平靜，我能開始聽到她說的話，我會覺得與自己有連結，也與她有更多的連結。

- **把這個想法從不同的角度，反轉過來：**

完全相反：她認為我已經夠好了。請大家找自己的例子。

現在我只是在尋找一些這樣的例子。

我在那次會議上注意到，她從來沒有說過我不夠好。

我注意到她給了我一些反饋，是當時我不想聽到的反饋。但即使是現在，我也注意到這實際上是非常好的反饋。

我看到在當時，她對我說：「你的工作太棒了，我會繼續支持你的工作。」

轉給自己：我認為我不夠好。

這對我來說，非常真實。當我在想的時候，我注意到，是我貶低自己的工作。所以認為我不夠好的，究竟是她，還是我？

所以，下次你以為有人在評判你時，問問自己，你能完全知道他們在評判你嗎？有沒有可能只是你在評判自己？

質疑你的想法，是擺脫自我恥化、重建自我價值的有力方法。這就像大腦的再訓練，發展新的神經通道，帶來的結果是自由、自愛和慈悲心。

現在，我已經不是十年前從泰國回到愛爾蘭的那個人了。我現在認識到自我汙名化，當它出現時，不同的是，我現在知道該怎麼做，如何質疑我在想什麼和相信什麼。十年前在愛爾蘭問我問題的那位女士，現在成了我要好的朋友之一。

我領悟到，除了我，沒有任何人或任何事可以改變我對自己的想法和信念，你可以說：「娜汀，你太棒了！」「娜汀，你真聰明！」但如果我不相信自己，那我就聽不到你的聲音。更糟糕的是，我甚至可能認為你在撒謊。所以最終還是要回到自己身上。

回到自己身上是件美好的事，它意味著：當我意識到自我評判時，就改變的可能性而言，我擁有百分之百的力量去改變。我不需要等待你來愛我、喜歡我、欣賞我、重視我。我可以為自己做到。我不需要等待周圍的人停止對我的羞辱。我是那個能停止一切羞辱的人。

你相信你所想的一切嗎？

> 自我領悟是最甜美的事，它教我們如何全面負起自己的責任，而那正是我們自由的所在。與其想辦法去了解別人，不如來認真地認識自己。與其寄望我們來滿足你，你不如從自己的內在找到全然的滿足。
>
> ——拜倫凱蒂

聆聽娜汀鏗鏘有力的這段話，宛如聆聽自己。她說的每一句話就像是從我心頭流淌出來的，感覺那麼的自然、流暢、完全吻合我自己的經驗：完美的共鳴！

如果冥想是藥物，探究功課就是手術

蕾拉．帕特里昆（Lara Patriquin）是一名放射科醫生，同時也是為位醫師教練（Physician Coach）和演講者。她在接受訪談時提到自己走上學習功課（學術名稱為「基於探究減壓法IBSR」）的心路歷程，並在多年的專業應用後，發表了她如何應用IBSR，幫助其他醫生克服醫療事故壓力綜合症（medical malpractice stress syndrome），並且開發成為能幫助醫生減輕壓力的教育課程，由美國醫學學會（AMA）核准具有繼續醫學教育（CME）學分。

在我接受專業醫科培訓的時候，我以為一旦我完成了訓練，經濟獨立，結婚生子，我的生活將會奇蹟般的變得更好。然而，我很失望地發現，經過所有這些辛苦的培訓，並且同時作為一位醫生、妻子、母親，我的壓力其實更大。我曾經想放下一切去印度，找回自己，但我有太多的責任需要承擔。於是，我轉而認真研究有關於頭腦如何運作的科學，什麼是支撐生命幸福的基礎。我接觸東方哲學，也涉獵西方心理學的觀點。

但我到底可以做些什麼？我如此努力地完成醫生的訓練，盡心盡力成為一個好醫生，卻發現，我所成就的一切並不能帶給我快樂，反而讓我壓力更大。

蕾拉的這個大問與疑惑，幾乎是大多數專業人士、社會菁英的寫照與內心共同的吶喊！為什麼我如此努力得到的一切，卻無法讓我快樂？

蕾拉最先嘗試的是冥想（meditation）。威斯康辛大學在二〇〇〇年針對藏族僧侶，在核磁共振下大腦成像的研究，給了她許多啟發。這個研究顯示大腦自然潛在的神經可塑性過程。頭腦實際上可以透過冥想的過程，改變大腦的結構和功能，核磁共振的成像能夠檢測到那些細微的差異。這份報告讓她意識到，大腦像是肌肉一樣，是可以鍛鍊的。

於是在她利用冥想練習，減輕自身壓力之後，開始教導在空軍基地受訓、即將派到伊拉克或阿富汗戰場的飛行員如何冥想，幫助他們了解心智如何運作，以及創傷症候群是如何發生的，目的在幫助他們面對戰場上那無可比擬的壓力。

這個經驗讓她領會到，我們都在使用相同的硬體、同樣結構的大腦，不管是她、飛行員或罪犯，都是同樣的心理過程。我們大腦具有非常原始的部分，也擁有令人難以置信的精密複雜的部分。除非我們能夠真正明白造成壓力的來龍去脈，否則，始終試圖藉由掌控外在的一切，來讓我們內在感覺良好，有如緣木求魚，因為外在的一切完全不可控。

就在此時，老天丟給她一個震撼彈。作為醫生最害怕的，莫過於被病人告醫療失當，過程當中任何一丁點的疏忽，都可能毀掉自己辛苦經營出來的一切，不僅是財務上的損失，還可能因此而身敗名裂。蕾拉親身經歷了兩次這樣的經驗，一次被告，另外一次作為專家證人，這兩種情況都帶給她巨大的壓力。尤其自己其實是盡心盡力，而對方卻費盡心思起訴，所承受的是一種令人難以承受的痛苦；而在同時，生活還要繼續，仍然要面對其他病人，執行醫生的責任。

慶幸的是，她在此時已經接觸到了拜倫凱蒂功課。從收到訴訟的通知起，一堆令人窒息的念頭紛沓而來：「他們將拿走我擁有的一切」、「我會失去專業社區的尊重」、「我再也不能當醫生了」等等。透過把這些想法寫在紙上，並以四個提問和反轉一一去探究，讓蕾拉清楚看到：第一，造成她痛苦的是這一串的想法，而不是訴訟的本身。第二，事實的真相是，在所有高風險的專業中，被告幾乎是每天都在發生的事情，即使你是一位優秀的醫生，都不能豁免。

蕾拉，一如每一位在生命中體現功課的人，更進一步地去探索，這個幾乎是每位醫生的惡夢，如此糟糕的一件事，有沒有可能其實是發生在自己身上最好的事？其實是為我而發生的一份禮物？

探究功課讓我擁有更大的能力，實際利用訴訟作為理解自我的跳躍點，學習更大的對自我與他人的慈悲，擴大自我的覺知，以及提升智慧。

在回答第四個提問，「沒有這些念頭，你會是誰或是什麼？」

我內在升起的是對起訴我的人的慈悲，對法律制度的慈悲，對律師的慈悲，他們都只是在做自己的工作。我真的可以明白，他們沒有以我看待自己的方式看待我，他們對所發生事件的印象，與我的印象不一樣。發生了一件事，但我們從兩個截然不同的角度理解它。我看到我自己沒事，他們也沒事，這給了我自由，更從容與清晰面對訴訟的過程。

蕾拉告訴學員和客戶：「如果冥想是藥物，探究功課就是手術。」

我們感到壓力的那一刻，正是因為我們相信對我們來說不真實的想法。這個新的模式給了我們一個非常堅實的工具，去超越所有這些瘋狂的想法，讓心靈再次回歸寧靜。所以探究是一種能夠真正超越這些壓力的方式，是一門極棒的技術。

它對我如此有效，對我在軍隊中的乃至於現在在商界和醫學界的客戶，也都非常有效。它能在很短的時間內，改變你的想法。

她接著提到，我們生命時間有限，同時日常生活不斷地有事情發生，有許多需要立即解答的問題，光靠冥想似乎來不及。探究功課如今已經成為她的最佳利器，幫助她看得更深更遠，將一個感覺像是無法克服的問題，實際轉化為機會。

我稱它為智慧加速器，可以在此刻獲得那些臨終之人所展現的美好的智慧。

在她的專業領域裡，已經使用探究功課成功幫助了那些經歷人生中最艱難事件的人們，包括失去孩子、配偶自殺或者診斷為末期癌的病人，也成功幫助患有醫療事故壓力綜合症的醫生們克服面對醫療訴訟的壓力。蕾拉分享了她協助瑪雅醫生的實際經驗。

瑪雅．威廉姆斯醫生當時正處在人生的顛峰，事業、家庭均圓滿。就在此時，她收到法院的傳票，宣稱她未能將研究結果傳達給轉診的臨床醫生，她的疏忽對病人的健康造成了無法彌補的損害。她的律師試圖安慰她不要擔心，根據經驗，她的疏忽是輕微的，她會沒事的。然而此時安慰完全不奏效，事實上，瑪雅極度不安，無法將指控從她的腦海中抹去。她無法阻止腦海出現的種種畫面：她會失去同業的尊重、失去工作，甚至醫生執照等等。在她最糟糕的時刻，她甚至看到自己無助和貧困，不得不搬出家，搬到一個更便宜的學區。

她對原告的律師感到厭惡，她擔心自己會在法庭上因憤怒而變得歇斯底里，或因為退縮而承認有罪。她開始懷疑自己作為醫生、母親和妻子的價值，並責怪自己怎麼會這麼粗心大意？她開始喝酒麻醉自己，花更多的時間狂看影劇，退出她的跑步小組和讀書俱樂部，並避開兄弟姊妹的電話，晚上必須靠安眠藥才能入睡。她懇求律師不惜一切代價解決此案，因為她再也承受不了壓力了。

瑪雅患有全面的醫療事故壓力綜合症，這種診斷在這個訴訟時代太常見了。出於對她的健康和受審能力的擔憂，她的律師建議她，作證前嘗試以探究功課 **IBSR** 來減輕壓力。

於是，蕾拉帶領她列出了她所有有壓力的想法，然後一一做探究功課。

她對法律程序的看法，隨著質疑自己的信念而逐漸改觀。她看到對方律師也只是在做他們的工作，這與她個人無關。她意識到她不會失去她的家或醫療執照。她意識到自己可以承受審判的壓力，甚至可以從中學到寶貴的人生教訓。更重要的是，她顛覆了根深柢固的信念，例如需要完美才能被愛，或需要人們的認可才能幸福。這些想法早在訴訟之前就困擾著她，她很感激能終於放下它們。她覺得比收到傳票前更快樂。

經過幾次協導後，瑪雅醫生勇敢而冷靜地進行了證詞。她善良而堅定的舉止得到了回報：原告在聽取她的證詞後，決定放棄訴訟，因為他們覺得她太討人喜歡，並且信心滿滿。

因此，我們經歷的任何挑戰都可以成為我們最大的機會，這也是古老智慧所教導我們的，除非我們有某種轉換的技術，否則我們無法做到。對我而言，探究功課就是這樣一個法門，可以轉換障礙成為一個自我成長、提升智慧和與慈悲心的機會，甚至發現你從未想過的新的可能性。

IBSR 是一種廣泛使用的認知行為自助工具，目前正在科學文獻中進行科學驗證。**IBSR** 認為，外在事件本身並不自帶壓力，而是我們編造的關於它們的故事讓我們受苦。

在 **IBSR** 模型中，壓力源自相信一個不正確的想法。就像卡在高倍視野的顯微鏡一樣，壓力大的想法使我們近視，無法看到真實的現實。當我們質疑我們潛在的信念時，自然就會放下造成壓力的想法，並且可以打開現實的鏡頭，更清楚地看到事物的真相。

你最大的敵人不會像你自己毫無防備的思想那樣傷害你。

——佛陀

功課爆米花

功課爆米花（popcorn inquiry）是我們學習過程中經常舉行的探究方式，也可以稱它為集體功課。顧名思義就是：一群人就一個共同信念，同時進行探究功課。帶領的協導者只有一位，細節的進行可以有好幾種不同的帶領方式。最簡單的形式就是協導者提問，任由大家像爆米花一樣，一個一個跳出來回答，即便可能蓋過別人的回答，也沒有關係。每個人專注在自己的功課裡，同時聆聽到別人的探究。初學者經常能夠透過這樣的方式體驗功課。參加者也通常能夠從彼此的回答中得到啟發，有更深入地看見。說它是一場智慧的饗宴，似乎也很恰當。

分享在這裡的，是一個相對有組織性和秩序的功課爆米花，換句話說，提問者會邀請不同的夥伴，輪流回答。有時也會根據對方回答的內容適時地提點。這往往需要提問的協導者具備豐富的帶領經驗，以及協導者本身深厚的功課經驗。以下是由資深功課協導「三兒」帶領學員做的練習。這些學員大部分都很熟悉集體功課的進行，所以都能安住在個別的場景中，並能隨時提供自己相關的場景訊息。

真正參與這次功課爆米花的同伴人數，比大家看到的回答要來得多，這裡記錄的是被邀請分享的夥伴的回答。此外，這個念頭的主體是金錢，因此反轉的時候可以用「我的想法」來代替「金錢」。

在聆聽這個功課爆米花時，我們可以同時見證至少七八個不同的探究功課，內容豐富多彩，讚歎每個人的誠實、開放，願意展露自己的弱點以及深刻的反省。一個又一個清醒的智慧，一種在內在相遇的喜悅，油然而生。

如果你不曾經驗過像這樣的功課激盪，歡迎跟著一起探究。這裡的夥伴每個人都有自己不同的狀況，每個人想實現的願望都不一樣。也許你會發現，有些夥伴的歷程似曾相識，有些夥伴的經驗引起你的共鳴。一起來潛入我們共同的心靈深處！

有關金錢的探索——我沒有足夠的錢去實現我的願望

場景：

邀請大家先找到一個有這個念頭的場景，簡單描述一下你的場景，格式就是時間、地點、人物，你和他的相對位置，然後發生了什麼事情。當時你聽到或看到什麼引發了你的情緒，主要是找到關鍵字句，你的情緒是什麼，念頭就是「我沒有足夠的金錢去實現我的願望」。每個人可以帶出自己的願望，比如說有的是大房子，有人是隨心所欲的生活，有人是給孩子最好的教育。

夥伴1：二〇一六年下半年某天，車裡，和朋友電話，告訴朋友，我想買一個奢侈品的包。心想：如果我買這個奢侈品包，我的錢就會一下子變得很少，突然覺得我的錢沒有辦法實現我其他的願望。

夥伴2：今天早上，我在洗手間刷牙，看到孩子爸爸的畫筆，他洗畫筆的杯子就放在洗漱台上，旁邊有點水彩的痕跡。我心想：他怎麼不把這個拿回他的畫台上？就覺得房子小了，如果他有一個自己畫畫的操作台，就不會有這樣的情況了。所以我沒有足夠的錢去換大房子。情緒煩躁，挫敗和失落。

夥伴3：前幾天一位朋友在電話上分享他的近況，他目前正在加拿大，在此之前，已經在全世界各地行走了十年，拜訪一些修道的場所。我很羨慕他，我的念頭是：我沒有足夠的錢實現我行走世界的願望。像他一樣地無牽無掛，一直在全世界各地行走。

夥伴4：有一年冬天我在北京，某天吃晚飯的時候，我先生非要去吃旁邊的蘭州拉麵，我有點生氣，因為我對食物要求還是挺高的。我就跑到旁邊吃日料，那個日料也不是很好吃，我就很難過。在餐桌上，我自己一個人在那吃日料的時候，覺得自己好窮啊，我吃不了米其林大餐。就是那種窮酸感，覺得我沒有足夠的錢吃米其林。

夥伴5：我沒有足夠的錢可以放鬆地裝修房子，我看到家裡很多細節讓我很不滿意，不符合我的期待，我很煩躁。

夥伴6：我的念頭是：我沒有足夠的錢在北京買房。場景就是剛才我走進現在我待的房間，然後一想到在北京買房要多少錢？就覺得自己沒有那些錢。

夥伴7：我的場景大概就是三年前晚上，在客廳裡跟老公看電視，然後聊起給孩子錢的事。當時我問老公：「你給女兒錢要給到什麼時候？」然後他說「沒頭」。我當時覺得挺失望的，覺得所有的話語權都在他那兒。我覺得沒有足夠的金錢，讓我沒有辦法理直氣壯地跟他交流。

帶領人：聽到描述場景的時候，大家去注意，要找到激發你情緒點，他說了什麼、做了什麼，場景要有畫面感。所以要把自己錨定在那個場景裡。現在我們開始做功課：

▪ 第一問：

提問：我沒有足夠的金錢去實現我的願望，那是真的嗎？

回答：是的。不是。是的。不是。大家的回復此起彼伏。

▪ 第二問：

提問：在那個場景裡，我沒有足夠的金錢去實現我的願望，你能完全知道那是真的嗎？

回答：是的，不完全。不是。是的。是的。也是此起彼落。

■第三問：

提問：在那個場景裡，當你相信這個念頭，「我沒有足夠的金錢去實現我的願望」的時候，你是怎麼反應的？發生了些什麼？

回答1：在那個場景下，我覺得自己好窮酸，就吃這些破日料，感覺很匱乏感，胸口有一點緊，有點難過，覺得自己命不好，只能過這種窮酸緊巴的日子。我還埋怨先生，埋怨他日子過得緊巴，他還不如我，他自己去吃蘭州拉麵。我就覺得日子好淒涼啊。

提問：我邀請你去看在那個場景裡，當你相信你沒有足夠的錢去買包的時候，你的情緒是什麼？這些情緒在你身上的部位能夠感受到嗎？

回答2：我有些焦慮，心疼，就心裡感覺很焦慮。

提問：當你相信這個念頭，你沒有足夠的錢去實現你的願望，有這些情緒的時候，你有沒有聯想到什麼過去和未來的畫面呢？

回答：我看到同事有挺好的包，而且還不止一個。就感覺他們很高級，然後看到自己就算買了一個包也不會多貴氣，就算咬牙買了一個，也不會覺得自己就變高級了，或者會被別人高看一眼之類的。覺得自己還是很窮酸，因為只買得起一個基礎款。

提問：當你相信這個念頭的時候，你是怎麼對待你自己的？

回答：我讓自己感覺很焦慮，讓自己不開心。

提問：那你怎麼對待你手裡的那點點錢呢？

回答：嫌棄它。

提問：在那個場景裡，當你相信這個念頭，「我沒有足夠的金錢去實現我的願望」的時候，你是怎麼反應的？發生了些什麼？

回答3：在那個場景裡，我和他對話的時候，感覺自己很低微。腦海裡浮現出一個男人的形象。他在加拿大的某個修道院，那裡景色特別優美，食物都是有機的。那裡每個人能量狀態都特別好，都自由自在。然後我請教他，感受到我用詞很謹慎，覺得自己在他面前好像小學生一樣。感覺自己低他一等，有點可憐的。感覺自己提的問題沒特別有創意，好像是窮人，請他來給我指點迷津，一副很可憐的感覺。對他充滿膜拜，他說的每一個字都很珍貴。是把自己的力量完全交給他人的感覺。

回答4：當我相信我沒有足夠的錢在北京買房的時候，我很想能證明，哪怕這件事很難，我也是一個有能力去做到的人。很想證明自己是一個獨立的、想要什麼就能做到的女性。我也在想，為什麼在北京買房對我很重要？然後腦海當中就有一個畫面：我特別喜歡的那個瑜伽館，我要在那個瑜伽館跟那些人打交道。如果我是一個在北京沒有房子的外地人，會覺得自己低人一等，所以我很希望自己是一個在北京有自己房子的人。

提問：我邀請你去看一下，當你相信你沒有足夠的錢去實現你買房子的願望時，去看看這個時候你抓住了一個什麼身分認同？

回答：一個有能力的人，不是一個下等人。可以被接受，還有希望能夠被接納、被尊重，甚至被高看。

提問：如果你在北京買了房子，你就會被尊重、被高看，那是真的嗎？

回答：不能確定。

提問：當你相信我沒有足夠的錢去實現願望的時候，這個念頭帶給你的是平靜還是壓力？

回答 5：壓力。我的場景是在家裡的鏡子前，我看到鏡子裡的自己，覺得需要做一下微整型。考慮到有風險，又覺錢不夠用，我的念頭是沒有足夠的錢安度晚年。當我相信這個念頭時，我很失落，我的感受就是胸口有點緊，還有無力感，然後頭腦就跑到了未來，腦袋裡面全都是念頭，念頭紛飛。我沒有活在當下，也沒有精力做家務。

提問：當你相信這個念頭，「我沒有足夠的錢去安度晚年」的時候，在那個場景裡你忽略了什麼呢？

回答：忽略了我，忽略了當下，忽略了我還好好的，我也不一定需要整容。

提問：你想通過整容得到什麼？

回答：想通過整容變得更美，大家更喜歡，讓我先生更愛我。

提問：如果你整容了，大家更愛你，先生更喜歡你，以後又怎麼樣呢？

回答：會怎麼樣？還是那樣。

回答6：在那個場景裡面，當我相信，我沒有足夠的錢把房子裝修成我喜歡的樣子，我覺得我被生活困住了，像困獸一樣地特別憤怒、煩躁。然後怨老公沒有幫我實現，把我的憤怒與埋怨都針對我老公。

回答7：我的反應是，如果我不出去掙錢的話，那我在家裡就沒有話語權，都得聽別人的，我就會覺得比人矮、低人一等的感覺。

提問：那你怎麼對待金錢呢？

回答：就是沒上班，不好意思去談什麼錢的事情。好像只有工作上班才有權去跟人家談錢。

提問：當你有這個想法時，是拉近了你和金錢的距離？還是疏遠了你和金錢的距離？

回答：對，是疏遠的。

第四問：

提問：邀請大家閉上眼睛，繼續留在那個場景，同時沒有那個念頭，「我沒有足夠的金錢去實現我的願望」，會是怎麼樣呢？

回答1：我看到其實我挺享受待在家裡，看看書，喝喝茶，比較自在。我還看到，其實我挺宅，不喜歡出門，就連家附近大部分地方我都沒好好去探索過。中國還有很多地方都沒去，而我現在其實是非常的自由，沒有誰限制我。

提問：沒有那個念頭，沒有足夠的錢去行走世界，你是誰？

回答：我能和自己和平共處，就是更加心定了，想去做什麼就去做。可以去做家務，可以去收納，可以看看書，可以自由自在地行走在我的世界。我還發現，沒那個念頭的時候，其實我已經是自由在行走世界。

回答2：沒有這個念頭，我發現我還不願意裝修，因為我覺得裝修是一件很麻煩、很頭疼、很恐懼的事情。其實是我一直在逃避這事。所以即使有很多錢，我也不太願意去做這事，好像根本原因並不是錢。那根本原因是：我覺得裝修是一件很麻煩、很頭疼、很恐懼、很混亂的事情。

提問：聽起來，裝修是件麻煩的事，是個可以質疑的念頭。

回答：嗯，好的。

回答3：沒有那個念頭，在那個當下，我就會專心吃飯，然後去品味當下那個飯的味道。不會埋怨我老公，也不會埋怨這東西不好吃了，也沒有那個難過的感覺，不會覺得自己是個窮酸的人。我就活在當下，不會對未來有恐懼了。當下看到那些菜一道一道上來的時候，我一個人好好品味它，其實也是好吃的。我發現其實好吃不好吃，不光是菜的問題，還有我當下注意力的問題。沒有注意力，我什麼都品味不到。

提問：邀請你去看一下，你說，我沒有足夠的錢去吃米其林，吃米其林需要多少錢？

回答：其實沒多少錢，就兩千多塊錢嘛。

提問：那你有兩千多塊錢嗎？

回答：我有呀，當時不去吃的原因就是對未來有一個恐懼，就是未來沒錢怎麼辦？

提問：當我說，我沒有足夠的錢去吃米其林時，其實我是有兩千塊錢的，但我為什麼不能讓自

己去實現自己的願望呢？

回答：因為吃東西好像沒有那麼緊急，它只是一個享受而已。

回答4：當我相信那個想法時，我對錢就嫌它少，抱怨它少，我就生氣。沒有這個想法，我會用錢去買當下我認為更值得我花這筆錢的東西。我更願意把錢投資在我認為可以提升自己的事情。

▪反轉：

反轉1：我有足夠的錢去實現我的願望

例1：其實如果那個時候有心情的話，我也會去實現那個願望。因為當時我是沒心情的，我在一個難過裡面。

例2：我可以多請教他，問他修行都學到了些什麼，我的帳戶裡有錢可以實現我心中的願望。

例3：而且我還發現，他們行走的很多地方，也不需要很多錢，他們有各種方法，到了一個地方，再到下一個地方，或許並不是錢在支撐他。對。所以我有足夠的錢去實現我的願望。

例4：我發現我對行走世界其實是有恐懼的，我英語不行，走出去了估計搞不定很多突發事件。

例5：我的場景是幾年前給我媽打電話的一個晚上，我請我媽來台灣玩。然後她說，哎呀不去了，你哥現在欠那麼多債啊，煩死了，哪還有心情玩兒？我說，哥哥欠債跟妳玩有什麼關係嗎？她說，這像害大病一樣，「我沒有心情去玩」。當時我的念頭是，我沒有足夠的錢幫幫哥哥還債。而其實我確實有錢幫哥哥還債，但是我就是不想幫他還債，我有足夠的錢，我就是不去做。

例6：我原來一直認為，食物對我來說還蠻重要，要求還挺高的。但是現在發現，其實吃東西對我來說，也沒那麼重要。因為它在我的生命排序裡面，不是最緊急的，最緊急的是那些恐懼的事。比如說未來沒錢啦，身體生病啦，這種恐懼的事是被我排到最前面的。覺得那些錢是我一定要花的，太好笑了。

例7：其實我當下有足夠的金錢去上九日功課學校的。現在阻礙我的不是錢的事，而是其實就是不想把這麼多的錢一次投入到這方面，它不是我當前最緊急、最重要的唯一目標。如果是唯一當前緊急必須實現的目標，那我肯定能夠實現這個願望，也有這個錢去實現這個願望。

例8：我可以離開北京，到別的城市去，我有足夠多的錢，現在就換大房子。

例9：這是很真實的例子，是什麼讓我現在沒有在實際行動上去調研北京買房到底需要多少錢？我是不是要做這個決定？事實是，我到北京沒幾年，到底是不是要在北京安頓下來？這件事情也是這一年才開始變成一個比較切實的問題的，好像事情它才演變到這兒。我還沒開始去想，我如果真的要，會去想一些切實的問題，而不是在念頭當中去想買不起，或證明自己是一個有能力在北京有房的人，以獲得接納和尊重，不是這些虛的東西。我在北京能買房子，對我現在的生活是不是最有意義？對現階段的我是不是可行而且最好的？才是我需要考慮的。

例10：我有足夠的錢換一棟豪宅。我當時是看到一個影片，分享了上海湯臣一品的豪宅，租金是一年十二萬人民幣。當時還蠻震驚的，這樣一棟房子租金一年才十二萬，這個錢我是付得起的。

例11：如果我真的想買這棟房子，現在帳戶裡的確沒有那麼多錢，但我可以開始樹立目標，看看可以採用哪些方法實現這個目標。在第三問「相信念頭」時，內心非常堅定這輩子就這樣，買不起這房子了。到了第四個提問，我體驗到，其實我也不知道未來會發生什麼。我是不是真的這輩子都買不起這棟房子呢？各種可能性都有，因為我真不知道未來會發生什麼。我就在當下去行動，做好當下的事情。

反轉2：我沒有足夠的想法去實現我的願望*

例1：我沒有足夠的想法幫哥哥還債，因為我全部都是恐懼、擔心的負面想法。在當下我的想法就是：哥哥把媽媽都害成這樣了，媽媽很痛苦啊，然後我又沒有足夠的錢幫哥哥還債。這一切都怪我哥，我如果幫他還債了，他會依賴我，從此就不努力了，況且那是他的債，我憑什麼要幫他還？我的生活品質會下降。當時就是沒有足夠的好想法，這些都是負面的想法。

例2：我沒有足夠的想法去吃米其林。我那時的想法就是，口腹之欲不是第一重要的，這個想

＊ 提示：邀請大家朝兩個方向，一是阻礙你去實現願望的想法，二是阻礙你想辦法去實現願望的那些想法，把它們都找出來。

法讓我沒有去吃。還有一個想法就是，我不相信未來我會有錢，現在必須省錢，這個想法阻礙我去吃米其林。在那個當下，其實我是在人生的一個瓶頸裡，所以我覺得那樣的心情不配去吃米其林，等心情好的時候再去吃米其林。

例3：我的念頭是「我沒有足夠的錢實現自由」，就是實現花錢隨心所欲的自由，我有一個特別清晰的感受，就是：我花錢的時候，比如說想請客吃飯或想給別人花錢，就是想要面子的時候，我就會想，哎呀，這個錢花了就沒有了。每到花錢的時候，這個想法就出來了。我在那一刻，沒有一點點自由。其實那個錢我是有的，但是意識不到自己是有的，那個豐盛的想法不夠。其實如果只是活在當下這一刻，沒有「不夠」的那個想法，我所有的都可以支付，都可以實現的，但就是那個想法阻礙，所以覺得不夠。

例4：我剛才聽各位群友說，包括我自己也想，其實我們都是以「我沒有足夠的金錢怎麼怎麼樣」為藉口。我現在反觀自己，不是沒有足夠的錢去實現目標，而是我的想法作祟。比如要去美國上九日功課學校，哎呀，太遠了，太麻煩了。現在疫情期間能碰到的各種問題，包括九天的時間花這麼多錢值不值啊？就覺得當下還是待在家裡最舒服。其實就是這些念頭阻礙了自己去實現目標。

另外就是，這個目標到底是不是我當下真正最想實現的？好像也不是。我去，就會怎麼怎麼樣。但是我也沒有真正為實現這個目標去做出任何努力，或從想法上、從各個方面去達成這個目標。好像這個目標也是我的一個想法，然後阻礙我實現的也是一個想法。

很多時候，我們想像的東西，只是腦子裡想一想，那它永遠就是一個幻想，不會變成現實。沒有真正把它當成一個全力以赴去實現的目標，它怎麼能實現呢？另外，如果全力以赴去努力而沒有達成，這個就可能不是對你最有利益。那如果不是對你最有利益，到底有沒有好處？真正去想，這背後能讓我們看到自己很多。我覺得今天這個功課挺有意思的，也挺有收穫的。

例5：我就是沒有足夠的勇氣去做微整型，其實跟錢沒關係，我主要是怕被忽悠，怕被宰。因為之前有被忽悠的經驗，還不敢跟別人說。另外我也害怕失去錢，我不想花，有一點捨不得。還有一點就是，質疑自己就算真的微整型了，老公就一定會更愛我嗎？

例6：我看到最潛在的想法是我對有錢人的批判，覺得他們沒什麼了不起的，他們的錢可能不是正當途徑換來的，都是拿命來換的。這些想法其實是阻礙我的，看到所謂的奢侈品或豪宅很羨慕，但實際又好像拉扯著，不是真的想去爭取這些。我怕被別人像那樣批評我，或者是甚至要賣命去賺錢。在那個當下沒法去想，除了上班拿工資之外的賺錢方法。腦海中還說，你一輩子就只能這樣賺錢，如果這樣疊加下去，肯定湊一輩子都湊不足那個錢去買房子的。想不到其他的可能性。

例7：我沒有足夠的想法去實現行走世界，我看到我已經自由行走在自己的世界裡，世界上沒有人限制我；身邊人羨慕我現在可以自由自在，然而我卻在羨慕他人。也是我沒有足夠的好想法。還有一個阻礙我去實現願望的想法，就是認為我英語不夠好。其實英語不夠好，也是可以出門旅行。

反轉3：我沒有足夠的我去實現我的願望。

例1：因為那個當下，我是恐懼的，不開心的。我沒有一個覺察的本我來看見這個恐懼、擔心、害怕的小我。

例2：我沒有一個清晰、不恐懼、不害怕的覺察力，看到這個恐懼的自己。就算我有足夠的錢可以幫哥哥還債，也可以不幫哥哥還債。我是清醒的，並不是我有錢就必須要幫他還債。我沒有看到自己正在恐懼、正在替媽媽擔心、責怪哥哥，我沒有覺察到這個被念頭帶走的我，這個真實當下的我，一切都是平安的。

例3：我沒有足夠的我，指的是我背後的一些恐懼想法，比如說認為自己不行，害怕行走世界會發生很多意外的事情。還會讓家人特別擔心，家人會不同意。這個是真的。

例4：這個反轉我感覺好像是最真實的，就是我沒有足夠的我在北京買房，我確實是很不確定，好像一會兒覺得我留在北京、一會兒覺得我回鄉下、一會兒覺得我回老家，這一兩年很拉扯，選哪邊都害怕自己選錯了，選哪邊好像都綁著一個身分認同。如果我回到鄉下湖邊，我就是一個風輕雲淡的人；如果我留在北京，我就是一個在城市打工的人；如果我回老家，就是一個過點小日子、遊山玩水的人。好像去認同任何一個，我都不放心，所以很分裂，哪一步都不太敢跨，每個方向的好處我都想要，面對想要跨哪一步的時候，又怕自己要損失一大片似的，做錯了怎麼辦？

例5：我沒有足夠的我，指的是我的需求，我沒看到我真正要什麼？請別人吃飯，想要花錢隨心所欲的那個自由背後，我要什麼？我要的是面子，就是讓別人認可我。那這是我要的嗎？我沒有足夠的我，就是我沒有看到我真正要什麼，我就回到我應該、我需要，回到這個我的身上去看一看，我想要的自由是什麼，是不是我要的？我看到這個了。

例6：這個反轉對我來說也很真實，就是我沒有足夠的我去安度晚年。這個微整型，我在管老天的事，其實就是擔憂未來。還有在微整型的目的上我沒有明確，我希望通過微整型讓別人認可或更愛我。我沒有明確我自己想要什麼。

提問：最後邀請大家去看看，如果宇宙是友善的，我沒有足夠的金錢去實現我的願望，對我有什麼好處？對其他人有什麼好處？對這個世界有什麼好處？

例1：對我的好處就是，今天它讓我看到，我一直想要擁有更多的錢。我到底在要什麼？一直想從外面要的那些東西，到底能不能帶給我真正要的那些？我內在真正要的是什麼？它一次次地敲醒，一次次地讓我看見這個。我今天看到，我有多少錢都不如我內在豐盛來得踏實、來得篤定。這是帶給我的好處。對世界、對他人的好處是，可能我就不會那麼吝嗇我的錢了，我可能在花錢的時候不會考慮這個多錢少，而是我願不願意開心地和他們在一起，我要開心，就可以去花這個錢。和他和我好像都沒有關係，和被花錢的人沒有關係，而是和我的心情、我要不要這個幸福感有關。

例2：我剛才回顧了我的幾個選擇，比如：我之前在鄉下的房子，其實好像是在跟隨某個外在的東西；回老家也好像都是一些眼睛放在外面之後再考慮的選擇。而我剛才好好感覺了一下，如果我真的選擇在北京，而且因此做一些決定的話，其實是源自於我這幾年在北京真實的經驗。比如說，我就是那麼喜歡這家瑜伽館，我就想在那兒好好學，學到我滿意為止，還有我在北京很深厚的一些友誼啊！這是我要的。如果我真的是出於這些而做出選擇的話，其實現在看起來就相當於，這真正是我的決定，它來自於我，不是別人的期待，不是我希望從某一個我認為活的好的人的人生經驗中去複製某個東西，不是那些。而如果我真的有足夠的錢，不會那麼用心在自己內心去找。我如果真的選擇了北京，在北京買房哪怕有點難、哪怕要冒風險等等，那真的是我拿起自己的腳往前邁的一步。這讓我看到自己的勇氣，也給了我一個這幾年我一直覺得缺的東西……就是對自己的信心！有點感動啊！

例3：我看到了其實是我認為錢阻礙了我，很多時候我在生活中會發現，我可以用錢買很多東西，把自己營造成一個特定的形象。但事實上，這些都是為了讓自己看起來更行、更好。我看到這個我認為「我沒有錢不能去實現行走世界的夢想」，其實是我的信念，我還不夠、還不行。我還看到了，只有完全接納我才算是自由的，真正自由的行走。同時我也看到，現在的生活其實是我自己的選擇。沒有任何人限制我，但我仍然就是這個樣子，做著自己每天想做的事情。對他人的好處就是，我給了他機會分享他的生命體驗，讓他感受到他影響了另一個生命。而他也確實在朋友圈裡這麼說，讓他感受到他的行走其實是可以影響到別人的生命。對宇宙的好處，每個人都是獨一無二的，都在走自己要走的路。

例4：對自己的好處就是更認識了自己，也明白了自己內在的那種需求，被認可、被看到。對他人的好處，就是他人是跟一個真實的人在一起，而不是跟一個騙子在一起。對世界的好處，就是整個世界是那麼地真實、那麼的和諧，只有真實才有力量，才有慈愛。這是我自己的體驗。

例5：對我的好處是，讓我去面對自己想實現的願望時，更加關照到底這是不是我真正想要的？有時看似是我們強烈的一個願望，而其實很多情況下我們是被內卷*。比如說我需要大房子、豪車，其實它不一定是你當下真正需要的。我們往往就被他人的想法就給內卷了，似乎別人要怎麼樣，我也要怎麼樣。反觀我剛才那個想法，是不是我真正當下特別渴望的？不是，我現在很清楚知道它不是。所以就是讓自己更看清自己真正的願望是什麼。對他人的好處就是，當下的這種選擇，對人、對己可能都最好，也是大家比較安心、放心的。如果我不顧一切去實現我的願望，而又不是我真正想要的，肯定也造成家人的擔心。反觀下來，真正的真相就看清楚了。

＊ 形容在資源有限的情況下，人們為了得到資源，而進行非理性的惡性競爭，最後不但沒有人從中受益，還變成就只在一個層次上重複作業，而毫無發展。

禪修、功課與冥想——與凱蒂和史蒂芬一席談

這個對談發生在凱蒂與史蒂芬讓我訪問他們的同一天和同一個地點，並不是計畫中的事。當時韓國認證協導師林秀貞（Sujung Lim）和我在一起，等我完成訪問，我將開車帶她回洛杉磯，好從那裡飛回韓國。我的部分結束後，她臨時起意，想和凱蒂與史蒂芬談一談禪修與功課，他們夫婦慷慨答應，於是有了這一段小插曲。

秀貞：史蒂芬，有人告訴我，你以前禪修很多年，你認為禪宗修行和功課有什麼區別？

史蒂芬：嗯。它們之間有很多相似之處，功課與任何靜心冥想練習之間也有很多相似之處，特別是禪修。因為在禪修中，所謂的參禪，就是一種質疑（questioning），質疑是修行的中心，質疑也是功課的本質。我和認識的許多人交談過，當然還有我自己的修行，都發現功課和禪修是互利的。

凱蒂：它們實際上甚至沒有什麼不同。

史蒂芬：嗯，從某種意義上說，這是絕對正確的。當被問及差異時，我會這麼回答：不同之處在於，在靜心冥想的練習中，包括禪修，通常的指示是去找到你內在的靜止之地，無論內在升起的是什麼，是身體的感覺、心理概念，還是圖象，無論你的意識中出現什麼，都允許它到來，讓它像往常一樣地消失，並保持植根於某種平靜。這是一種非常有力量的練習。

它沒有做的是，分隔開可能給你帶來巨大痛苦的特定想法，這就是功課所處理的。例如，有人已經練習了二十或三十年的冥想，並且已經能夠在冥想中達到了非常平靜的狀態。然而，比方說，當他的妻子批評他時，他依然會情緒失控、勃然大怒。那是因為他仍然相信他的有些想法，這些念頭在他的冥想練習中沒有出現，他甚至沒有意識到，這些念頭正在控制他的行為。

所以，在探究功課中，不同之處在於，你可以像凱蒂所說的，辨識出和質疑導致你痛苦的具體想法，這對任何認真對待冥想練習的人來說，都有很大的幫助。

因此，對於只是進行冥想練習的人來說，它們是互惠互利的。功課讓他們能夠審查自己，那些他們一生都有、卻可能從來不曾覺知與意識到的想法。

對於只做探究功課的人來說，如果他們也練習冥想，可能會加深他們內在寂靜的程度，讓他們在回答問題時更加清晰，腦海裡會有比較少喋喋不休。因此，如果人們來找我，向我尋求推薦：我應該做冥想，還是應該做探究功課？我會說兩者都是很棒的做法。

企業體質的系統升級

探究功課在企業界的應用，可以採用許多不同的方式，影響的層面也相當廣泛。目前多是以IBSR「基於探究減壓法」的名稱介紹給企業人士。有些是以個人教練的方式協助高級主管面對工作的壓力；有些直接提供高管進修的課程；有些是以專案處理的方式，比如公司內部的重整或合併；有些機構是以自願的方式讓員工參與功課的學習；有些則是作為企業文化的核心，要求每一位員工學習。無論是以哪一種方式進行，觀察到的結果顯示，幾乎都給相關的組織及個人帶來正面的影響。

領導力的開發和提升是一個由內而外的過程。

在過去，傳授領導力開發，大多著重在各種技巧與知識，可以看成是一個橫向的發展，收集各種不同的技術。功課則是縱向的提升，如同電腦操作系統的全面升級，而不是在電腦上增加更多的應用軟體。這個道理其實很簡單，一個頭腦僵化的人，即使學習再多的知識與技巧，他能發揮的功能相對有限；而一個頭腦靈活的人，即便他只有一個簡單的工具，也能發揮最大的創意。功課的妙處就在鬆動腦海裡造成我們壓力煩惱的條條框框，讓腦子鮮活，也讓心量自然流動。如果企業領導階層能雙管齊下，橫縱兼顧，對整體企業的發展，將會是如虎添翼、不可同日而語。

作為丹麥最大的醫院，鑽井醫院（Rigshospitalet）引進拜倫凱蒂功課的初衷，是為了能有更順暢的工作流程和減少中途干擾，對病患情況能即時處理是醫院很重要的一環。他們採取員工分不同梯次、自願的方式來學習。參與的員工意識到，自己內在的干擾更需要處理；也觀察到同事間有了更良性的溝通和共同的語言，更能傾聽和反求諸己，工作間的衝突大大的減少；也注意到經理們更能集中注意力在關鍵的事情上面，行政會議變得更有效率。那些參與的員工開始在醫院裡教導其他的員工使用功課，去處理自己內在的干擾。

在日本，青年總裁協會（Young Presidents' Organization）在九〇年代將拜倫凱蒂功課當成是一種個人成長的工具，直到十多年前正式應用到企業管理上。他們認為，功課是一種清晰思路的方法，也是一個商業戰略的工具，能夠讓創意來自於一個開放和共享的空間，而不是來自恐懼。應用的方式也極有特色：他們經常使用功課爆米花（集體功課）的方式，共同面對公司的問題。比如說，執行計畫時認為資源不夠，或者針對公司開展的新方向認為不能成功的理由，甚至行銷部門認為客戶難搞或不了解我們的產品，都能借用群體的智慧，透過探究功課找到新的思惟與創意的解決方案。

美國企業界的應用就更加多元化了。有專走菁英路線的領導力開發課程，也有貫徹整個公司的草根計畫。換句話說，那些重視企業社會責任、尊重個人價值的公司，把發展企業文化當成一項核心業務戰略，力求最大化每個團隊成員的個人發展，以提高組織效率、公司收益。公司營業目標不再只是股東的盈利，而是追求所有利益相關者的最大福祉，包括員工、客戶、供應商，乃至於所在的社區。一個有此遠見的公司主管如此說：「實際結果遠不止於此，我們正在影響我們的合作夥伴、家庭和社區。那才是真正的投資回報。」

這家位在加州的公司，有計畫性地栽培公司內部成員，學習探究功課。領導者以身作則，逐漸層層往下推進，創建定期溝通反饋，成員互為協導教練，每星期就在工作時間安排做功課的時段。進行六個月之後，整個團隊重要指標都有明顯的成長，大大降低了原先精英幹部的流失率。他們培訓的內容便是學習成為一個協導者的基本內容：

・如實地傾聽
・學習分辨事實和主觀的解讀
・新的反饋模式
・新的解決衝突方式
・清晰地表達／溝通
・學習接受反饋

他們分享探究功課帶來的好處和便利：

・簡單和有結構性的問答，可以必要時迅速完成。
・在回答第四個提問時，往往可以更有力量回應當時狀況。
・處理自己的壓力，尤其在重要會議和見重要客戶之前。
・每個人逐漸成為獨當一面的領導者，和友善的團隊搭檔。
・公司決策透明，能更加誠實無懼地參與公司決策。

而在華人世界，過去兩年也有了實踐。位於中國大陸一家食品科技公司，由十多位高級主管起帶頭作用，投入前後一年的時間定期學習。高級主管的學習熱誠與改變，激勵了許多中級幹部的興趣，先後有二十多位分散在不同城市的中級主管，也紛紛加入學習的行列。我們前後共進行了兩年時間的培訓，以下的學習成果評估來自於這四十六位企業經理，問卷是以匿名的方式進行的。

問卷調查結果顯示：高達九十八%的成員都認為探究功課值得學習，超過九十一%以上的企業經理在全部八個指標都有正向的改變。這是相當令人鼓舞的成績，也說明探究功課確實有助於增加公司成員的心理安全感、情緒管理、應變能力、有效溝通以及團隊合作的效率。

課程結束後，夥伴們很興奮地與我分享自己的轉變，以及他們如何在工作上應用。你可能會從這些經理們的分享發現，這些在工作上的學習和轉變，事實上很自然地滲透到每個人的家庭生活。對這些忙碌的企業經理們而言，學習功課真可謂一舉數得，不僅僅在工作上效率倍增，連帶家庭生活都比以往來得更和諧。不需要再頭痛醫頭、腳痛醫腳，而是工作、家庭一次到位。以下

拜倫凱蒂功課學習對您的影響：	
1. 對念頭的覺察力比以前更強	100%
2. 功課值得學習	97.83%
3. 在情緒管理上比以前更能察覺到情緒的變化	93.48%
4. 比之前更能接受別人對我的批評和反饋	93.48%
5. 面對不同的意見，比之前可以更加從容應對	93.48%
6. 有更多的方法應對工作上不符合預期的狀況	93.48%
7. 與工作夥伴溝通交流的心理安全感有了明顯提高	93.48%
8. 通過學習對整體生活或工作各方面產生了更加正面的改變	91.30%

是幾個代表性的分享：

◇我在和下屬的溝通上應用功課的技巧，現在對上級和下級的關係都比以前來的通暢自在。我不再像以前一樣，遇到員工表現不如我的預期，就感到挫敗和憤怒，並且直接指責。在我覺察自己要發脾氣之前，先問自己：這個想法是真的嗎？我需要發脾氣嗎？這是誰的事？我的想法就一定是對的嗎？是不是有別的可能性存在呢？我以前是個常常發脾氣的人，現在少了許多，覺得整個人放鬆很多，壓力也少了，笑容也多了。大家都注意到了。

◇我開始能夠如實地傾聽，換位思考，並且尊重下屬的想法和表達，就像協導者一樣給他們空間，而不是像以前一樣用指責、要求的方式來進行，整個團隊變得有朝氣和積極主動。在過去和其他部門的關係都很緊張，會互相指責，都認為是對方不配合自己的工作。某個部門有任何的閃失或沒做到我們的要求，在過去的態度就是舉報，讓上級知道對方如何地不合作。現在不一樣了。我開始像協導者一樣，引導下屬去換位思考，而不是只看到表面上的現象就跳腳。

舉例來說，我會問下屬，「你看看這事為什麼會這樣？我們一起來分析一下，了解一下情況。你先說你觀察到的，然後我再來補充。」盡量給他們空間，讓他們去想，就好像反轉提問一樣。分享我的觀察之前，我會說，「你看有沒有這樣的可能？」然後把我看到的和他們分享。大家合力想出可能原因之後，就一一求證。當我和其他部門負責人溝通，我也改變了溝通的方法，以一種尊重、商量的方式，有時是詢問、有時是根據觀察提出建議。現在我們和各部門之間，從互相對抗、互相責怪，到現在互相磨合，有的還互相補位，就是一個很大的進步。

最近有一位部門負責人向我表示感謝，多虧我提醒他注意到的問題，讓他們能適時提供員工技術訓練上的需要。我的下屬現在也會自己先分析狀況，提供自己的觀察和我溝通，不再有一碰到問題就認為別人不配合、就氣急敗壞的現象。我們部門之間能夠彼此協調好了，也不需要驚動上級。

現在關注的範圍比以前來得寬廣，不單單是我的做法是否能達成工作的目標，還包括它能不能達到我最終要的結果，比如說部門之間的和諧、未來的合作關係、員工的福祉及感受等等。二〇二〇年的時候我們沒有達標，二〇二一年初狀況百出，員工士氣低落，我學習功課下半年，開始改變做法，二〇二一年成功達標。

◇最近家裡的一件事，讓我留意到自己對工作和家庭的雙重標準，也開始反省，過去會把家人當成是理所當然，不會去照顧家人的感受。現在我覺得親人之間更應該彼此尊重對待，也比較能聆聽家人的需要。

◇交代工作任務時，當下就處理員工的疑慮或問題，同時把目標、權限、時限達成一個清晰的共識，提前處理他們所認為的可能困難之處，大家共同商討解決的方案。也都能提早布局，等驗收成果時，一切都很清晰。

◇我感覺自己定力增加了，別人生氣的時候，像在看他演戲，很平靜地看著他，不會被他的情緒帶走。事實是他在生氣，那現在我可以做些什麼呢？他生氣一定有他的理由，從他的角度他一定是對的。

◇面對女兒也不再動氣，不會像以前一樣摔她的手機，也不會跟她說教，但是會跟她分享自己學習到的道理和經驗。她似乎也開始領會一些其中的道理。

◇最近撞車了，剛開始有點矇，很快就意識到，事實的真相就是兩個物體相撞了，剩下來的就是我的事，我怎麼處理，我怎麼解讀。我可以往好的方向去解釋，因為說好說壞都是我說而已。如果宇宙是友善的，這對我的幫助是什麼？我看到這提醒我更小心開車。

◇天下三件事，把注意力拉回自己的事上面。過去已然過去，未來不可知，而當下話說出口就過去了，你唯一所能做的就只有此刻，你需要處理的也只有當下，最重要的是問自己，我當下可以做些什麼？

◇事實就是事實，它不會根據你的想法而有所改變，不同的人看事實有不同的解讀。比如喝酒是對身體有好處還是有壞處，見仁見智。我們看不到事實的全貌，都像瞎子摸象，所以我們不一定是對的，不必要執著於自己的看法和意見，因為那只是一個念頭，而不是事實。

◇我原來以為功課只是換一種想法讓自己舒坦一些，真正學下來，才發現它確實重塑我的腦神經迴路，讓我去判斷這個念頭是不是真實的。我現在感到所有的念頭都是故事，而不是事實。既然是這樣，我們為什麼要去對不存在的事實或自己想出來的故事生氣呢？這讓我更體會到，為什麼要回過頭來關注自己的事情，而不是去關注別人的事情。之前沒感到這課程力量有多強大，學到最後發現，這堂課的力量真的很強大。

有關身體的探索——身體不應該疼痛

我們可以使用功課探索任何主題，包括我們認為天經地義的事。任何想法，只要它帶給我們壓力，都可以用功課的方法質疑它。在探索有關身體各種有壓力的念頭時，疼痛是我們經常處理的主題。凱蒂在她的書上，透過她自身的經驗，領悟到身體完全是想像出來的：

> 我理解痛來自何處，也明白它確切在什麼地方結束，一旦你領會它在何處終結，它便終止，它已經結束了。如果你仔細去注意腦子裡發生的種種，就能體驗到這點。當你領悟到疼痛的成因，你會了解所有的疼痛都屬於過去，你不可能在當下感覺到痛，因為從來沒有一個當下。自由，就是徹底了悟，甚至連「當下」都是一個幻覺，它只是另一個概念而已。
>
> ——拜倫凱蒂

在我們沒能親身體驗之前，難以理解這些話的真實性。然而當你實際去質疑你對疼痛的概念，你可能會為自己體驗到。你開始明白名相的虛幻性，是我們賦予名相的意義和想像，創造了自己是苦是樂的世界。你如果真正明白這句話代表的意義，你內在感知的世界會起翻天覆地的變化。

邀請大家透過以下的功課爆米花，試著去實際體驗。我們每一次帶領夥伴們探究有關疼痛的經驗，每次幾乎都有夥伴親身驗證。甚至有一次，一位夥伴原就帶著幾天以來的肩頸疼在上課，在回答第四個提問時，疼痛至此消失，她甚感詫異、連連驚呼，一時無法理解到底發生什麼？

以下功課爆米花的主持人是資深功課協導「流蘇」。

同樣的，請先找到最近一次身體疼痛的經驗，把自己安定在那個場景中。

問：身體不應該疼痛，那是真的嗎？

答：是。

問：身體不應該疼痛，你能完全知道那是真的嗎？

答：不能。

問：相信那個想法，你有什麼反應，發生了什麼？

答：我很煩躁，很難過，胸口堵堵的，想大聲的喊出來，那樣的感覺就憋得慌，身體是痠痛的。現在我還又冒出來一個就是：如果它不痠痛了，我就可以帶孩子玩兒。如果它不痠痛，我就可以領著孩子滑輪鞋、滑滑板，可以跟孩子們一起玩兒。我就有這樣的期待，然後我對這個疼痛很抗拒。

答：抱怨醫生的治療，抱怨身體不爭氣，抗拒疼痛，對抗現實。然後情緒感到煩躁、焦慮、痛苦，埋怨連天。

答：對，我也是，我的情緒就是特別煩躁和焦慮。

問：當你相信身體不應該痛苦的時候，有什麼過去和未來的畫面嗎？

答：感覺未來會越來越痛，會更嚴重。過去的畫面就是想到醫生幫我治療，想到醫生，感覺他在敷衍我。記得小時候，我對父母說我肚子疼，爸說讓你幹點活你就疼，有這樣一個畫面出來。未來就是我要去接孩子，會想像他要我陪他玩滑板，我因為身體疼痛，不能陪他玩。

答：場景，下午四五點開車的時候。我的腰疼的像是要斷了一樣。相信時我就特別煩躁憤怒，好抗拒，好想趕它走，還很想找原因，很想給自己一個理由來接受它。也會去想是不是大姨媽來了呀，是不是今天我扎針灸了呀，是不是我的腰間盤突出嚴重了呀。就因懷疑擔心而不安，整個人很焦躁。過去的畫面，開始像放幻燈片一樣放，我過去都做了什麼，是不是這個導致的，是不是那個導致的。然後挺後悔懊惱的，然後又想起家裡人也有這個毛病，我是不是又遺傳了DNA片段。反正想的挺多的。

我一路開車回來的過程，都是想著沒有我腰疼這個念頭，不停地進入到這個狀態才撐回來的。

相信的時候那就巨疼。

問：當你相信身體不應該疼痛的時候，你如何看待這個身體？

答：昨晚朋友聚會時，一個朋友建議我跪坐。當時跪坐沒覺得什麼，等我想換一個姿勢時，左小腿一下子痛得非常難以忍受。那種痛一下子讓我煩躁起來了。那個場景裡，當我相信了它不應該疼痛，我感到煩躁、抗拒、惱火，還有一點恐慌，有一種失控的感覺。感覺到我的大部分注意力被扯走了。我非常急於擺脫這種現狀，想趕快讓它發生一些變化。那時候其他人還在跟我講話，我是應付和敷衍的。我去拍它，就想滅掉它，讓它消失。當時覺知根本就沒有了，就是想滅掉它，讓它消失的慾望好強烈。我發現我對待身體和對待念頭的手段都差不多——滅掉它，太煩人。我能感覺到內在的一種暴力，雖然我不太能再仔細地形容是什麼樣的。就是那種被拉扯到既恐慌又失控，它讓我很惱火。我的下半身只是一個左小腿很疼痛，但整個身體跟著收縮起來。

問：我們來回答第四個提問。在身體還是那樣的感受，沒有任何變化，在我們各自的場景裡，沒有這個想法會如何呢？

答：我坐在車上，沒有這個念頭好神奇，那個痛感真的就會瞬間……倒不是消失，就只覺得腰部的位置有些重、有些沉，好難形容，並不是疼，這時會更鬆一些。沒有這個念頭時，就會覺得人也撐得住一些。會去感受腰有感覺的那一片位置，人也就能定下來一些，沒有前面那麼焦躁。那個瞬間，人一下子靜下來，心回到它本來的位置。

答：疼痛依然在，但是我的心情是平靜的，該幹嘛幹嘛，不會影響。接受疼痛，與它同在，看到念頭來來去去，不會受到影響。

答：我感覺到放鬆，在放鬆狀態下，我就能感受到我的身體了，它還是疼痛，但是沒有很煩躁。嗯，後續「我不能做什麼」的那些念頭都沒有，很放鬆，跟身體居然有了連接。

答：第三問相信念頭時，自己把自己困住了，綁住了。沒有那個想法時，肌肉都鬆開來，就真的看到了這個身體該幹嘛，我感覺到它疲憊，就去躺了一會兒，挺好玩的。知道身體是疲憊的。好像能聽到它說，只要躺一會兒，然後我就去躺了一會兒。對，沒有其他亂七八糟的想法就挺好玩的。之前，身體疲憊了需要休息，我是在命令身體去休息。而這一刻（沒有那個想法），我能覺察到身體的需要，很需要休息，聽到那個聲音，就跟著它去做，好像是這樣的感覺。

答：沒有這個想法的時候，我就覺得肌肉鬆開了，好像從裡頭飛小泡泡的感覺，你們有嗎？就好像在往外飛的感覺。

答：沒有這個念頭，我剛剛好像一下子就理解到了，那個疼痛就跟念頭一樣，也是一個小孩。好像就是它突然跑過來想調皮搗蛋一下，它就想被關心、被看見一下、被擁抱一下的那種感覺。我會跟旁邊的朋友說：我現在腿有點兒疼，我需要和它一起待一會兒。我會靜靜的感受它，看著它，就這樣。

反轉1：我的想法不應該疼痛，或者，我對身體的想法不應該疼痛

主持人：嗯，沒有這個想法，我們真的就感受到身體了，就可以和它在一起，看到它的需求，讓自己能夠安靜下來。好，我們來反轉吧。第一個轉向自己。反轉：「我的想法不應該疼痛」，或者說「我對身體的想法不應該疼痛」。

答：我的想法不應該疼痛。在我的場景裡面，「我已經看過醫生這麼多遍了，它就不應該再疼了」，這是一個讓我疼痛的想法。「它會越來越疼」，這也是我的一個疼痛的想法。「它會不受控」，我等一下會去急診，要去打嗎啡，這些都是讓我疼痛的想法。我治療了這麼多次，吃了這麼多藥，這個藥一點都不起作用，說明「我的疼痛已經升級了，已經不受控了」，這也是讓我疼痛的一個想法。嗯，「它要痛多久？它會一直痛下去嗎？今天晚上又沒得睡了嗎？」這也是一個讓我疼痛的想法。在那個當下，有很多很多冒出來恐怖的想法。這些想法都是讓我疼痛的想法。因為它們讓我很恐懼、很抗拒、很憤怒、很不平安。

答：我下午給孩子做飯的時候，就在想，哎呀，做完飯後再去接孩子，回來我肯定會覺得很疲憊。我已經在暗示自己，做了這些工作之後我就會很累。我給自己這樣的一個結論。嗯，我還沒去接的時候，就已經覺得我會累。然後接完回來，閨蜜問我的時候，我還沒覺得累。在車上，我說我好累呀，然後整個人就開始累、就開始疼，我說我現在有點疼，然後就開始疼，挺有意思的。我給

了它一個期限，到什麼時間它就得疼。好像給自己一個設定。

主持人：我們會疼痛和疲憊都有自己的設定，設定在某些條件下我就會這樣，然後我就感到那樣。

答：是的。我分享我寫的作業單：我的腰真疼，我要它不疼。我今天外出有事，它不應該來搗亂，它應該知道我有事，它應該配合我。休息的時候疼多好。寫到這兒，我就感覺自己負擔了上帝的活兒。

答：我的想法不應該疼痛。因為「身體不應該疼痛」這個念頭不是真的，身體明明就在痛嘛，它是一個假的概念。所以我的想法不應該相信「身體不應該痛」這個念頭。我不知道我有沒有表達清楚，但對我來說很有用。

答：疼痛是帶給我的一種不舒服的感覺。反轉：我的想法不應該疼痛，就是我在這上面的某些想法加劇了這種不舒服。比如說：疼痛打擾我了，我應該可以控制我的身體，我應該可以明白為什麼這樣疼。這些想法其實是讓那種不舒服更難受了，所以我的想法是不應該疼痛的，不應該加劇製造這種不舒服的感覺。我應該能控制身體。就是隱藏在後面的想法，我覺得它不應該。背後就是我以為我有辦法讓它做一個什麼轉變。

主持人：這裡夥伴挖掘了一個潛在信念，就是：我應該能夠控制身體。

答：我對身體的想法是，它不應該來搗亂，它應該知道我今天有事，它應該支援我，它應該配合我。讓我想到了我對孩子也這樣。我對身體的要求就是它應該智慧配合我，滿足我所有的需要。我現在越寫批評鄰人作業單，都快成了通用版了，明明是批評身體的，後來讀一讀，對孩子也適用，對老公也適用。我對這個感觸特別深。

答：我剛才聽夥伴說的時候，突然冒出來一個感覺，她說那個不舒服的感覺。我突然感受到身體的那個疼痛，是它對我產生了某些影響：因為疼痛，我會怎樣怎樣，不能怎樣怎樣，就是一系列的影響，然後就讓我產生了這個不舒服的感覺，那個感覺把我給帶走了。我想說的是，我突然覺得，不是那個疼痛，而是那個感覺把我給帶走。

反轉2：身體應該疼痛

主持人：下一個反轉是身體應該疼痛。找真實而具體的例子。

答：乍看有點自虐。它疼不疼不是我能控制的。起碼在那一刻它就是那樣。所以它應該和現實保持一致，事實它就是正在痛，所以它應該痛。嗯，這眼前正在發生的事實。

答：它提醒我在熬夜，把自己熬的不行了，不休息，老是熬夜，然後又喝那些提神的飲料。所以它在提醒我，提醒我不要喝了，你先休息休息、放鬆放鬆。

答：有一天早上我很著急，做了一碗湯，端的時候，啪，掉到腳上了。那一刻我的注意力不在被燙的腳上，我的注意力是在「那個鍋怎麼底掉了」上面，我發現我並不覺得痛。然後等我反應過來，我用涼水沖腳時，才：啊，我的腳被燙了！然後我就開始痛。

主持人：所以又是剛才你說的那個設定，就是我們對疼痛都有一些設定。

答：在我的場景裡面，我騎了摩托車、戴的安全帽壓到脖子，所以頸椎又開始疼了。它應該疼，因為我壓到了頸椎。

主持人：嗯，它提醒我壓到了。有些沒有疼痛的人其實特別容易受重傷，因為他沒有痛感，所以從這個角度看，疼痛真的是好事。

答：疼痛其實是在提醒我，我還在簡單粗暴的對待身體。還有一個例子就是，還沒有將身體的職能和權利還給它。我對身體始終是沒有充分信任的，不相信身體智慧的運作。身體就像一個小孩，老是不信任它就是那種感覺。它是一次一次的通過這種方式來讓我看到，去練習對它的信任。只是看見、支援就好了。

答：我剛才也在感受這個反轉：它應該讓我疼痛。我最近都去針灸，上完讀書會，還有嘉蘭姐身體的課，就把我的身體交托給專業的中醫，讓他去針灸，這幾天身體好了很多。我一直都想去控制身體，這個疼痛再一次地讓我看到，身體在告訴我，它有它的自由，它有它的方式，真的不受我的控制。我一直用各種方式來試圖控制它，今天這種疼痛，再一次讓我體驗到「我控制不了它」的這個事實，突然讓我感受到原來身體不是我能控制的，它的決定權在它自己。我真的有那樣感受，我說不出來，就像小孩似的。當我交託給醫生處理，我不再去控制它，反而有一種輕鬆和釋然，也多了一份對身體和專業的信任。這並不是說我不去看它、不去管它了，而就是交托和信任。我內心一下子覺得，哎呀，原來生命可以活的更輕鬆一點。

答：對，這裡面還有一個念頭，就是我的那個控制：我都這樣了，你怎麼還那樣。比如說：我都不吃這個東西了，你怎麼還是肚子不舒服；我都為你這樣這樣了，你怎麼還是有這個問題。我經常能捕捉到這樣的念頭。嗯，很有意思。

反轉3：身體不應該舒服／輕快

主持人：嗯，我們進行下一個反轉。疼痛，大家的反義詞是什麼？舒服？輕快？身體不應該舒服，身體不應該輕快。

答：如果身體舒服的話，我會覺得這是理所當然的，所以我就不會注意到身體。疼痛不是問題，真正有問題的是我關於它想法。身體不應該舒服，是因為身體在痛，加上頭腦在痛，這是雪上加霜。

如果身體只是單純的痛，我的想法停止抗拒的話，這變成了一個痛，就不是兩層痛了，就只是單純的身體在痛。所以身體不應該舒服，是因為身體如果舒服了，我就不可能看到這些東西。如果它不舒服了，我才有機會看。對對，造成我痛苦的是我的想法。

答：第一個例子是，我最近熬夜，中午沒法午休。睡眠不夠，身體就不應該輕快，就會發沉。第二，我在去接孩子之前，我給它下了指令，說今天晚上回來，我身體就會痛，所以不應該輕快，它挺聽話的。對呀，我給它下了個指令，我覺得好有意思。第三，我覺得那一刻，就是疼，那它就輕快不起來。

主持人：嗯，就是我們既要這又要那。我又要折騰熬夜不讓身體睡，又要身體精力充沛輕鬆舒服。我最近晚上睡得很晚，然後早上還起得很早，中午還不午休，我把自己折騰的也夠嗆。我們注意到自己這樣，下次事情再發生，就多了一份覺察，就會注意到我又在做這樣的事了。

答：平常也沒有練習過跪坐嘛。所以以一個不同的姿勢坐了一會兒，起來有反應是很正常的。它不應是一個很舒服的感受，那個姿勢肯定會有一些壓迫，整個上半身坐在腿上，是會有一些壓迫的。另外，其實我們大部分的時候是輕快舒服的。如果身體是輕快的，就沒有機會讓我們看見自己的顛倒。換句話說，我們對大部分的舒服視而不見，認為是理所當然。又比如說，親人、朋友對我們的好大部分都被我們忽略，但是少數讓我們不舒服的事情，卻總是耿耿於懷。身體大部分時候都是勤勤懇懇地在為我們服務，但是一旦不舒服，我們馬上就把這個挑出來。所以我覺得好像也是一個契機，去看見自己的顛倒。

答：在我的場景裡，就是它不應該舒服，因為我壓到它了，所以它不應該舒服。這我也是要承擔責任的。

答：有兩個現實，一個是大姨媽來了，以前也有不舒服，尤其腰那個位置，就痠痠脹脹的疼。再一個是我今天開了四個多小時的車，它就是會疼啊，就是會不舒服啊。還有一個它不應該舒服，它不在我的控制，是我的想法覺得它不應該疼，對於身體本身來講，它就是那樣。

——功課完成——

如果跟著流程走完，你仍然覺得疑惑，那麼就和我當年在書上閱讀凱蒂的協導經驗是一樣的。當時我無法明白，是什麼讓探究者短短時間之內改變心意的，現在回過頭來看，協導的臨場場域是重要的，尤其平常沒有靜心習慣的夥伴，可以先參考網路上的影片。

※心念改變，身體會跟隨

凱蒂這句話一直是我持續檢驗的對象。先後已經帶領兩次完整的探索身體真相課程，從找出與

協導現場影片

身體和諧相處之道，到超越病痛的喜悅，直到從身體認同中自由，課程夥伴們的經驗一而再、再而三地驗證這句話。而不經意間，它也發生在我身上。

前幾年因為疫情，室內瑜伽課程全數停擺，我原就屬於四體不勤一族，也就趁機偷懶。直到二〇二二年春，才回到墊子上。上完第一兩堂課，瑜伽老師劈頭問我，為什麼在疫情期間沒做練習的情況下，我的身體反而更柔軟（我一直是老師眼中比較僵硬的學生之一）？我楞在原地，開始反思我做了任何不同的事嗎？也開始留意自己在瑜伽中感覺有何不同嗎？

我注意到，在做瑜伽的過程中，那些原本我認為難受的感覺，不知什麼時候已經變成了一種純粹的感受。我僅僅去感受當下身體不同部位在伸展過程中的各種感覺，不再不自覺地去給這些感覺發表評論，「有點痛」、「好緊」、「好難受」、「好痠」、「快撐不下去了」，這些過往不請自來、沒有聲音的聲音，居然不再出現了，我甚至沒察覺它們何時停止的。

於是，每一次的伸展，就是身體和自己的探索，像自然流動的海水，有一種好奇：不知道身體下一步可以伸展到哪裡？身體在伸展的同時是放鬆的、開放的，是願意再往下走一步的。我於是明白，這是為什麼從外在看起來身體更柔軟的原因。

原來過往那些腦海中的聲音，伴隨著不自覺細微的抗拒，正是妨礙身體自然流暢去探索的阻力。而這些變化的來源，就是自己在探索身體真相的種種練習和功課，在那過程裡，自然放下對身體的感覺貼標籤，也逐漸信任身體，放下自己對身體的成見，逐漸明白，身體是我如何看待它的一面鏡子。

而且更奇妙的是，我居然在過往會排斥和抗拒的痠痛拉扯中，有一種發自內心的愉悅。身體有一種想要繼續深入的渴望，有一種甦醒的感覺，換句話說，在身心的覺知中享受身體的探索。這是我之前瑜伽練習中完全沒有料到的。

如果這樣的轉變可以發生在瑜伽練習當中，你能想像，這樣的轉變如果也發生在你每天的生活當中，將會對你的身體狀態帶來什麼樣的影響呢？

心念改變，身體會跟隨。

接下來斯坦福研究報告，恰恰為這句話做了最佳的註腳。

給精神醫學界的新啟發——斯坦福研究報告

過去十多年，世界各地不同專業的科學家們針對功課的有效性，做了許多的實證研究。在這些研究裡，功課通稱為「基於探究減壓法 Inquiry Based Stress Reduction（IBSR）」。探索的主題非常廣泛：除了正常健康人群的應用，對癌症病人的影響、大學生的考試焦慮症與學業拖延、老師的職業倦怠，還涉及將功課納入專業心理咨詢的效果，以及成年人的口吃現象等等，更包括之前提到的「超越恥化」組織進行的，對有嚴重自我貶低傾向的社會邊緣人群的研究。本書精簡整理了從二〇一一年到二〇二一年十年間，比較具有代表性的研究報告，放置在目錄裡供大家參考。

在這裡向大家分享最新的即將出爐的斯坦福大學 醫學院的研究報告：

隸屬於斯坦福大學醫學院的斯坦福醫療保健創新實驗室（The Stanford Healthcare Innovation Lab，以下簡稱斯坦福實驗室），從二〇一九年起進行對 IBSR 的研究，這份學術研究報告尚未正式對外發表。作者取得實驗負責人耶莉兒・甘茨博士（Ariel Ganz）的同意，將初步的研究成果在此和大眾分享。這項研究是由斯坦福實驗室主導，與加州大學洛杉磯分校（UCLA）和以色列特拉維夫大學通力合作的一個跨國際項目。

斯坦福實驗室這項研究的意義，不僅僅在於測試 IBSR 的有效性，而是想通過了解身心聯繫的機制，來改變當前的精神保健診斷和治療模式，進而為全人類找到一個可能可以不依賴藥物的治療方向與方式。

在斯坦福大學醫學院為期十四個月的研究中，參加凱蒂的九天功課學校的抑鬱症參與者，有九十一%完全從抑鬱症中恢復過來，其中九十五%的人在十四個月後持續保持恢復的狀態。這些結果比目前抑鬱症治療的醫療護理標準好二至三倍。根據文獻，抗抑鬱藥只能改善三十%至五十%的人的抑鬱症，即使是那些確實看到改善的人，也只能看到平均五十%的癥狀改善。

而透過探究功課，絕大多數參與者經驗到了改善，並且改善的幅度很大（完全恢復）且持久。這些結果也遠遠超過「裸蓋菇素輔助心理治療」的成效。裸蓋菇素輔助心理治療是目前美國食品藥物管理局針對重度抑鬱症的突破性指定療法，並擁有廣大公眾的興趣。然而在與斯坦福研究類似的抑鬱人群，並以類似的研究方法，裸蓋菇素輔助心理治療僅能解決五十四%的人的抑鬱症。根據首席研究員、約翰霍普金斯大學心理學助理教授艾倫大衛斯博士的說法，「我們看到的效果程度大約是市場上傳統抗抑鬱藥臨床試驗顯示的四倍。」鑒於功課學校的結果大約是裸蓋菇素輔助心理治療的兩倍，這表明拜倫凱蒂的探究功課可能比傳統的抗抑鬱藥強大八倍。

令人驚喜的是，從斯坦福實驗室的觀察，九十一%的成員不僅僅是抑鬱、焦慮和壓力的症狀完全消失，他們對生活的幸福感、快樂、希望、感激、意義和參與度全部飆升。換句話說，IBSR不僅讓他們完全走出憂鬱症，還讓他們改善了依戀迴避和依戀焦慮，改善了在世界上的安全感，提高了對生活的滿意度。這是一般傳統的醫療治療未能做到的。

另外斯坦福研究有一個特別有意義的亮點：

斯坦福實驗室之前已經能夠在研究中為每個參與者創建一個生物學檔案，該檔案在預測健康風險方面，具有高度個性化和準確度。將這種方法應用於心理健康，他們將標準臨床測試與基因組學、轉錄組學以及血液和排便中的數千種分子相結合，試圖了解，心理健康和人們看待世界的方式如何影響身體健康。

斯坦福實驗室的深度生物學分析結果也證實了這樣的改變，在IBSR治療後，數百種細胞因子、脂質和代謝物發生了變化，顯示隨著抑鬱症的改善，代謝發生了重組，或換句話說，IBSR改變了我們使用DNA的方式，改變我們的想法確實改變了我們的身體。

因此斯坦福實驗室觀察到，抑鬱症的恢復乃至於保持緩解的狀態長達一年多的變化，不僅僅是參與成員主觀的經驗改變，更有生物學分析的數據，可以支持研究期間觀察到的種種生理變化。這對人類在身心研究的領域，具有重大的意義。

許多參與者分享了他們生命巨大的改變，其中包括一位看起來年輕得多的女性，甘茲博士幾乎認不出她來了。

◇我所有的關係都產生了戲劇化的轉變，我擁有了我所希望的最有意義的親密關係，並且每天都在繼續成長和深入。

◇身體上和精神上，我都覺得我開始了新的生活，沒有什麼是一樣的，每天我都覺得生活越來越好。我期待著醒來。我可以注視人們的眼睛。這讓我難以置信，而且真的很棒。

◇我現在能夠以冷靜和成熟的方式處理壓力。那些過去會讓我崩潰的事，已經不再讓我心煩意亂，我成了一個比較容易相處的人。我能注意到生活中的小事情，它們給我帶來極大的快樂。

這樣的結果相當振奮人心，對在過去幾年沉浸在介紹及推廣探究功課的我而言，面對這樣的報告結果一點都不驚訝，即便沒有生理科學的數據，我可以觀察到周遭許多人，有的看起來更年輕和有活力，有的面相柔和了，有的連說話的語速都不一樣了，生活的改變更是經常聽到。

目前在美國，五個成年人當中就有一人經驗精神上的疾病，全球精神醫療成本估計高於二點五萬億美元。根據世界衛生組織，每投入一美元用於常見心理健康狀況的按比例治療，就會產生四美元的公共衛生成本。相對而言，**IBSR** 的學習可以是免費的，而且一旦學會，終身受用。

我們期待以斯坦福大學領頭羊的地位，能夠給全球精神醫學界帶來新的啟發，以及給予抑鬱症患者傳統醫療以外其他簡單有力的選擇。

讀者可以從以下的網站找到更多的訊息。

斯坦福醫療保健創新實驗室

生命故事篇

世界和平，從我自己開始——我從拜倫凱蒂那裡學到的事

回溯自己學習功課的歷程，見證了一個又一個生命從痛苦的深淵中走出來。像一朵又一朵迎向陽光綻放的花苞；有的更像一棵又一棵拔地而起的參天大樹，昂首挺立，慷慨地為所有來到跟前的遮風擋雨……

先從我自己的功課學校經驗談起……

＊我的啟蒙學校

我的功課旅程真正開始於二〇一六年三月，我的第一次九天功課學校。與來自世界各地數百位陌生人同聚一堂，每一天從晨間漫步開始，沒有熱鬧喧嘩，只有靜心探索。對我而言，那是個天旋地轉的經驗，我體驗到了自己的顛倒，說是我生命的轉捩點也不為過。那個巨大的領悟即是：原來造成我痛苦的從來不是外在的人或事，是我對人與事的解讀與認知；原來世上的每個人都是我；原來我一向認為的死亡並不存在；原來快樂無法外求，一切唯心造；原來這裡可以是天堂。

我創設了一套沉浸在探究功課的課程，我稱它為【功課學校】，第一次課程於一九九八年八月在巴斯托開辦。功課學校的練習，在某種意義上，已經寫好了，因為那些全是我活生生的體

驗。它們完全根據我最初兩年，也就是一九八六年、一九八七年的親身經驗，專門設計帶領人們直接進入一個全新的意識。

——拜倫凱蒂

頂著滿頭的煩惱和糾結、人生的無奈和沉重，走進課堂；九天之後，神清氣爽，如獲至寶。因為我知道我找到了破解人生困惑的鑰匙，雖然可能前路漫漫，但這道曙光何其珍貴！又何其不可思議！開啟了一條遠超乎我預期的幸福康莊大道……

課程之後，原本就安排好，和女兒從洛杉磯直飛倫敦觀賞音樂劇。飛機橫越大峽谷時，往窗外望，磅礡的氣勢竟然讓自己掉淚，那是一種全身的悸動，宛若宇宙山川是自己的一部分。

抵達倫敦的當天晚上，我們前往已經上演《悲慘世界》有五十年的劇院。我們的座位在舞台對面高處的左上方，距離舞台其實蠻遠的，對有深度近視的我來說，依過往的經驗，原則上很難看清楚，心理上覺得反正是陪女兒來看，之前也看過同樣故事的電影，清不清楚也無所謂。令我震驚的是，我的感官覺受居然大不相同，音樂劇裡的一字一句宛若只為我而唱，如此清晰、如此貼近，又似乎是從我內心唱出的樂曲。淚水完全不聽指揮源源湧出，一種我從未體驗過的深層感動和感激，一種被宇宙深深愛著和呼應著的悸動……原來，生命可以如此不同！

在功課學校裡，一位來自德國的年輕小伙子經常受二戰納粹的暴行所困擾，在猶太人的面前，始終覺得低一等或為對方所評判；即便那是發生在他出生前的事，既感覺如此評判對自己並不公平，卻又自覺那會一直是他身上洗不掉的恥辱。

於是凱蒂邀請在場所有的德國人和猶太人全體站起來，一同目睹聆聽他的作業單，一同見證他的探究功課，反轉給自己，反轉給對方。忘不了那瀰漫在現場的感動和全然的接納和理解，他們相擁而泣，笑顏逐開，那些錐心之痛瞬間蒸發，留存的竟是更深層的連結。

凱蒂也隨之分享，自己協導過許多親身經歷那場浩劫的猶太人與德國人，他們透過往內探索，與自己、和曾經認定的迫害方，達成徹頭徹尾的和解，船過水無痕般的和解。

寬恕就是意識到，你認為發生的事情，並沒有發生。

——拜倫凱蒂

＊學校夥伴們的生命經驗

參加功課學校後，我迫不及待想要學習有關功課的一切，即刻報名參加在凱蒂功課中心舉辦，探索「我是誰」的兩天活動。那時正值歐海舉辦大規模的網球比賽，城內旅館已滿，只能在山谷外更遠的地方找到住宿。

我試著求助於在功課學校認識的夥伴，一切迎刃而解。從洛杉磯的去程有凱西相送，而她僅僅是想要回去上次學校所在的場地，細細回味那九天的心路歷程。回程則有吉莎拉的自告奮勇相送。

更奇妙的是，遠從加拿大來的醫生索菲，邀請我與她共享，預定旅舍房間內另附有一個花園小暖房的臥室。而這個在歐海山邊群樹圍繞的旅舍，竟是我尋覓已久、夢寐以求，二十世紀心靈大師克里希那穆提的故居，而今由其基金會經營的非營利旅舍。我喜出望外，置身其中，竟有回家的感覺。迄今我每去一趟歐海，參加凱蒂的活動，就會來這裡享受一宿，走走大師曾漫步的橘園，靜心、演說的角落，把每個獨特的客房都住住。每個客房都充滿歷史，基金會依照每個房間曾經接待過的當代名流，包括《美麗新世界》作家赫胥黎、量子物理先鋒大衛伯姆、約翰藍儂、卓別林等等，作為每個房間的名稱。

與她們分別共乘，才知原來凱西處於失業狀態，凱蒂豁免她學費，才得以參加這次的功課學校。她曾遭性侵，高中未畢業，便早早離家獨自奮鬥十多年，九天的功課之旅，不僅幫助她找回內心的平靜，也讓她徹底放下對亞洲人的偏見。學校結束時，知道我直接飛倫敦，她主動幫我帶回太多的行李與學校的教材。我們時不時保持聯繫，兩三年後再次見到她時，已經是一家非營利機構的募款總監，充滿自信與陽光般的笑容。

吉莎拉開了一輛賓士跑車，她興奮地說道：沒有兩年前她破產之際，凱蒂免她學費參加學校，她不可能有今天成功的事業，因此定期回來上課，表達她的感激。我很好奇她如何辦到的。她笑著說，哈哈，當初經營至破產，就是因為和合伙人鬧得不可開交。開始用功課，填寫批評合夥人的作業單，一張又一張，認真做功課，結果和合夥人的關係越來越好，兩人合作無間，生意重新起色。

當時接觸功課不久的我，聽了只覺得好神奇；深入功課之後，完全明白個中道理。

安妮是位家境優渥的中年婦女，當時印象特別深刻的是，她為兒子的狀況焦慮不堪。三年後在她認證協導師的現場分享，我才完整聽到她與兒子的故事。為了高中期間叛逆的兒子，她從加拿大搬到美國，又從美國搬回加拿大。她上了所有父母教育的課程，甚至雇用一對一的父母職能教練指導，最終還把教練請到了家裡住，直接手把手教導操作。結果紛紛宣告無效。一直到她自己利用功課，透過對兒子的評判、期待，去面對內心的恐懼，她的心才真正能安定，和兒子的溝通才真正開始，他們的關係終於有了轉機，兒子也逐漸擺脫吸毒的惡習。

凱文是一位擅長訴訟案的律師，曾經因為和工作的事務所主管有了過節，決定離開事務所，自己創業。在數年之後，承接了一個重量級的訴訟案，代表一位離職的資深公職人員控告服務幾十年的政府單位。在出庭的當天，萬萬沒想到，負責審理這個案件的法官竟然是當年事務所的主管。一時之間，當年那些不愉快的經驗排山倒海而來，內心忐忑不安，擔心彼此間的過節將會影響到整個案件的審判。於是，他抓住開庭前短暫的時間，寫了一張批評當年主管的作業單，立刻以電話邀請好友協導，靜下心來做四個提問和反轉。

再度踏入法庭，凱文已經可以從容應對，過往過節瞬間已成雲煙。腦海中出現的那些不愉快的經驗，只是此刻自己的想像，沒有任何的實質性，更無法確定當初自己如此認定的真實性。他意識到，他從來不曾知道對方真正的想法，對方又經歷了什麼樣的過程來到今天的地位，是否還為過去的事情耿耿於懷？此刻更不可能知道，對方再度遇見自己，會有什麼樣的看法和做法？處在未知的狀態，內心已經沒有了先前的芥蒂與顧忌，能夠全心全意專注在官司上。最終，他代表客戶贏得這場訴訟案。

這是一場近乎以卵擊石的官司，一個個人控告政府機構而能勝訴，本就極為少見，凱文能在巨大壓力下，讓自己保持鎮靜、扭轉劣勢，更是不容易。而讓他能夠臨危不亂、允執厥中的，正是功課後的清醒與定力。

在學校課程裡，我帶領學員走過每一個我曾體驗過的白日噩夢。我引導他們如何帶領自己走過恐懼，直到他們能信心十足地了解，心智如何製造出痛苦，以及心如何終結它。如果他們遇到問題，無論是真的或想像的（所有問題都是想像的），我們就質疑它。我和他們一起潛入如同地獄般痛苦的深度，再從那裡出來，迎向陽光。這些勇敢的人已經厭倦了受苦；他們渴望自由，真切地想要了解真相，也準備好在地球上實踐和平。一旦這四句提問活在他們的內在，他們的心智變得越來越清明、越來越仁慈，那麼他們所投射的世界，也隨之變得更加清晰與仁慈。這種根本改變的徹底程度，超乎任何人能夠完整表達的。

——拜倫凱蒂

＊學校志工學習到的事

在隨後的數年，除了要求的培訓課程，我連續參加了多次功課學校，分別在加州與德國，大部分的時間我是以志工的方式，同時參與活動的運作與學習，也有幾次擔任即席口譯的工作。

功課學校百分之九十七的工作人員都是來自世界各地的志工，彼此之間大多都不認識，而且每次都是不同的人群，所以把他們（包括我在內）稱為「烏合之眾」，一點都不為過。曾經在美國三百大上市公司擔任中級主管，我對每次功課學校數百人的活動，包括飲食起居、外出行動、心理照顧，透過這群烏合之眾，差不多從五十到九十位的志工，居然都能有條不紊、面面俱到、完美落幕，感到無比讚歎，也十分好奇，這是怎麼做到的？

功課學校的標準配備，志工人數大概是參加學員的五分之一到四分之一。我們通常比學員早一天抵達會場，每一個人都有明確的分工，連帶一份工作人員手冊和準則。大家在晚餐後共聚一堂，詳細研讀這份手冊以及個人的工作內容，不同類別的工作各有負責的組長，組長通常是有過這部分工作經驗的志工。凱蒂夫婦會和我們一起進餐，並回答任何可能的問題。

這份手冊與準則引起我注意的有兩點，其中一點我認為是大家合作成功的關鍵之一。當然最底層的要素是，大家都有實踐功課的基礎，都具有相當的覺察力，與透過功課自省的能力。這個關鍵就是要求大家遵循簡單的指示（Follow the simple direction），換句話說，表面上的意思就是如實地傾聽，不在被交代的工作內容上做任何自己的揣測，只是去執行。當然，這並不表示每個人只是執行指令的木偶，它有更深層次的意涵。限於篇幅，不在此討論。讀者可以參考《心安在家》（*A Mind at Home with Itself*）第二十八章。

整個工作期間，除了剛開始的會議，中途以及結束前，凱蒂還會各召開一次工作會議，回答問題並且聽取反饋，尤其是如何更順利運作的建議。有趣的是，不同於一般工作會議的冗長討論，每次會議都是清晰、明快、迅速的。大家訓練有素地使用課堂上學習到的反饋方式，在實際會議裡應用，每個人可以表達什麼對他不適用，不需要檢討原因，不需要理由和解釋，而同時凱蒂會邀請提出一個適用的方案。幾十個人的會議，往往半個小時內就解決了。其實除了會議時間，每位志工隨時都可以寫下自己的觀察、看見、疑惑、心得，無需署名，放到工作人員意見箱，凱蒂會一一閱讀，隨時掌握工作團隊的狀況和心理狀態。

另一點則讓我動容。凱蒂叮囑所有志工，在面對學員的情緒或任何狀況，不以一般的安慰去安撫對方。她希望每位學員能學習以新的方式面對自己的問題，而不是仍然帶著舊有的方式回到自己的生活裡。功課學校不在提供人們濃縮的安慰劑，而是真真切切，從裡到外，讓學員找到自己的路。如此細膩的叮嚀，到來的學員是不知曉的，於是無論是學員情緒的崩潰、哭泣，全然允許和不帶評判的陪伴，沒有憐憫、沒有安慰、沒有建議、沒有詢問究竟。

功課的學習讓我們自然走向「非暴力溝通」所教導的與別人連結的方式，你自然感受和覺知內在的不平等，因此你不再需要外在的規範或教條。你就是知道，可以怎麼做、怎麼說，沒有操縱、沒有控制，真實、忠於自己，並且尊重對方。你表裡如一、言行一致。你不再有內在的分裂與衝突矛盾，也自然不會有外在的不和諧。即便別人看到外在世界的紛亂，於你，沒有任何事物是失序的。

有次在德國的功課學校，近五百人集聚一堂，學員們隨時可以舉手發言，凱蒂會視情況而定，邀請他們發言。這一次，有位學員情緒異常激動，拿到麥克風後，就欲罷不能。凱蒂請她暫停，並表示可以另外安排時間，讓她有機會繼續。她置之不理，逕自發表她的言論。這樣的情況，如果是你主持的場面，你會怎麼做呢？

我直覺的反應是，是不是要請旅館工作人員來請她出去？猜猜看，凱蒂是怎麼處理的？

我還在想的時候，凱蒂站了起來，對大家說，想聽這位夥伴發言的人可以留在大廳，想繼續工作坊的人可以隨她到外面的草地。於是大家各做選擇，幾乎所有的人都走出了大廳，我留意到有幾位夥伴圍在那位學員的身邊，沒過幾分鐘，我們又回到大廳，一切如常進行。

沒有爭執、沒有強迫、沒有暴力，而是全然允許。我從凱蒂身上又學到了一課。即便這是凱蒂付費承租的場地，我們會認為，她絕對有權利把這位同學請出去，而凱蒂完全沒有這麼做。她把空間留給這位同學，讓所有人自行決定。那是一個什麼樣的高度和胸懷！在她眼裡，所有人都是平等的。

「當別人不答應我的請求，我以自己的方式給我自己」，一直都是探究功課的核心教導。我在凱蒂身上看到她言行如一。

有次學校剛開始，也就是第一天的傍晚時分，歐海附近遠處的山區起火，但園區的大眾其實並不知情。凱蒂接獲消防隊警示旅館的通知後，立即分派工作人員通知學員，每人負責五位，只說到大廳集合，無需說原因。學員到齊之後，只見凱蒂緩步走到前台，向大家表示，我們可能有一個活動需要，有開車來會場的夥伴，如果願意開車支援這項活動，請站起來，並依照他們車子可以乘載的人數，分立在會場的不同區。然後每位車主一一出列，現場夥伴以舉手方式，迅速完成每輛車子的分配。會場是安靜有序的。四五百人的疏散準備，在短短三四十分鐘內安排就序。

分配完後，凱蒂請大家記得自己的車主，並約好集合上車的地點，因為其實誰也不認識誰。確定每個人都知道自己所屬的車子後，凱蒂表示請大家隨時等候通知。身為工作人員，我知道凱蒂已交代專人聯絡山區外可能的場地，以及通知廚房把晚餐改為便當。

幸好最終火勢被控制住，我們無需撤離，卻讓我學習到寶貴的一課。看到凱蒂如何臨危不亂，如何以最省力、省時的方式，安排可能的疏散；也留意到她從頭到尾沒有提到山火，避免不必要的恐慌。

此刻回過頭來看這次的經驗，我才意識到，這兩次凱蒂處理方式的共同之處，你是不是也注意到了呢？不管是在德國學員霸占麥克風，還是疏散的安排，全部都是每個學員自己的決定，沒有任何從上到下的規定或安排。即使調度車輛，她沒有使用「開車來的請舉手」這樣的語言，沒有假設每個開車來的人都應該配合，而是以邀請的方式，「如果你願意乘載其他的夥伴……」，所以不願意的人甚至不用表明自己有車子。在安排每輛車坐哪些人，我們可能會想，不管是用報號碼的方式，或直接按著現場座位的順序，這樣的安排是不是可能更快速？她大可以如此做，或者以山區起火的名義，相信也不會有人有意見，但她沒有這麼做。同樣的，那些自己有開車來，而不願意載別人的學員，也不會在「被安排坐車」這樣的過程裡突顯出來。她的做法，連統計車輛數字的需要都省掉了，完全是一次到位。

所以，看似平平無奇的做法，走筆至此，我才看懂後面的深義與周全：她展現的是對每個人的尊重，那是如此地自然和不著痕跡，過程是如此地完美，沒有讓任何不願意配合的人難堪；她沒有把自己擺在高於任何人的位置上發號施令，沒有「因為我是什麼什麼，或情況如何如何，所以我可以主動幫你做決定，你只要聽從就好」。即便全部都是陌生人，我們會想，坐哪輛車有什麼差別嗎？主持人指派不就好了嗎？這背後的思量，和對人的尊重，完全不可同日而語。

我親眼目睹和參與這一切，看到凱蒂如何迅速地處理這突發事件，顯得那麼不假思索、自然、明快。她讓我看到真正的面面俱到，清晰背後對人心細膩的照顧，沒有言說、無為而為。

我們經常為了一個目的或所謂更高尚的理由，而完全忽略人心，不顧及對人最基本的尊重，然後還為別人的不願配合而動怒，為事情進展得不順利而傷腦筋，卻不明白，始作俑者的就是自己啊！

＊功課學院的培訓課程

拜倫凱蒂功課學院的培訓課程也與眾不同，沒有大師在場，沒有誰比誰更資深或優秀，沒有階級，每一個課程都是由兩位有該課程經驗的認證協導師帶領，每一個課程參加的人數最多就十二位。它秉承的精神一貫是人人智慧平等，每個人都是學生，這裡沒有老師，也可以說，除了自己，只要你願意，每個人都可以是你的老師。即便你是培訓者，那也只是你的角色而已，學習的夥伴同樣可以給予你反饋，一如你給他們的反饋。同時，學院要求你不定期將你帶領的培訓課程錄音，交由另外一位曾經帶領同樣課程的培訓協導師，在對方聆聽之後，給予你反饋。換句話說，每一個角落都是學習的過程。它本身就是一個國際交流與學習的大園地。它既嚴謹又開放，它包容卻不會讓你自滿，它無時無刻不在教導謙卑。

下面這段文字反映了這個學習園地一個小角落的發生，我當時和另一位協導師主持某個培訓課程。我熱愛這樣的經驗，過去數年來，已經主持過十多門這樣的課程。

電腦前正襟危坐著，來自土耳其、德國、捷克、瑞士、加拿大、美國、澳大利亞、荷蘭、瑞典、以色列，專心學習功課的夥伴，十四個人來自十個國家、十四個不同的城市，有人是半夜三點，有人是午後，有人是晚間。大家齊聚一堂，靜心學習能結束自己痛苦、回歸內心平安的方法。

這些人在自己的生活領域裡各有千秋，人生經歷豐富。而在這個時刻，願意傾聽我和另一位協導師的分享，為這珍貴的一刻，和這份學習的心，我心悸動。而這樣跨文化、跨國際的互相學習和交流，從內心的真誠出發，敞開自己的脆弱，互相扶持，幾乎是每天在學習拜倫凱蒂功課的群體裡自然展開和發生的。我的經驗不是唯一。

是什麼樣的力量可以如此超越文化、超越國際？是什麼樣的力量可以讓拜倫凱蒂功課在世界上，從美國沙漠上的一個小鎮，一個名不見經傳的婦人，持續像入塘的水滴，向外擴展三十多年，既獲得《時代雜誌》的稱譽，也贏得《當下的力量》作者艾克哈特托利（Eckhart Tolle）的推薦，並且在歐美世界廣受尊敬和歡迎，作品已翻譯成三十七種文字？

如果你有機會入門，你自然會知道。它就是愛的力量，而愛是唯一的力量。恐懼和憤怒看似有力，但它製造分裂，永遠走不遠，永遠是困獸之戰。

世界和平在這裡從來不是空口白話，它是每天由一群可愛可敬的人腳踏實地實踐出來的。這包括在國際功課華語協會，一群可愛可敬的夥伴，抱著一顆學習的心，願意排除萬難（包括腦子裡的各種雜音）身體力行，讓和平從自己內心開始。

這是我所目睹和經驗、生命中珍貴的禮物，也是我從凱蒂知行合一的言談身教中學習到的事。

讓經驗說話

分享這些夥伴們的學習心得與經驗分享，目的不是在宣導作者的課程，而是試圖讓這些經驗自己說話，從不同生命情境的視角，去看見功課如何在人的生命中起作用，以他們自己真實的語言，而不是經由作者的轉述。你可以向任何一個深入功課而有心得的人身上學習，殊途同歸，最後看見的、領悟的，都是同一個源頭。

＊功課是無價之寶，兩個月兩個奇蹟

兩個月不到的功課學習，是我生命中最大的轉捩點。我有一個十三歲青春期的兒子，以前我們倆都處於非常緊張的狀態，經常發生衝突。我到處學習，研究親子教育和進行心靈方面的學習。我發現，不管我怎麼研究，都是說父母要先冷靜下來，但是這個關口我怎麼都跳不過去，一旦面對兒子，我就無法控制自己，學了這麼多的道理和方法，就是沒有辦法用出來。我都覺得沒有希望了，變得很憂鬱，常常生氣，常常哭，把自己關起來，什麼事情都不會讓我高興起來。

後來先生幫我找到嘉蘭姐為我做了諮詢和協導，她豐富的經驗和智慧，帶給我很大的震撼。我參加了功課的學習，在助教、小夥伴一起互相協導做功課的過程中，我整個人開始不一樣。

兩件像奇蹟一樣的事情發生在我身上：

第一個奇蹟，我頭一次發現自己內心有平靜的感覺，非常輕鬆，很自在的感覺，很奇妙！在那種很放鬆的狀態下，我跟兒子講話的時候，會變得非常幽默，講話也很融洽。因為我以前是非常嚴肅又不怎麼講話的媽媽。

還有一件，我發現我願意傾聽兒子講話，並且很有興趣，不久我們就可以像好朋友一樣互動。他現在常會把心裡話跟我說。有一天，我先生對我說，兒子說媽媽怎麼變快樂了，並且兒子做作業不會和我發脾氣了。

我體會到孩子是我們的一面鏡子，對我有很大的影響。

第二個奇蹟，這七年，我一直都在看醫生，花很多錢。很奇妙，我上了課以後，全身的痠痛，我的胸痛還有胃痛、頭痛、臉痛都全好了。這是很奇妙的事情，並且我再也沒有失眠了。

這個功課對我是無價之寶，我知道內心有任何的波動和煩惱，我就去做功課，這是最快讓我思想變得非常清晰的工具，是可以讓我活出來的方法，讓我經驗到不一樣的世界。

＊向內找到了家

功課的體驗非常奇妙，因為跟我所受的教育以及工作中的訓練，是一個完全相反的過程。上學的時候，我們就像一張白紙，總希望把這張白紙填滿，覺得自己是空的、是匱乏的，想要去外面抓取，學習理論和技巧，好像要把別人的東西變成是自己的，然後把它演出來，有一種非常刻意的感覺。但是在讀書會裡，不管是《金剛經》上的話、凱蒂的話還是嘉蘭的解釋，都沒有一種想要填鴨我的腦子的感覺。這個反向的過程，就好像他們的話在輕輕地叩門，打開我的心扉，當然沒有任何人強迫我，只是柔和的敲門，然後靜靜地等著我的門開。我很驚訝地發現，原來我的內在有這麼些的領悟，而這些領悟不是別人強加給我的，也不是我出於羨慕、嫉妒或基於功利而去模仿得來的。這個發現讓我感到非常富有，讓我感歎這個宇宙其實是很豐盛的。這種感動不同於以往通過考試或工作獲得榮譽的那種喜悅。這種滿足感是內在的，所以非常感激有這個機會和各位夥伴一起探討，然後向內找到了家的感覺。

＊功課的不可思議

這次休假回家，真實地歷緣對境，著實讓我感受到功課的不可思議。

我之前關於姊姊的同一個念頭做了不下五次功課，而第六次面對這個念頭的方式與之前不同，正值迷你基礎課期間，就這個念頭認真地、完完整整地在嘉蘭的指導下，完成了整張作業單，外加嘉蘭的協導。這次回家再面對姊姊的時候，看著她，聽著她，沒有厭惡，沒有抗拒，內心不但沒有起波瀾，反而升起了理解與愛，還能收到她對我和先生的愛，與她之間橫亙的那個東西就這樣消失了！而且看著她與姊夫和孩子互動的模式，也沒有升起評判。是真的，頭腦選擇了其他路徑。

剛剛在高鐵上，我先生還說，妳這次回來怎麼和姊姊那麼能聊，妳不煩她啦？

功課真是不可思議！

＊自由、平等開放的探索空間

我很感激嘉蘭以及各位夥伴所共同創造的一個自由、平等、開放和探索的空間。這個空間裡，沒有老師和學生，大家都是共同學習和探索，沒有唯一的標準答案，只有生命的無限可能性被不斷地看到。在這毫無壓力的空間裡，探索我的內在。我也感謝學習到做功課的基本方法，讓我回歸到了功課的根源部位，從寫作業單開始，扎扎實實地練習功課的基本功。有時候我把作業單寫完，冥想結束，自我的療癒也完成了。所以讓我不斷地體會到《心安在家》這本書裡，凱蒂說「心智和自己的戀愛是一場最美的舞蹈，唯一的舞蹈」這句話的含義。

＊從一個骨灰級資深怨婦，成長為等待真相的觀察者

我從閱讀一念之轉，到跑到科隆參加凱蒂見面會，到緣分牽引遇到嘉蘭姐，加入華協，上網課，群共修。短短一年的時間，我從一個骨灰級資深怨婦，成長為一個等待真相的觀察者。是功課對我的三觀產生了顛覆性的衝撞，改變了我的視角和磁場。

帶著解決問題、消除煩惱的目的走入功課的殿堂，開始的很多自助功課卡得死死的。初學時做的功課是念頭的戰役。高大上的念頭無情地批判質疑低級的念頭和情緒，反而增添了我的憤世嫉

俗，彷彿走火入魔。直到課堂上的進一步學習，感悟晨間散步，深入體會三件事與我的互動，透過繞口的反轉句式，等待真相和例子一次次浮現在我面前，深入每個細胞裡，而不是頭腦的道理來說服添加給情緒。

集體功課也對我有很大幫助，群體的磁場和共振給我新的真相和驚喜。從多年未達成的夙願，到與家人、朋友、金錢、疾病、身體和死亡的互動，我在一個個功課裡，看到自己潛在念頭的根源結點與掌控。剛結束的身體課程讓我體會，二元世界裡與身體和念頭的和平相處，活出反轉，把「我再也不要」活出「我期待」。

隨心而安讓我的頭腦更輕盈專注，失去掌控感和安全感的緊張內耗消失了。我就在家裡，我是安全的。不需要掌控什麼才能獲得安全。同時我也深知，這沒有終點旅程，隨著路邊的風景變幻，我還會與身體和念頭有不同的互動。不二的法門——守住心，只要心被念頭帶走，就提醒自己回家的路在哪。感恩遇到的每一個夥伴、協導師和助教，陪我找到回家的路。

＊淚光中看見自己，驚喜中回到當下

聆聽智慧的分享，就是一場滋養心靈的饗宴。有時候，一句話就足以扭轉乾坤。同時在兩個課程中，聆聽嘉蘭姐分享她對《心安在家》這本書的理解與心得，是很享受的過程，就好像在心裡灑下種子。最大的兩點：

一是體驗到克里希那穆提所言的，「不帶評判的觀察是人類最高的智慧。」腦子中不再像過去自動冒出來評判，而是從心裡體驗到別人真正沒有問題，不管是路上的行人、自己的親人。而在這樣的清醒看見中，收回目光往內看，淚流滿面中，喜見沒有問題的真正自己，放下了一向帶著期待完美的自己，來看待和要求自己。

二是體驗到瞬間回到當下的清晰和力量。自從聽到嘉蘭姐分享凱蒂和當下結合，married to it 這句話就一直留在我心裡。

最近旅行，在航班取消、帶著孩子、身體也有狀況的情況下，腦子剛開始在各種擔憂的想像中飛來飛去。瞬間覺察，驟然落地，如魂附體，我能有力的問自己，並且清楚明白：此刻正在發生什麼，我現在在那裡？我當下的狀態是什麼？我當下需要做什麼？不停地回到這一刻，太美妙了，沒有過去，沒有未來。*

＊生老病死真是必修的功課

感謝嘉蘭與助教的帶領，以及課後和小夥伴的協導，讓我慢慢從一片模糊的印象，有一個概括的藍圖。當然，上課的歡樂氣氛和大家的開放分享，這些互動過程，是我非常享受且樂在其中的。

---

* 凱蒂《心安在家》書中第一章提到，她覺醒之後，第一次見到丈夫和孩子的時候，是全然陌生的。但她完全臣服於當下的現況，和當下結合，並成為當下。（I was completely surrendered to what is, married to it, was it.）

在上了「與身體和諧相處之道」後，本來覺得自己對外表已經很不在意了；但在探索之下，發現深埋在下的「我」，還是那麼地根深柢固、堅不可摧，完完全全地把「自以為是」打趴在地，瞬間歸零。個中滋味雖不好受，但內心卻是極為歡喜的！因為一切皆可從頭再來，每次都是新的體驗、新的開始。

因為上的是探索身體的課，在生活中發現二個比較明顯的變化：

一是，這次我患了感冒，忽冷忽熱、全身無力，覺得自己需要好好休息。但是沒有那個想法時，我雖然頭暈、咳嗽，但是還是可以站起來，去喝水（之前要我兒子幫我倒），那一霎那我好像沒病似的，但是只要念頭回來，我又倒了。

第二個是，我曾經橫膈膜抽筋，痛到我覺得快要往生了。昨天它又發生了（我立刻想到凱蒂有一次把手放到果汁機那事），沒有過去和未來的畫面，我會如何？我就處在那個「現在、這裡」，看著它，說也奇怪，本來扭絞的部位竟然沒那麼疼了，看著它好像看著一個有趣的畫面。去經歷那個當下，竟也不這麼可怕了，所以「念頭」真的對身體起了很大的作用。

接下來我會再上後續開的身體課程，因為生、老、病、死是誰也逃不了的，能以開放的心去面對並接受，是我很想學習的功課之一。也很開心地要再和老師、同學相聚，我覺得這堂真是人人必修的功課呢！

＊在親密關係裡成為獨立的人

功課學習中，凱蒂介紹天下三件事，讓我們區分清楚這是誰的事情？很多時候我覺得我分的很清楚，甚至也會有一種傲慢的心態。我覺得我做功課做了這麼久，修行了這麼久，我分的很清楚啊！甚至我在引導別人做功課的時候，也會這樣去問他們。我們看別人的時候都會非常地清晰，但是在看自己的時候就昏掉了。

我以前是一個不會提出需求的人。通過做凱蒂的功課，我學會提出我的需求。

我想要別人怎麼做的時候，我必須要清晰地告訴別人：我要你怎麼做，我要你看著我，我要你給我倒一杯水，我要你為我怎麼怎麼做。我覺得我做到了。後來我發現，我提出需求之後，別人也不一定會答應你。這個時候我就會難受了，就覺得：如果你不答應我這些小小的需求，那我還要這個伴侶幹什麼？親密關係存在的意義，不就是為了互相照顧對方、互相愛對方嗎？如果連這點小小的幫助、小小的關愛都沒有了，那我要你何用呢？我就陷入了那種分不清楚到底是誰的情況。

當我覺得，我提出的需求你就應該滿足我，這個時候我已經混亂了。然後這兩天，我清晰地看到，我可以提出我的需求，同時他人有拒絕的權利。當我看到這一點的時候，就恍然大悟了。哇，原來我在親密關係裡面遭受了那麼多痛苦，全都是因為我對他人有很多期待，而且不允許別人拒絕我這樣一份期待。

當我看到這個所謂的真相時，委屈地哭著，我在想，憑什麼我不能要求別人啊？我就是想讓別人來照顧我。但是另外有一個聲音在我耳邊告訴我：這就是現實，你要分清楚，當你分清楚的時候，你的人生不會再有那麼多的糾纏。

我知道當我邁過那個坎的時候，我的親密關係就不會再有問題。

當我還存在依賴的時候，當然，在某一個階段會讓我非常開心，因為他讓我享受到了那種被重視的重要性、在親密關係裡面的特殊性。那我到底是要在親密關係裡面享受那種重要性和特殊性，還是要真正的成為一個獨立的人呢？

矛盾了好久之後，我發現我不要那份重要性和特殊性。因為正是那一份重要性和特殊性，讓我在關係裡面受苦。當我做出這一個決定的時候，我就覺得好清晰啊，所有的東西對我就不再是障礙啊。凱蒂的智慧用這麼簡單的三件事，只要你能夠分清楚，人生所有的問題都變得非常清楚的。

＊我能不能不讓一隻老鼠帶走我的安寧？

感謝功課讓我能覺察而安然地度過與鼠共處的幾天，看到老鼠的無辜和它帶來的學習機會。容我娓娓道來。

第一部曲：

前幾天家裡出現了一隻老鼠，這是我一輩子從來沒有過的經驗，尤其在美國郊區整潔的社區裡，它竟然在我屋子二樓的房間裡奔跑而過，一瞬間，我驚叫！之後展開了幾天與鼠共處的生活……

那刻的驚駭成了我的批評老鼠作業單，我看到了腦子裡所有有關可怕的老鼠、對老鼠的批判和鄙夷、和老鼠有關的骯髒腐敗的畫面。然而在我生命經驗裡，從來沒有真正看過任何一隻老鼠，也從來沒有真正了解過老鼠的生態。真正讓我恐懼害怕的，是腦子裡這些從來沒有質疑過的，有關老鼠的畫面和故事。當然還有其他，像它侵犯了我的空間等等的念頭。

在那驚鴻一瞥之後幾天，我再也沒有看見它，但「老鼠」這個詞和所有的畫面，持續在我腦海裡盤旋。而從屋子裡的蛛絲馬跡，我們知道它每天夜裡跑出來找東西吃，設置的捕鼠裝置，也因我們放餌的地方不當，結果弄傷它，地上血跡斑斑，卻找不到它的蹤影。

想到它的受傷，心裡難過了幾秒鐘，陡然驚醒，我哪能真的知道老鼠對痛的感受是不是和我一樣呢？當它沒有對過去的記憶和對未來的畫面，痛只是一瞬間的感覺，或者根本是不存在的？

我還是做了「家裡有一隻受傷的老鼠」的功課，反轉給自己，比「家裡有一個受傷的我」真實多了。為了一隻既沒真的妨礙到我生活、再也沒看到的老鼠，去擔心它的受傷和痛苦。果不其然，隔天看到木瓜和蘋果被吃得千瘡百孔，想像它好整以暇地把皮先咬掉在旁，再大快朵頤。

沒有腦海裡故事的時刻，照樣過著每天的日子，隨手關上所有的房門，吃飯、洗碗、漱洗、和朋友做功課、聯絡專業捕鼠人士、去聽音樂會、整理報稅資料、安心入睡。

好奇它又要玩什麼花樣和把戲？已經打翻了未開罐的花生醬，它居然知道那罐裡有它的最愛！對牛肉不聞不問，卻品嘗了木瓜和蘋果。

■與鼠共處第二部曲：

幸好早就預付了家居除害的服務，然而找他們來捕鼠的過程，卻是一再拖延。每次通話中，我訝異自己語氣中的平靜、清晰和力量。面對客服人員們無能立即調度各地辦事處的工作人員，或約好時間一再被更改。不像既往，我既沒有憤怒，也沒有太多焦慮。我知道我有足夠的理由，可以選擇破口大罵，也許這樣的怒氣可以迫使對方立刻找人來。然而，我沒有這麼做。

因為我清楚明白，一切事物有它最佳的時機，一切不在我的掌控之中。接電話的這些人已經盡了他們最大的努力，我有什麼權利把我的怒氣發洩在他們身上？更何況我心中沒有憤怒，我為什麼要用怒氣來操控他們呢？各地辦事處的人員也只是在做他們該做的事，也許別的角落有更緊急的事情需要他們處理。

兒子中途從大學放假回來，老神在在，丟一句，老鼠是很乾淨的動物，他們會自己清理自己，而且它不會傷害妳的。一付與鼠共存也沒什麼大不了的態度，不為老鼠所動地過他的日子。

我家的男主人這些天忙進忙出地設餌，自做活捕的各種道具，也每天不厭其煩地收拾殘局。請兒子給老爸建言，因為老爸設餌的方式一看就很難成功。兒子的反應讓老媽甦醒，「讓他自己好好享受這個過程的樂趣吧！妳沒看他忙得不亦樂乎嗎？」可不是嗎！做事哪有說一定要成功才行呢？什麼又叫做成功呢？我怎麼可能知道什麼是對老鼠、對家中每個人最好的安排呢？一不小心，又掉進自己習以為常的幻相裡。

每一個當下都是學習的契機。感謝身旁清醒的兒子。

・與鼠共處第三部曲（完結篇）：

盼到第五天，專業就是專業，一下便知它躲在廚房角落櫃子之間，我們完全看不到的縫隙裡。他表示可以把洞封死，被我們拒絕了，於是繼續我們的捕鼠行動。由於方位明確，隔天清晨，它落網了。我們也開始房子大清理，而且從來沒有像這次一樣，洗刷得這麼賣力！

拜倫凱蒂接受禪學學者約翰・塔蘭特（John Tarant）訪問時說，因為有平時的練習，我們分得出來實相和腦子裡幻相的差別，而這是自動發生的。她指的練習是探究功課以及禪修。

實相永遠比我們加諸於它的故事要來的仁慈。

回顧整個事件的實相如下：

主角老鼠：白天在夾縫中，不見蹤影，晚上出來覓食。受傷了、流了血，還是活得好好的，直到最後落網。

女主人：只撞見一眼老鼠，之後再也沒看到牠。除了她腦子裡偶爾有關老鼠的故事和聯想，她生活如常，一切安好。她打了好幾通電話，每次講差不多的情節，直到專業人士的出現。

男主人：進進出出、敲敲打打、上網查詢、清理打掃、做道具、設餌。最後很得意地表示很有成就感。也破天荒地把家裡每個小角落，包括天花板，都仔仔細細用吸塵器清理。

兒子：只聽到我們對老鼠的故事，和手機上老爸傳來老鼠落網的照片。對他而言，不存在有一隻老鼠。

當我們能清楚覺知什麼是幻相、什麼是實相，生活裡可以不需要再經歷無謂的恐懼和焦慮，而能看到當中的趣味和美意。

感謝老鼠教我的事。

感謝功課的練習，讓我分辨得出現實和幻相的差別。

英國大文豪莎士比亞在《馬克白》如此說：「人生不過是一個行走的影子，一個可憐的演員，在舞台上趾高氣揚，焦躁不安，然後就再也聽不見了；這是一個白痴講的故事，充滿喧囂和憤怒，卻毫無意義。」

然而，總有一些在舞台上逐漸清醒的演員，
看清楚了這是一場戲，
可以選擇在戲裡的角色中自由，
活出內在不同的維度；
也可以選擇脫離原來的角色，像出家的僧侶，奉獻神的牧師；
也可以開創新劇本，新的人生跑道。

有經驗人生全面升級的音樂藝術家
有跳出飽受種族滅絕傷痛的非洲親善演說家
有與成年子女修復關係的加拿大事業女強人
有跨越憂鬱、從生命中甦醒、在中國的美國暖男
有反轉人生故事、脫胎換骨移民美國的智慧母親
有突破盲點與焦慮和解的韓國認證協導師

有將心理理論化為實際行動的心理諮商師

他們以自身的經驗告訴我們，人生劇本是可以改寫的。分散在世界各地的他們，都用了同樣的方法，在不同的人生軌道上，開展出完全不一樣的人生境地！

人生的全面升級，音樂的革命性昇華

一位在音樂舞台上才華洋溢的帥氣大提琴家，擁有眾多欣賞他的粉絲，音樂界讚譽他為深具潛力的天才演奏家。所到之處，經常場場滿座；在中國首屈一指的上海音樂學院作育英才，更有許多慕名而來的家長、學生絡繹不絕地前來求教。

這樣一位人們眼中的天之驕子，也做功課？

追求真相、認識自己、活出大自在，是每個人與生俱來的權利。即使處在人生的顛峰，生命無常的本質難免會將我們推向一個「終將面對自己」的關卡。即使芝麻綠豆的小事，在功課的顯微鏡底下，都可能成為轉變人生的契機。

陳衛平教授在一次公益活動中娓娓道來他的功課之旅。作為著名音樂學院的教授與演奏家，他有著忙碌的行程，因此是以個案協導方式接觸與深入功課，而不是藉由課程全面學習。在剛開始的時候，我們一星期進行兩次探究功課，後來逐漸減為一星期一次。在這次分享活動之前，陳教授約莫做了將近一年半的功課。

陳教授仔細回數自己的心路歷程，從一個功課小白開始，在短短一年多的時間，感受到自己人生躍升到另一個高度，格外具有參考價值。

約莫三年前，當時他在與前伴侶的關係中掙扎，剛開始他用一件看似微不足道的事情來測試探究功課——他在社交聚會上的不安。我們探究的念頭是「他們沒有興趣認識我」。他萬萬沒想到，這一小步——以陳教授自己的說法——最終帶來他人生的全面升級，以及音樂的革命性昇華。

超乎我的想像：它慢慢拆除我在人生過程當中習得的限制、對自己的捆綁

朋友介紹功課給我，表示「它能緩解你所有的痛苦，甚至可以讓你達到一個幾乎沒有痛苦的狀態」，於是我決定試試看。到現在一年多，我發現其實它的作用遠遠不是我當時所想像的，只是解決一些生活中的問題。當然這些問題也被解決了，所謂的被解決，就是它真的不再困擾我了。但它並不僅僅只在一個層面幫你解決問題而已，它慢慢地拆除我在人生過程當中習得的限制、對自己的捆綁。

功課入手點：人際與親密關係

那時我對親密關係感到困擾，因為我與對方的相處模式非常糟糕，我需要非常多的遷就。再來

就是我與朋友之間、與同事之間的相處，也是我的入手點。當時功課主要的內容就是，誰說了一句什麼話讓我覺得不舒服，我覺得他是在針對我。當時也沒有覺得什麼，但是每次做完功課後，這個念頭就淡了很多，或說這個念頭就不再困擾我了。因為我不知道他這句話是不是真的一定是我想的那個意思，到最後慢慢地感受到，其實我所有的認知都來源於大腦的解釋，這個解釋無非就是來自於過去的經驗和一些直覺的反應；而這些直覺的反應是否是事實，根本不知道，無法判斷，除非有非常準確的數據去證明。

所以就好像是你在自導自演一個故事，這些演員只是按照他的劇本在演他的東西，然後你自己解讀你的，就像有一個投影機不斷地把一些內容投到你腦子裡，然後你就認為這是真的，跟著它走。每天傷心啊、痛苦啊，每天討厭這個、討厭那個，喜歡這個、喜歡那個，每天在這上面奔波勞碌，沒有一刻停在當下去看一看自己的狀態。當時每天都在糾結，這個人跟我說了什麼，甚至別人的一個眼神，我就是從這些開始的。

陳教授提到讓他印象深刻的「他們沒有興趣認識我」這個功課。「我去參加一個很重要的聚會，無論是圈內的長輩或晚輩，其實都很主動地來與我交談，」但在當時，他相信「他們對我沒有興趣，他們不會接受我」。

「我在功課中看到，我一直在躲各種人，每當別人主動來向我敬酒、聊天，我的眼神一直閃躲，不知道想要往哪裡去。我們真的就是從這些點滴的小事開始的。」幾次功課以後，當他再去參加類似的場合，「我發現我有一種傻乎乎的快樂，就是自己一個人在那，就很開心。我後來想，到底什麼事讓我這麼開心呢？沒有，真的沒有，但就能感受到一種不一樣的開心。其實人都沒有變，還是一模一樣的這些人。我身處他們之間，卻覺得特別的輕鬆。」

從社交恐懼到人際間如魚得水：放鬆與當下相處的喜悅

後來我發現，可能是因為做功課後，腦子裡原本對於這些人的那些猜測，對於我自己的那些評判鬆動了，我更能去享受到當下本身所帶來的喜悅。它不是因為什麼事而喜悅，而是你放鬆的和當下相處的那種喜悅。

陳教授逐漸在人群中放鬆自在，也留意到所到之處經常廣受歡迎。有次因為疫情，整個學校全部封鎖，所有的學生、老師、教授全部封在教學樓裡，待兩天做核酸檢測。本來這兩天是痛苦難熬的，同是藝術家的教授們平常交流不多，陳教授成了那位號召同事齊聚一堂的中心人物，人文薈萃、把酒言歡、秉燭夜談，成了最值得紀念的短暫時光。

我在反觀的時候，發現自己真的是從一個類似有「社交恐懼症」的人，到真的可以在社交場合享受與大家待在一起的快樂，不在乎眼前這個人特定一定要是誰，或一定要是什麼類型的人。

音樂蛻變的開始：無聲的世界

接觸功課以後，陳教授表示，他的音樂經歷了一個很有趣的過程。當時他正在錄製一首高難度的技術練習曲，「那是一個很痛苦的階段，我每天都在糾結音準，那個準和不準啊，那個對與不對啊。那個毫釐之間的差別，把我拉入一個非常極端的狀態，就是費盡心思地去追求極致、去追求那個技術的完美。」

我是個特別注重細節的人，當然這可能是藝術家氣質，天生對非常細微的細節敏感，但是我發現，在整個學習或人生的過程當中，細膩是一個優點，同時也是一個缺點。我會太過於在意技術上和理論上的細節，缺少了一點從心裡迸發出來簡單直接感受的交流，但當時我並沒有意識到。直到做功課，時不時不間斷地體會到那個無聲的世界，沒有人跟你吵，也沒有人跟你鬧。這個人還包括你自己，沒有自己跟自己的對話，沒有自己看自己的各種各樣的評價，和各種對與不對。在那個世界裡面，我發現其實就是真正最直接的表達。

▪ 練習實際上是一種創作

然後，不知道從何時開始，功課讓我越來越放鬆，逐漸丟掉了很多執念，並且讓我看到過去對我的影響，以及我對未來的一些焦慮。甚至在我和伴侶的關係裡去看，自己經常浮現出來一些過往的東西，就變成了一種習慣；我突然意識到，我可能一直在重複一些舊的模式，可能只是在追求我過去一直試圖達到的效果，我並沒有真正注意我現在在做什麼。於是我開始去質疑這些固有的概念，問自己，你真的要這樣做嗎？還是你有別的選擇？慢慢地，我練習音樂的方式開始呈現出不同的形式和變化。

功課養成的覺察力和質疑的習慣，對陳教授的音樂起了關鍵作用。他不再被過去的概念制約，而能在瞬間回到現實的當下，開始以一種新的視角來看拉琴的練習。

其實練琴，我們需要大量的練習，實際上是一種創作，基於你的想像力和想要表達的故事，所編排的一種創造。你就像雕刻師，精雕細琢地把每一個工藝的邊邊角角，非常仔細地去雕刻一遍又一遍的，去呈現一個美好的藝術品，最終它是一個創造。

渾然天成的人樂合一

就在這個階段，有次陳教授很興奮地和我分享他練曲時的重大突破，那種渾然天成的通透令他欲罷不能，那是人與琴合而為一的淋漓盡致，也是心身合一的和諧，手指在琴弦上似乎自主飛舞，人在音樂中。

那次是我真正在演奏中，可以像旁觀者一樣去聽自己、去看自己、去感受自己的表達。我不記得那一刻我練了多長時間，時間已經沒有具體概念了，身體的疲勞依然是在的，但精神上卻感覺如同得到非常好的休息和放鬆。在練習的過程中，固然會有不滿意的地方，但那僅僅就是「我們再來一次」，沒有好與不好的評判。整個過程中，雖然修正了無數次，但非常放鬆和滋養。所以當時很開心，也很興奮。

不知道過了多長時間，好像找到了那個無聲的世界，很難用語言去形容的，語言都變得蒼白，因為它總是指向一個東西。我們暫且把它稱之為一體，因為我也不知道怎麼形容它。我的頭腦、身體、大提琴，我坐的凳子，以及我所在的空間，似乎合而為一，以前從來沒有如此深刻地感受到過真正的一體。當我帶著腦海中的雜音在練習的時候，我是無法做到一體的。甚至關於技術上的細節，我開始質疑我在哪裡，以及如何獲得所有這些關於音樂的概念。我也問自己，「這是你真正想要表達的方式嗎？」

質疑帶來的開放與好奇，讓陳教授開始在網上搜索有關音樂和作曲家的任何訊息，想要真正理解樂曲的來龍去脈。「這些資訊，經過自己融會貫通後，成了我真正的老師。我突然對資訊極為敏銳，雖然有時只是隻言片語，卻能透過信息的背後，體會到這位大師在表達什麼，有一種可以和他們隔空對話的感覺，領悟到他們的想法是什麼。」

舞台上的揮灑自如

在接觸功課之前，儘管陳教授已經是一位出色的表演者，但在舞台上，要為一場大型公開演出取得全面成功，始終是具有挑戰性的。要能兼顧本身呈現完美的表演，與同台的音樂家保持同步，並且還能與觀眾保持密切的交流，一直是陳教授在舞台上的壓力，「大部分的時候，那個狀態是很折磨人的。在舞台上我也不能沉穩地安定下來，似乎無法完全做到，和舞台上合作的夥伴自然的交流，或和觀眾有非常好的交流，去享受那一個瞬間。」

在這個新的階段，他注意到，越來越多的人喜歡他的表演，也收到了越來越多的公開表演邀請。同時在舞台上，他越來越能享受舞台上的瞬間，開始不僅能充分表達自己的音樂，向觀眾講述他的故事，而且，他可以感受到觀眾如何接受他的音樂，還能分辨出他的八個大提琴隊友在舞台上同時演奏的不同音樂。由於他的功課練習，讓感官知覺隨著他內在空間的增長而擴大，不再有令人不安的想法干擾他在舞台上的表演。

在技術層面上，我之前非常糾結和困頓的、極力要做到完美的東西，我可以把它交給我的感官，完完全全信任我的感官。它有時候會有一點點失誤，但我覺得那是 human mistake（人為失誤），是很正常的。總的來說，它完全可以應付自如，它可以應付我所有的表達，而且某種程度上我還可以炫技，炫耀我的這個準確度有多高，我都完全能做到。所以，現在拉琴對我而言，完全是另外一回事，我可以完全專注在音樂上的表達、故事的呈現，我甚至可以觀照到我的表情。因為作為一個演員，表情也是很重要的，這是我以前完全沒有時間和能力去注意到的，但現在我有餘力可以注意到自己的表情，能讓自己和整個故事融為一體。

音樂是一種現場表演的藝術，它的表現力完完全全來自於表演者的內在，他個人精神上的魅力，他是調皮呢？還是充滿了好奇？還是精靈古怪呢？還是……這完完全全是取決於那個最深的精神力量。現在越來越覺得，技術上的那些東西，當然也很難，但真不是最難的，最難的是能夠充分展現精神上的內涵。

人生的全面升級

除了音樂和表演的轉變外，他還將生活中許多迷人的變化歸功於功課練習。他現在有一段美好的親密關係，並且意識到他生活的方方面面，健康的飲食、鍛鍊、友誼，甚至財務都有了嶄新的方向和意義。他開玩笑地說，自己也正在成為一個懂得賺錢的藝術人。

陳教授在這一次的公益活動中，回答了線上夥伴們的提問，進一步詮釋了他對功課的理解以及應用。

功課真正帶給我最強大的力量，是它會讓你的世界越變越大，它可以讓你聽得越來越多，它可以讓你看得越來越遠，它可以讓你的覺察越來越寬廣，它可以讓你的人生有越來越多的內容，它可以讓你的感受越來越豐富。如果我形容練習功課之前的人生，可能像是一部小成本製作的鄉村電影，內容就是小鎮裡一家三口平淡的生活，從小到大，然後死亡。功課以後的人生就像一部精采的周遊列國傳記電影，也許生活沒有變，但我想說的，真的就是精采！任何一個平凡的人生也可以精采！

功課最巧妙的一點就是，讓任何一個想法都站不住腳。最終你會發現語言沒有力量，因為沒有一句是真的。那什麼是真的？當然有人也會用語言來解釋什麼是真的，因為故事肯定是假的。那真的是什麼呢？故事背後那些東西？但其實都不是。功課最大的力量就在於：這一切都不是真正的整個，但它們又是真的。

當你有了這個理解以後，你會怎麼對待你的人生？

他討厭我。他從進門開始沒跟我講過一句話，他討厭我。透過功課你就會問，這是真的嗎？你確定這是真的嗎？你確定不是因為他今天心情不太好，出門前跟老婆吵了一架？還是因為他今天身體不舒服，他胃疼，你不知道的。所以你這個想法可能不是真的，但也有可能是真的，他真的就是討厭你，但那是多少種可能之一，所以這不是真的。

當你去看自己是什麼反應，有些什麼樣的心理？然後再看看，當你沒有這個念頭的時候，你又會怎麼想？這時你會有一種什麼感覺？我的這些反應是從哪裡來的？我的這些反應就是因為我的想法而來的。所以我的反應僅僅只是因為這個想法，如果沒有這個想法，我就沒有這些反應。

我並不討厭或排斥這些反應，這些是我無法磨滅的東西。這就是人，人碰到不同的事情，就是不同的反應，我沒法去掉它。那既然沒法去掉它，怎麼辦呢？就帶著它，與它和平相處啊，每天邀請它跟你一起出門。就像你身邊不太喜歡的一個親戚（總有些親戚你不是特別喜歡的吧），你能不能也邀請他跟著一起走？雖然可能走到某個地方，他說，我要吃霜淇淋（他已經很胖，還要吃高糖的霜淇淋），但是你不會痛苦，你只是說好，陪他去吃霜淇淋；吃完了，還是按照原定的方向，去到想去的地方，而不會因為怕他要吃霜淇淋就不走這條路了。如果抗拒陪他去吃霜淇淋，因為這條路上有霜淇淋店，走另一條路發現也有霜淇淋店，再轉一個彎發現也有雜貨店，這也不行那也不走，最後會走到一個死胡同裡面。這時你發現，其實你的生活已經變得非常地窄，越來越差。這不是我想要的人生。

至於線上夥伴關心的親密關係議題，陳教授雖然當年是因為親密關係的困擾才接觸功課，但我們是從處理他的社交關係開始的。功課的妙就妙在這裡，不一定需要從問題的本身入手，你可以從芝麻綠豆大的事開始，就像陳教授探索參加酒席的不自在，卻逐漸體驗到親密關係的變化。

陳教授是如此說：

親密關係也是和人的關係，我現在看來，親密關係就是和自己的關係。因為你所有批評別人的那些東西，最終也是用來批評自己的，不然你怎麼知道那個需要被批評？所有對別人的評判，最終也會評判自己。所以親密關係是跟別人的關係嗎？其實就是跟自己的關係。如果一個人能夠和自己泰然相處，能夠接納、認可、尊重，並且有明確的一個方向，我相信，無論是有和別人的親密關係還是沒有，都是一樣的。

陳教授的分享真實地揭露了，為什麼透過拜倫凱蒂功課去質疑我們的念頭，能讓我們找到那不受時空限制的本質，而在我們生命的各個層面起了關鍵的改變力量。它逐漸擴展我們的內在空間，你能觀照到的東西越來越多，而且越來越細微。功課也讓我們逐漸能活在當下，而當我們處在當下，不被過去或未來的想像所綁架，心是清澄而安靜的，內在的智慧或靈感會自然湧現的。

每一刻都是嶄新的，每一刻都是一個新的創造。

從仇恨到愛：非洲頓悟之旅

一九九四年，科斯塔．恩達伊薩比（Costa Ndayisaby）的父母逃離了盧安達的塔斯特西大屠殺，逃到了蒲隆地。母親年紀輕輕喪偶後，他和兄弟姊妹在極端貧困中長大。科斯塔在十七歲時分別在剛果、蒲隆地和盧安達被監禁三次，並受盡折磨。在塔斯特西種族滅絕浩劫後，一家人於一九九五年被遣返盧安達。這場發生在一九九四年慘絕人寰的浩劫，在一百天內奪走了近百萬無辜的生命，包括幾乎所有科斯塔妻子的親人，只有她和弟弟、妹妹因為躲在天花板上而倖免於難。然而親眼目睹母親以及其他親人被殘害的驚嚇、憤恨、悲痛，卻是永遠的創傷和深仇大恨。她在浩劫三年後認識科斯塔，後者是唯一能對她的痛苦、悲傷、仇恨感同身受的人。即便事件已然過去多年，內心的痛苦煎熬無時不在，他們唯一的對治方法就是不告訴任何人，在表面上假裝沒事。

科斯塔在二〇〇八年接受美國朋友（也是功課實踐者）的贊助機票以及協助，取得凱蒂功課基金會的獎學金，第一次出國，參加了在洛杉磯的九天功課學校，同行的還有他的弟弟，以及幾位來自盧安達的朋友。這次的經驗徹底改變了他的生命，在多年的煎熬痛苦之後，終於找到了內心平靜的真正之光，繼而也翻轉了妻子的人生。如今，科斯塔成為一位倡導「活在當下」的國際演說家，也從事個人療癒與人際關係協調的工作。他把心路歷程詳實的紀錄在《帶給我內在平安的功課：來自非洲——從仇恨到愛：頓悟之旅》（*The Work That Brings Peace in Me: From Africa Through Hate to Love—Journey to Epiphany*）這本書裡。

科斯塔描述他第一次來到洛杉磯的經驗，面對生活品質的高度落差，他一開始內心是非常不平衡和困惑的：從一天頂多只能吃兩餐飽就值得慶幸的落後地區，發現世界上居然有隨時有食物、隨時可以吃的天堂，是如此地不可思議。

在功課學校，科斯塔一開始是極度抗拒的。每天靜心冥想激發起的是過往更多悲慘回憶，不堪回首；寫批評鄰人作業單，也不知從何著手，於是連續三天，他不發一言，不寫一個字。看到凱蒂對學員的提問，就像是刺向他心中的長矛，他害怕驚恐在眾人面前表達自己的所思所想。即便是在盧安達，除了親近的家人，沒有人知道他被囚禁過三次；而成長中仇恨白人的心結，更讓他退縮，內在巨大的恐懼讓他在夜裡輾轉反側，無法成眠，乾脆躲在房間裡。工作人員真誠地邀請他帶著棉被、枕頭到課堂的大廳，一次一次見證學員們從憤怒、悲傷、落淚，到最後的如釋重負或破涕為笑，內心逐漸對功課有了一點接納。然而他還是選擇相信妻子告誡他的話：保持沉默，不要說任何有關曾經傷害過自己的事情。在那個階段，他唯一享受的活動是每天早上的晨間漫步。

到了第四天早上，靜心冥想的練習對他而言仍然是困難的，但他逐漸開始明白，所有的痛苦都發生在自己的內心，開始意識到，保持沉默、不去面對自己有壓力的念頭，絕對不是能夠找到內心平安的方式。內心巨大的痛苦讓他不禁落淚和驚恐，有幾次忍不住要舉手，但最終腦子裡的種種聲音一如既往，讓他又退縮了回去。像是：如果我說出我的經驗，我又會再經歷一次可怕的經驗來折磨我自己；萬一我在大庭廣眾失態，其他來自盧安達的夥伴可能會笑話我，他們也會知道我的祕密；更可怕的是，要在眾人面前面對凱蒂的提問。而在同時，內在出現了另外的聲音：說不定把過去可怕的經驗說出來，是一種「下載」內心痛苦的方式。

午休過後，凱蒂坐下來的當口，他發現自己的手已經舉了起來。他在書中自嘲道，凱蒂肯定一眼就看到他的手，因為那是在現場非常少數深巧克力色的手。「科斯塔！」凱蒂呼叫他的名字，並邀請他走到前台。他當時坐在最後一排，感覺上走到前面是一條既長又艱難的路途。令他驚訝的是，凱蒂同時站了起來，並緩緩走向他。她面帶微笑，而他卻滿臉驚恐。「我注意到她走向我的方式非常不尋常，她平常總是快步走（作者深深同意），但此刻她直視著我的眼睛，冥想式地慢步走向我，我感覺自己像是一個面對獵人的獵物，完全沒有抗拒的力量。」

「塞隆巴屠殺了你的岳母，那是真的嗎？」

我的腦袋依然在挑剔，認為凱蒂故意要讓我傷心。幾分鐘的焦躁不安後，我回答：「是的。」

「塞隆巴屠殺了你的岳母，你能完全知道那是真的嗎？」

我一邊搖頭，一邊卻回答，是的。我渾身顫抖，冒汗，心跳加速。凱蒂認真地盯著我看。

「當你相信塞隆巴屠殺了你的岳母，你是怎麼反應的？發生了些什麼？」

我突然變得口吃，這是從來沒有發生過的。我回答，希望他自尋短見，離開這個世界。我的反應都是有關報復。

「沒有這個念頭，你會是誰呢？」

我深深呼吸了一口，回答說，我可以平安、帶著愛活著。

「科斯塔，你能將這個句子反轉嗎？然後找出一個……」

我又深呼吸了一口，閉上眼睛，回答說：「我無法反轉。」

「塞隆巴在一九九四年做了這件事一次；而你一而再、再而三把這件事帶回腦子裡，在腦子裡看到塞隆巴拿著彎刀，屠殺你的岳母。當你在腦海裡播放這個影象，今天你便是那個在心念中殺害她的人。塞隆巴今天很平安的度過，而你，你卻在受苦！」

我痛哭失聲，對凱蒂所說的，有一種深度心理層次的理解。我祕密地在心裡反轉，領悟到，每一次我想到塞隆巴的行徑，我即是在腦海裡傷害我的岳母，並且因而感到憤怒、仇恨、充滿內在衝突。事實的真相開始在我心中響起。凱蒂的這句話，「塞隆巴今天很平安的度過，而你，你卻在受苦！」對他宛若當頭棒喝。「那天晚上，我感覺就像從戰場上勝利歸來，即便飢餓，卻不想用餐，我更願意繼續沉浸在嶄新的感覺裡，並且繼續去探究。」他感覺好像為自己的心拉開窗簾，陽光終於可以進來，他也終於能夠看見他生命中錯失的真相。

於是，他回頭重新協助自己，用同一個概念，從第一個提問開始，自己靜下心來，慢慢地、仔仔細細回答：相信這些念頭，他的生命都發生了些什麼？他看到他們如何痛苦地過日子，並經常為了未能報仇而憤恨不已，消沉或生病，全家人活在愁雲慘霧之中，生活中沒有平安，更沒有快樂。

功課的探索讓他明白並且清清楚楚體認，相信這些痛苦的想法，他們一家人付出多大的代價。他也開始清醒看到，過去已經過去，沒有任何人有任何方法可以改變過去已經發生的事實，而這一切最終受苦的人是自己。尤其此刻，現實是：人明明躺在洛杉磯豪華酒店的舒服床上，卻飽受過往回憶之苦。他不禁自問，「我從我生活的可怕處境中得到了什麼？平安還是仇恨？」

> 我喜歡「過去」的一點是，它已經結束了。
>
> ——拜倫凱蒂

此刻的頓悟，讓科斯塔的生命自此走向了一個完全不同的方向，功課成為他生命以及生活的重要部分，開始在自己的社區向大家介紹這個轉化他生命的無價之寶。他的轉變也帶來了妻子的轉變，他們不僅終於能放下仇恨，迎向陽光，讓自己自由，也幫助許多飽受仇恨煎熬的人們找到自己內心的平安。

如果這種抄家滅門、慘絕人寰的仇恨都能透過探究功課而化解，功課還有什麼不能？而其實能與不能，也不在探究功課本身。沒有你的回答，它什麼都不是，關鍵還是在自己，願不願意讓自己自由。

科斯塔在他的書裡還描述了，他們在洛杉磯活動結束，一路上如何實際應用功課，化解種種的「危機」回到盧安達。你可以想像，幾位來自盧安達的黑人，大咧咧地走在美國芝加哥的高速公路上，被警察攔下來的情境嗎？你可以想見科斯塔當時內心的恐懼，尤其他曾經莫名其妙被抓去坐牢三次，在此人生地不熟的美國，面對高大強悍的公路警察。當時坐進警車時，他立刻針對自己恐懼的念頭，和弟弟一起開始做功課。這引起了前座警察的好奇，開啟了他們之間的交流。警察理解了原來他們從來不知道有專門給車子行走的高速公路，只是單純的想從A點走到B點。於是，警察友善地帶他們前往目的地，結束了虛驚一場。

科斯塔，也從一顆小樹苗，開啟了非洲廣大土地上的一片森林。

探究功課活在我心中

住在加拿大五大湖邊的朗達（Rhonda Doan）和我是在功課學校認識的，當時只有數面之緣，並沒有任何的交流。在學校裡，每個人都是為解決自己的痛苦而來，課程安排也沒有多餘的社交時間。一直到我們因為認證培訓計畫需要互相協助的夥伴，才進一步認識的，自此以後，我們時不時地與對方聯繫。應我的邀約，朗達慷慨分享她的心路歷程。在此之前，我只知道她是位認證足療師，擁有自己的工作室與鞋店。她送來稿件之後，我請她介紹自己的專業背景，才看到她洋洋灑灑的履歷。這就是典型的，在功課裡相遇、以「人」為本、以「心」交流，彼此認識的是這個人，完全不是因為背後的頭銜、學歷、專業等等。每個知道都成了驚喜！

以下是朗達的自述：

我是一名六十二歲的女性，我對功課的體驗始於二〇一五年底，當時我正在經歷生命中一段艱難的時期。隔年三月，我參加了凱蒂的功課學校，並有了對功課最深刻的體驗。

我有一個特別艱難的童年，父親在我成長的歲月和成年生活中，每十八至二十四個月就威脅要自殺一次。我當時針對「我父親將要自殺」這個概念做探究功課，並將自己錨定在第一次體驗中。我可以清楚地看到自己站在窗戶邊上，員警和救護車正在送我父親去醫院。我能聽到我母親說他要自殺。那時，我開始相信我父親要自殺的概念。

我對前面兩個提問的回答是，明確的「是」。

當我相信這個想法時，我觀察到我當時的感覺、情緒（我身體中運動的能量）。我可以清楚地看到一遍又一遍地，生活在那個時刻的畫面以及我的反應。當我相信這個想法時，我可以注意到我是如何對待父親的，我又是如何對待自己和他人的。隨著時間的推移，我開始注意到，每次我在精神上離開自己的事，跑去管我父親的事，我都感到無比的孤獨。

接下來第四個提問，在那一刻，當我聽到母親說，我父親要自殺時，「沒有這個想法，我會是誰？」我能注意到自己站在窗邊，在我母親說那句話之前，我只是在看著窗外。我看到人們走在我父親的兩邊，一切很安靜，沒有任何想法，我很平靜。

這不是一件小事。這就像一個奇蹟，因為我意識到我是自由的。我能注意到，當我相信這個想法時，我深深地痛苦，我可以注意到我的感受，以及沒有這個想法的感受。我還注意到，想法只是想法。如果我不在一個過去的事件上賦予意義或解釋，我不會受苦。

我有一個成年的兒子，我們的關係一直沒有特別好，經常像油和水一樣，互不相容。這是最近的例子，可以說明功課如何在我生活中發揮作用。我和兒子沿著我們居住的城市的海濱散步，一起用餐，度過了美好的一天。

在回家的路上，我開車拐進了一條街道，我兒子並不認為是回家最簡單和最好的路線。他開始評論說，「妳為什麼要轉進這條街？我不理解妳，我實在搞不懂妳思考的方式，我被妳弄糊塗了。」當他開始和我說話時，我立即注意到我身體感覺的變化，然後我「真的」開始聽他在說什麼，也聽清楚了他的話。他在告訴我，他在想什麼，他很困惑，他不理解我。

在實踐功課之前，我完全會認為這是對我的人身攻擊，我會聽到他說的話是對我的指控。然而現在，我能注意到他說的與我無關，他只是在發表自己的看法。我轉過身看著他說，「這真是太神奇了，你可以和我分享你的這些想法和感受。」他轉過身來看了我一眼，沒說任何的話。直到回到家，他下車時，走過來摟著我，看著我的臉說：「媽媽，這真是美好的一天，謝謝妳和我一起度過，也謝謝妳的晚餐。」凱蒂說，要在別人說的話中尋找真相，那天我發現他說的是他的真相，而這與我無關。

第二個例子是，兒子在我家住了一段時間，有天晚上我決定請一群閨蜜過來用晚餐。我問兒子是否可以出門不在場，因為我希望和閨蜜們有屬於自己的私密空間，不希望有任何人打擾。他看著我，氣呼呼地走開了。活動那天早上，他出門上班時，用非常響亮的聲音說：「妳告訴我今晚要我離開妳的房子，妳想要自己的隱私，妳想要能夠在沒有我的情況下，好好跟朋友說任何妳想說的話。」這是再一次我可以真正聽到他在說什麼。我回答，「是的，你是對的，這太神奇了，兒子，你幾乎一字不差地記住我所說的一切。感謝你聆聽我。」他臉上帶著困惑的表情走開了，五分鐘後回來說，「媽，我愛妳，祝妳有美好的一天！我會在妳朋友到來之前，出門去。」

同樣地，實踐功課之前，我會把他的話當作對我的人身攻擊。這是另一次我清楚聽見他說的話，並以誠實和友善的方式回應。

當我們做功課時，開始注意到我們多麼尋求別人的愛、接受和認可。通過我對他的行為，以及我因為相信自己的想法而做出對他的反應，關係中存在許多衝突。現在我明白，他只是把我的信念反映給我。當我不再相信原來的信念，也就沒有會激起反應的事情，於是，我可以誠實和仁慈對待別人和自己。我不需要站在別人的立場上思考，我也不需要試圖給別人帶來快樂或幸福，因為我知道這是不可能的。

此外我注意到，我可以有清晰的辨別力，可以在當下做出選擇。我能覺察腦海中出現的想法，這是經常發生的。例如，我要求一位員工不要將飲料帶入治療室，結果當我走進治療室，要和她討論事情，我的目光落在她工作台上的冰咖啡。我立即注意到腦海中出現了這個想法，「我已經要求她不要把飲料帶進治療室。」我還注意到它背後立刻出現的提問，「現在這重要嗎？妳現在需要拿出來說嗎？這是妳來這裡的目的嗎？」在那一刻，我知道功課活生生地在我內在起作用；在那一刻，我感受到的是自由、平和與自在。我只和她交流了我原本進入治療室要談的主題，並決定下次我們舉行員工會議時，我會談論不將飲料帶入治療室的規定。

前陣子我問前夫，是否願意和我一起慶祝我們兒子的生日？他同意了。兒子生日前一晚，我打電話給他，問什麼時候對他最方便，我和兒子時間很有彈性。他回答說他太忙，有太多事情需要處理，沒法來了。在那一刻，我注意到情緒開始在我的身體裡移動。我不知道該說什麼，所以什麼也沒說。沉默了一會兒後，我道了晚安，掛斷了電話。第二天早上看手機時，發現他發的訊息，「告訴我時間地點，我會出席。我有很多事情要做，我很忙。」我看著這條訊息，思緒開始回到過去，那些前夫最終沒有出席的生日慶祝。然後我再一次仔細看著訊息，問自己，這條訊息的仁慈之處在哪裡？我在哪裡可以找到其中的善意？在這個情況裡，我在哪裡可以找到這個訊息當中的愛？

凱蒂說，「提問，等待和傾聽。」我站在那裡等著，只是看著我手機上的字，然後答案來了。首先，他同意來參加我們兒子的生日晚宴，和我們一起慶祝。第二，他沒有指定地點或時間。第三，他努力照顧好自己，因為他真的很忙，這是他對自己展現的仁慈和愛。前一晚我沒有針對他的決定起任何負面的反應後，他給我發了一條訊息，說他會參加。這些是我等待到的答案，我能感覺到愛在我心中升起——在我之內。那天晚上我們度過了很長一段時間以來最美好的時光，我們說說笑笑，享受了一頓豐盛的晚餐以及優質的服務，他甚至付錢買單。一直以來，我會是那個拿出信用卡付款的人，然後他會說，妳是計畫這件事的人，所以妳付錢。但是，這次他沒有這麼做，他只是直接拿出他的卡付款。我只能說謝謝。

坐在那裡不知道該說些什麼，會讓人感到非常不舒服。現在「無法說出些什麼」對我來說，意味著沒有需要說的話。凱蒂說功課是一種冥想：詢問，等待並傾聽。答案不是來自「我自以為知道」的頭腦，頭腦會說，他是頭驢子，他還是那付德行，他永遠不懂得替別人著想，他他他……在那種想法中，我會在我之內受苦，我會體驗到情緒，我會看到過去的畫面出現在我腦海的電影螢幕上。最終，保持沉默並沉浸在未知的心靈中，詢問、等待和傾聽答案，是件更容易的事。

我感謝並且感激探究功課，感謝我現在因為實踐功課而在生活中經歷到的愛與和平。做功課需要持續的練習，有時可能會需要一遍又一遍地探究同樣的概念；有時結束探究時，感覺好像沒有解脫感。直到一個類似於過去的事再度發生，我們能夠只是注意到它，而不再起同樣的反應，明白它只是它此刻的樣子，這才是真正的和平，沒有任何附加的概念。這僅僅只是注意到，而沒有任何的想要、應該或不應該，或任何的需要加諸在上面。

我注意到最大的不同是，我做完功課之後，當一個信念消失時，它就消失了。對我來說，無論是做正向信念的肯定、祈禱或冥想，它們總歸是暫時性的，生活中一出現狀況，我的世界立刻又天翻地覆。然而我注意到，功課對我的改變則是持久的，一旦我們不再相信某些信念，就不可能再回頭相信了。

另一個好處是，當我注意到某人以我過去的方式做出反應時，我現在可以體驗到內在對他人的理解。我能同理他們的反應，甚至實際上可感受到對他們的愛。我學會善待自己，質疑有壓力的想法，並找到潛在的信念。

我練習功課已經七年了，只要我生活中有任何需要質疑的事情，我會持續自我探究。這是一個美麗的空間。我上過拜倫凱蒂功課學院許多的培訓課程，雖然沒有成為認證的協導師，這些課程大大增進我協助自己和他人的能力。我會鼓勵任何人，無論他們是否決定成為具有正式資格的協導者，這些課程能夠幫助自己深入功課的練習。有一群志同道合的人建立聯繫與共同學習，有助於提高整個星球的振動。探究功課不是宗教，而是一種實踐，我們唯一質疑的對象就只有自己。

＊朗達自述的履歷：認證足療師、認證足療技師、註冊執業護士、糖尿病足部護理專家、註冊心臟病技師、成人教育教師文憑、護理文憑、老年學文憑。我作為一名獨立從業者已經二十七年了，我在社區學院教授心電圖，持有生活教練證書，也是拜倫凱蒂功課的協導者，目前正在利用我的經驗，從事生活教練的新職業，在生活中支持我自己和人類的進化。

超越憂鬱的溫潤人生

羅柏常開玩笑說，叫他蘿蔔就好。他十多年前從美國到中國教授英文，在自己的蛻變之後，重拾少年時拍電影的興趣，如今有了自己的影片製作公司。四年前初次和他見面時，感受到他渾身上下流動一種很自然的幽默感和親切感。當時，他全程義務執鏡國際華語功課協會的第一次公開活動，並在事後製作一個深具震撼力的紀念短片。凱蒂甚至採用了部分作為她網站上晨間漫步短片的片段。也在那次活動的圍爐夜話中，羅柏分享了他的功課歷程。

我和女友分手後經歷的沮喪與迷茫，讓我 YouTube 上找到了探究功課。雖然我以前經歷過分手，但這次分手的打擊嚴重到，我連對生活本身都失去了胃口。我每天起床都是個掙扎，也不在乎工作，整天想著如何讓她回到我身邊；我始終感覺自己像活在水底下，我的朋友和家人都無法與我交流。

一天晚上，喝了幾杯酒後，我記得回到家，放了一些令人沮喪的音樂，在回看我和前女友之間的電子郵件，感到異常鬱悶。有一會兒，我打開大窗戶（我住在十五樓），看著底下的地面，心想，「也許我應該跳下去。」我突然驚覺到自己有問題，並決定尋求幫助。

但是，沒有任何效果。我嘗試運動鍛鍊，改變飲食習慣，聆聽托尼·羅賓斯的自助錄音，祈禱甚至催眠療法。我也看了一位治療師，但太貴了，無法繼續。所有這些都提供了某種程度的緩解，但它們並沒能根除我內心持續存在的沉悶感，也無法壓制我腦海中不停嘮叨的聲音：

她怎麼能離開我？

她應該重新接納我。

她拋棄了我。

我一文不值。

嘗試各種辦法之後，我仍然傷心欲絕，只能勉強控制內心的痛苦。

有一天，在 YouTube 上，我在搜索欄中輸入了腦海中一個嘮叨的想法：

She let me go.（她拋開了我。）

結果最上面跳出來拜倫凱蒂協助一位被公司解僱的女士的影片。點擊它後，我看到這位女士臉上帶著和我一樣痛苦的表情。她正在讀她的功課作業單：

「我很生氣，因為他害我被解僱了。」她說。

「他害你被解僱了，那是真的嗎？」凱蒂問她。

這位女士繼續說明她是如何感到委屈、被操弄和拒絕的，雖然我知道她在談論她的前老闆，但我忍不住聯想到我與前女友，甚至生活中的其他關係。聽到這個女人未經過濾的情緒，立刻感覺與我以前嘗試過的任何自助練習都不同。看著凱蒂給她空間去質疑她的想法，同時讓我也質疑自己的想法，而不覺得我是在解決什麼問題。她誠實地探究的某些東西，在精神上和情感上都吸引了我。

這是我和功課的第一次接觸。通過觀看該影片，我了解到，我腦海中的所有聲音都可以寫在紙上，甚至可以通過免費功課熱線與在線協導員一起探究。一些陌生人願意聽我的故事——免費，唯一的要求是誠實和真實地回答四個簡單的問題。*

每當我感到悲傷或陷入困境，或只是有事情要發洩時，我都會使用這項服務作為我的主要情緒出口。我會躺在床上，通常是在晚上的奇怪時間，聯繫網上的協導員，他會帶領我完成功課作業單。有時，我甚至無法找出一個完整的想法——只是記下幾個字。其他時候，我寫了一些關於我的感受的段落，或那些引起我情緒的過去和未來的畫面，或那些我認為每個人都要遵循的想法。每次都是四個簡單的提問和反轉，然後結束協導。

* 羅柏提到的免費功課熱線，可以在凱蒂網站上找到，它以不同的語言向全世界的人開放，線上的協導者全都是志工，都必須經過一定的培訓，才能取得服務的資格。目前大部分都是已取得認證資格的協導師。協導師在取得認證資格之前，都必須提供將近一百二十小時的實質線上服務；認證之後，也必須持續相當時數的協導服務，以維持認證的資格。

隨著時間的推移，沒有任何刻意的努力，我開始注意到，我沒有像以前那樣沉溺在「我被前女友拋開」的想法。早上醒來，感覺休息的更充足，並能注意到溫暖的陽光透過窗戶窺視，而感到感激。我開始注意到早上例行公事的簡單事情，這是我以前無法注意到的：陽光中的灰塵，以及它們投射到我床上的光影。我會在刷牙時照鏡子，突然發現我在那裡，就像我在與自己進行眼神交流一樣。

在早上通勤期間，我沒有像以前那麼疲憊，也有帶上耳機聽音樂的覺知。也許是因為我的節奏更快，我現在能抽出時間在地鐵旁邊的 7-11 快速喝杯咖啡。過了一陣子，收銀員認出了我，每次我買新鮮啤酒時，都會在獎勵卡上貼上貼紙，這樣我最終就可以把它換成免費的杯子。那個杯子後來成了我的工作杯，每次我啜飲它，總能讓我會心一笑。

在火車上，我有時會驚歎於它讓我覺得像騎在火龍背上一樣，帶我穿過城鎮和河流。偶爾，我會與其他乘客進行眼神交流，他們會對我微笑，就像我們一起騎在火龍背上一樣。我第一次覺得自己不像個遠離家鄉的外國人。

在工作時，我注意到穿梭在走廊的人群，會突然向他們打招呼。我的一些學生甚至說我看起來「更快樂」。我的課程感覺更有趣，時間似乎比平時過得更快。當學生們結束一堂歡樂的課程離開時，我有時會反思，我是多麼幸運能找到一份讓我衣食無缺的工作，即使我有時不怎麼好相處。

這種感激之情延續到了我的朋友和家人身上。即使我沒有給出任何回報，我也經常感受到他們對我的關心。我會回憶起我以前無法讀進心裡的那些支持我的隻言片語，比如當我的兄弟告訴我，「上帝只給我們能處理的。我們都在為你祈禱，所以你會沒事的。」我發現自己更多時候主動打電話給家人，不再抱怨我的心痛，而只是為了看看他們的臉。我會和媽媽、妹妹在手機視訊上面對面，沒什麼太多要說的話，只是去感受能在他們面前的幸福。這是遠比思念他們更深的情感。有一次，我想起了父親，以及他如何給我他的信用卡，好讓我買日常用品和應付緊急情況。我記得他遞給我信用卡時的表情，就像小時候他送我去學校時，遞給我背包時一樣，我突然感受到了對他以前從未覺察到的愛和關懷。那些我忘懷已久、從小就和家人一起的記憶浪潮，會突然湧現，填滿我的心……

功課轉變了我生命中的一些東西，它談不上「幸福」爆表，不是一閃而過的正能量，也不是一些財務上的成功或物質收益。這是來自於一連串的功課作業單，隨著時間的推移，幫助我逐漸明白，我總是被愛和關心的，無論我是在什麼樣的狀態。這個簡單的工具幫助我修復自己，僅憑這一點，就足以讓我也可以去愛其他人，全然接納他們此刻的樣子，不管那是什麼。

在往後數年，我分別有機會在德國和美國與羅柏以及他的家人同聚一堂。羅柏的母親是邁阿密大學教授，談起兒子的轉變，深感欣慰和感動，對他們一家人而言，那幾乎是奇蹟。我沒有見過功課前的羅柏，看著他們一家人如此親密自在的互動，卻又分別獨立自主。聆聽他們共同回憶成長過程的點點滴滴，尤其羅柏母親回溯羅柏轉變前後的情況，我只留意到自己眼眶中打轉的淚水，和一種無以言表的觸動。作為一個母親，我理解。羅柏眼中看似輕微的小小轉變，沒有驚天動地，沒有外表明顯的改變，然而一個人的小轉變，影響的遠遠不只是個人，那是在母親與家人眼中的奇蹟。一個大家庭的和諧與幸福，而為日後華語協會的成立留下深刻的紀錄，為來自全世界學習探究功課的人們，展現了晨間漫步的力量。

柳暗花明又一村——迅速讓孩子恢復自信的智慧媽媽

在將近四十年的生命裡，我經歷過：小時候癱瘓、天天被詛咒、破產、離婚、再婚、從中國移民到美國。我曾兩次自殺，然後在接觸功課之前，看了一年的心理醫生。拜倫凱蒂的「功課」讓我的生命完全改觀，整個人的生活發生天翻地覆的改變。

我放下了多年來對奶奶的恨，向三十多年沒怎麼聯繫的哥哥表達我對他的愛和想念，甚至打電話給前夫，感恩他曾經給予我的一切，並為自己的過去對他說抱歉。

我二婚的對象是道地的美國白人，並且和八十三歲的婆婆一起住，無論是語言、生活習慣、文化背景都有很大的差異。我從一開始對他的攻擊、害怕他出軌、天天要黏著他，到現在經常鼓勵他單獨出去見朋友，他反而開心地說：我不愛他了。有一天，我不經思考的對他說：「我愛你，跟你扯不上半點關係。」那次，我們倆笑得特別開心。順便提一下，他其實比我更早接觸功課。他和我婆婆都是專業的心理醫生，也是他在我精神狀況最低落的時候，建議我尋求華語認證協導師的一對一協助。

最近這一年，我身邊的人看到我的變化，開始對功課產生了興趣，包括和我們住在一起的婆婆、老公的姊姊，還有他的侄子的老婆。我從來沒有想過我會影響別人。我將這幾年的劇變歸功於拜倫凱蒂的「功課」。

接觸「功課」前，我常常違心而活，不敢說真心話；接觸「功課」後，我能真誠而快樂地對自己和身邊的人說「不」。

接觸「功課」前，我常常以一己私欲強人所難，包括自己；接觸「功課」後，我變得更從容淡定，專注自己的事。

接觸「功課」前，我總祈求不一樣的生活、不一樣的他人；接觸「功課」後，我明白一切的發生都是引領我看到原本真實的自己。世事皆註定，萬物緊相連。

接觸「功課」前，我常常回想昨日，擔憂明日；接觸「功課」後，我以自己的方式、自己的節奏，每時每刻，活在當下。

接觸「功課」前，我總擔驚受怕，犯同樣的錯誤；接觸「功課」後，我更加從容，明白這世間根本沒有對和錯，它是現實，它的發生僅僅是因果關係。

接觸「功課」前，每當遇到煩惱和痛苦，我常常指責別人；接觸「功課」後，我更淡定歡心地面對，這只是代表，我的「功課」還待繼續。

接觸「功課」前，我不理解為什麼我總是口是心非，身體也總有這麼多難以理解的反應；接觸「功課」後，我明白，思想是大腦的詞彙，感覺是身體的詞彙。更進一步理解，思想決定「我」的存在，思想決定人生。

所以「功課」是首選。

我從二〇二一年初開始學習功課後，一直沒有間斷。我從一開始的用「功課」幫自己，到後來也利用功課帶領兩個還在小學的兒子，用凱蒂其中一本書《虎虎這是真的嗎》來協助他們看清頭腦裡的念頭。近兩年前，我曾經以三分鐘的時間讓十歲的兒子恢復自信。當時我兩個兒子還在中國，有一天，十歲的兒子在視訊中向我哭訴，表示不想做作業，因為老師說他笨，爺爺和奶奶說他懶。

「你先不哭，媽媽問你幾個問題，好不好？」我用功課的方式，先確認困擾他的念頭。

「老師說你笨，對嗎？奶奶和爺爺也說你懶和笨，是嗎？」

「是的。」

「那媽媽問你，你會不會做飯啊？或做些什麼菜呀？」

他想了一下，回答說，「炒飯、煎蛋、做麵條、包餃子、還有雲吞。」

「哥哥，你會很多呀！那你會做什麼家務呢？」

「我會拖地、洗衣服，還會晾衣服。」

「哎呀！哥哥，你才十歲，就會做這麼多事！媽媽十歲的時候，好多東西都不懂！」

我停了一下，他似乎想通了。

「哥哥，如果老師說你是一塊石頭，你會不會生氣？然後，爺爺也說你是一塊石頭，你會生氣嗎？」他回答得超級快，「不會！」

「為什麼你不會生氣呢？他們說你是石頭喔！」

他斬釘截鐵地回答，「因為我不是石頭啊！」就這麼簡單。

「那下次如果任何人說你笨或懶，你可不可以也想一想，那只是他們的話，我學會這麼多東西，我不懶，我才十歲，我會做這麼多東西，我也不笨呢。是不是就不用生氣啊！」

「對，我不笨也不懶！」

「那作業是該誰做的呀？是不是你的作業啊？」他開開心心地回答是的，就跑去做作業了。

那一段三分鐘的對話，迅速讓孩子恢復自信。這是我第一次用這樣的方法，幫助孩子面對別人的評判。我們從來沒有質疑過別人對我們的評價是對或錯，我們只會生氣，從來沒想過，他們說什麼其實不關我們的事，我們有能力，並且有這個權利，把平靜帶回給自己。因為我們可以透過功課，去質疑別人對我們說的話，包括自己跟自己說的話。

功課是最快速、最簡單解除我痛苦的方法，也是幫助我孩子找到他們答案的方法。所以我使用它，重新認識和我現任老公的關係。現在對別人的話，我都感覺舒服多了，也很坦然、很淡定，不怕他們批評或攻擊我，我相信我自有辦法透過質疑，去看到他們說的是否有道理，以及我自己想的到底是對或錯。感覺自己有一種新的能力，像個女超人。

另外，通過功課的學習，我認識了好多來自中國與世界各地的朋友。有時靜下來，腦子裡出現夥伴們的臉，心裡覺得好開心、好甜。我以前學習或工作，從來沒有過這樣的感覺，可以說他們已經是我人生家庭的一分子了，有他們在我背後支撐，無論我走到哪裡，心裡都是暖暖的。因為我相信，如果有一天我在生活中迷路，需要幫忙，我百分之百堅信他們會盡力來幫我，想到這份支撐的力量，就無比欣慰。

二〇二一年底，我把兩個兒子接到美國，開啟另一段新的挑戰。功課讓我能在生活中輕鬆自在、找到方法處理兒子們大大小小的問題。再和大家舉個例子：

週一中午，我在縫衣機前忙著，倆兒子在院子裡移動小石頭，掙零用錢。大約九十分鐘後，小兒子湯姆推門進來說：「媽，我不想幹了。」

我答：「好呀！」

小兒子：「漢克生氣了。」

我問：「為什麼？」

小兒子：「不知道。」

正在此時，大兒子漢克進來了。
我看著他，好奇地問他為什麼生氣了。
漢克答：「湯姆把泥巴弄到我的鞋子上了。」
我溫柔地問：「這是真的嗎？」
漢克答：「是的。」
我接著問：「你能完全確定，生氣是因為湯姆把泥巴弄到你的鞋子上嗎？」
漢克答：「不，我生氣是因為湯姆幹活的時間比我多（零用錢和工時成正比）。」
我問：「所以，你生氣是因為湯姆？」
漢克肯定地說：「是的。」
我扭頭對湯姆說：「湯姆對漢克彈一下手指（拇指和中指摩擦）。」
湯姆對著漢克，啪的彈了一下。
我說：「再來一下，並且對他說『開心』。」
湯姆很開心的照著做。
我們三人都一起笑了。
特別是漢克，笑得特別開心。我說，原來湯姆會魔術，可以讓漢克開心，也可以讓漢克不開心。
漢克哈哈大笑。

我緊接著問漢克：「你是湯姆的木偶嗎？」
漢克迅速的答：「不是。」
我：「那當你相信湯姆使你生氣時，你是如何反應的，身體上有什麼感覺？」
漢克：「我生氣，不開心，想打他，這裡好悶（他指著胸口）。」
我：「當你沒有這想法，你是怎麼做的？」我補了一句：「你有這想法之前，你在做什麼？」
漢克：「我和他在搬石頭，很快樂。」
我：「那是你的想法讓你不開心了？還是湯姆讓你不開心了？」
漢克：「我的想法。」
我：「那你的想法誰能知道和理解呀？」
漢克：「我。」
他倆很開心，轉身玩去了。我們三人不到兩分鐘的對話，讓我對功課更有信心！接下來一整天，漢克頻頻自言自語：「別人不知道我在想什麼。」

亞雲應用功課帶領孩子的智慧讓人讚歎，與兩年多前她來找我協導時不可同日而語，判若兩人。她從個案協導中領略到功課的力量，決心投入全面的學習，而有了脫胎換骨的人生。她即是少數從功課小白，願意真誠面對過往的傷痛，跟著整個培訓計畫的學習，不僅成為自己最佳的心理諮商師，還能為家人、孩子，作為一個心靈的守護者、智慧的引領者。

與焦慮共舞

林秀貞（Sujung Lim）是在韓國唯一的認證協導師，許多年前因為焦慮症，走上了心靈之旅。這段分享的是她三四年前有感而發寫的，如今焦慮成了偶爾造訪的朋友，她經常應邀舉辦功課的工作坊、課程或研討會，面對的大眾團體有醫生、警察、各級學校等等，主持功課線上社區平台，也開啟了韓國國內功課協導師的培訓計畫。

▪ 階段一：我需要擺脫焦慮

二十多歲時突然出現在我生活中的焦慮症，讓我遇到了功課。

我不記得這一切是如何開始的。它突然發生了，當我經歷焦慮時，熱氣湧上腦門，我的臉紅得發燙，心跳快速得像瘋了一樣，腦袋一片空白，感覺好像突然進入了只有自己的世界。當這一切現象消退，繼之而來的是體內有一股巨大的抵抗能量，不想再陷入那種狀態；我感到崩潰，臉上冒著冷汗，全身顫抖，一種莫名的挫敗感、空虛隨之而來……在其他人面前，赤裸裸地經歷這種情況，尤其作為一所私立英文學校的執行長，讓我難堪到想死的地步。當它一再發生，我決定必須擺脫它、必須解決它、必須弄清楚它到底怎麼一回事，然後我必須找到解決它的辦法。

我嘗試過許多不同的工具，儘管它們在我生活的其他方面一點一點地幫助了我，但焦慮仍然如狂風暴雨，經常淹沒我。最終我遇見了功課，參加完第一次功課學校後，一個偉大的希望萌芽了。啊，我得救了！現在我找到了方法，等回到韓國，我將用功課來探索焦慮，我將可以擺脫這種像噁心和可怕的蜱蟲一樣黏在我身上的焦慮。

然而，等待我的不是我所期望的……

階段二：功課不起作用

這非常、非常、非常、非常奇怪，奇怪的是我無法處理焦慮症。明明我已經體驗了長達十天功課的巨大力量，並且也感受到了「終於回家的平安、解脫和充實」。然而，每當我試圖做關於焦慮的功課，我都會感到困倦，會突然想到一些其他要做的議題，或想做其他事情。等另一場焦慮的海嘯襲擊我時，再度感到絕望，並懷疑功課對焦慮無效。每當我試圖做關於焦慮的功課時，所有這些干擾都出現了，我一直無法用功課來探究焦慮。

然後思緒轉移到對功課的強烈懷疑上，尤其是對凱蒂的懷疑。說穿了，這只是凱蒂自己的經驗，她表示相信想法時很痛苦，不相信時就沒有痛苦。凱蒂自己意識到這一點，但她怎麼知道這種方法真的有效，或是否適用於每個人、每個問題？當頭腦想到這裡，我甚至有衝動想在下次公共場合見到她時，與她爭論。這一切都是因為，我認為我迫切需要一個工具來擺脫我的焦慮，我覺得由於焦慮，我不能真正生活，而功課似乎沒能解決我的焦慮。我懷疑凱蒂和功課。如果這不是答案，我該怎麼辦？

階段三：相信焦慮應該被消除

直到七、八年前，我還在焦慮中掙扎。與焦慮有關的故事繼續增長；與此同時，在焦慮以外各方面的混亂，卻能很快找到平靜。但這仍然令我感覺痛苦。其他部分現在確實和平許多，但是……我為什麼還不安？為什麼焦慮沒有消失？我覺得由於焦慮，我什麼也做不了。當人們邀請我為功課舉辦研討會時，我覺得自己還沒準備好。「我還是很緊張，萬一與人分享功課時，焦慮突然出現怎麼辦？」我在腦海中看到，人們在研討會上注意到我的焦慮，評判它並從此拒絕我的畫面。偶爾我鼓足勇氣舉辦小組研討會，發現現實比我腦海中的想像要友善得多。雖然並沒有出現我腦海中想像的最糟糕情況，但我對自己依然沒有足夠的信任，仍然害怕焦慮再出現。

大約六、七年前，我再度參加凱蒂的工作坊，在最後一天快結束前大約一個小時，當凱蒂說她想聽一位從未在活動期間分享過的人時，我舉起了手。有人遞過麥克風，我抓住了麥克風，用顫抖的聲音開始說，「凱蒂，我認為我有對焦慮的恐懼。」

這是與凱蒂的對話。

我：凱蒂，我認為我有對焦慮的恐懼／我相信我害怕焦慮。
凱蒂：好的，下次妳感到焦慮的時候……
我：現在。（人們笑）
凱蒂：證據在哪裡？妳看起來很平靜……
我：（彷彿難以置信地歎息！人們笑）
我：（好像她怎麼看不見）現在，我的聲音在顫抖，我的手在顫抖，我的臉在發紅，我正在出汗……
凱蒂：好的，讓我們測試一下。我們必須非常誠實。你們有多少人注意到這位女士剛才描述的這些現象（手在顫抖，聲音顫抖，臉紅等等）？（舞台兩旁的大螢幕可以看到我和凱蒂分占螢幕的各一半）
過了一會兒……
凱蒂：親愛的，妳想回頭看看嗎？
我：（還沒回頭看，腦子裡就已經確定，不會有人舉手，誰在這種氣氛下會老老實實舉手？）
當我環顧四周時，幾乎沒有人舉手。
我：我不相信這些人。

凱蒂：不管妳信不信這些人，但我們真的想舉手。（人們笑）

我：（我覺得凱蒂在逗我。）

凱蒂：（過了一會兒）當然，妳正在內心經歷這一切。妳臉上發燒，妳的手在顫抖，妳的聲音在顫抖……因為妳一直試圖控制它們，因為妳認為它們是缺點。

凱蒂說了很多話，但當我聽到這句話時，這些話就直接進入了我的心。在那之前，我以為我知道「愛自己」是什麼意思，但在那一刻，我意識到我其實沒真正理解。我注意到我滿腦子堆積的關於焦慮的故事，例如：

——我必須對此刻在進行的功課感到自在。

——我仍然那麼焦躁不安，這意味著功課對我沒用。

——我還沒準備好。

——當焦慮如此升起，意味著我還有很多故事要處理。

——我不應該感到如此焦慮。

——當人們注意到我沒有安全感時，他們會批判我和探究功課，並認為我和功課不值得信賴。

可以說我幾乎沒有注意到，這些全都是故事。也許是因為焦慮太久了，或認定焦慮必須消失的想法太天經地義，以至於我甚至沒去探究「它必須消失」這樣的想法是否為真，或者去注意到這是一個可以處理的故事，對我似乎非常困難。我的前提是「如果我沒有焦慮＝我終於自由了＝那是真實的我」，我一直帶著強烈的動機，利用功課來擺脫焦慮，它肯定沒有效果，因為前提本身不是真的。那純粹是一個錯覺。

階段四：焦慮沒有錯

我繼續向凱蒂表達我的挫折：

我：凱蒂，功課徹底改變了我的生活。要不是因為這個焦慮的問題，我想我會走向這個世界，自由地過我的生活……

凱蒂：或者妳可以帶著焦慮走向世界。

我：在韓國，人們經常邀請我分享探究功課，在這種焦慮中，我覺得好像……

凱蒂：做一個真實的老師。下次妳向一群人分享功課時，如果這是妳在那一刻的經歷，妳也許可以這麼說，「我現在非常焦慮。我的聲音在顫抖，我的手在顫抖，我的臉在發燙，我在出汗……但我只能以我此刻的樣子來到你們面前。因為我絲毫不想欺騙你們。如果有人對此感到不舒服，我希望你能理解。我針對這個部分正在努力當中。」

聽到這些話的那一刻，感覺就像一把小鎚子砸在了我的後腦勺上！原來我一直顛倒行事，我認為一個有焦慮的主持人沒有資格分享功課，而凱蒂傳達了一個完全不同的訊息。她說，感到焦慮或隨時經歷焦慮，不是錯事，焦慮本身沒有錯。（即使在寫這篇文章的這一刻，淚水也奪眶而出。）相反的，它是關於真實的呈現，並有勇氣在體驗它時，不假裝它不存在。她詢問我的是，我是否可以忠於自己和他人。原來我一直拿了一張寫有錯誤地址的紙條，難怪找不到我在尋找的房子！

▪階段五：停止與焦慮的戰爭

回到韓國後，我花了幾個月的時間才逐漸消化凱蒂的這番話，很難用言語解釋接下來的改變，但似乎「避免經歷焦慮」的能量在某個時候開始減少。當時拿著麥克風，在幾百人面前表達對焦慮的恐懼，似乎就已促成變化的發生。我不完全記得與凱蒂的談話，大部分時間，我只是站在那裡感到焦慮和它帶來身體的感覺。焦慮的強度彷彿我的身體是柴火，並站在著火的柴火中間。是不是因為隱藏在心靈祕地的焦慮，對它的恐懼，連帶所有依附在焦慮上，抗拒了這麼多年的故事，終於暴露現身，在真相的光芒中反映出來？

我仍然不知道二十多年來一直折磨我的焦慮，是如何不再像以前那麼強烈，這並不意味著我不再感到焦慮。當然，我體驗到（看似）焦慮，但它就僅僅是當下的那些感受而已。正如凱蒂所說，愛包括一切，不排除任何事物。最重要的是，我注意到，即使我一直反覆體驗焦慮，卻也完全沒事。

當我不再試圖與焦慮分離，它可以是一個非常舒適的地方。

當波浪在體內升起時，它就是此刻這樣。
當內心風平浪靜時，它就是此刻這樣。
如果海浪擊中我，如果它很痛，
升起的波浪不是問題的所在，
認為海浪應該平靜的想法才是導致問題的緣由。
知道這個想法可以通過功課來質疑，
它將在可以完成時才會完成。
話又說回來，有時還是會責怪海浪並評判它們，
那就是我行走中的旅程。

秀貞和凱蒂進行對話時，我人在現場，就坐在秀貞的前幾排，那也是我們的第一次相遇。強烈的動機讓我們盲目，愛上當下才能扭轉乾坤。

從心理專業到打破魔咒

馬莉的心聲代表許許多多在身心靈修行道上的夥伴，尤其自己本身就從事心理諮商的專業人士。她接觸功課的時間雖然不算長，卻一直遵循功課輔導師的培訓計畫學習，也因此有了深刻的體會。功課和她的心理專業配合的天衣無縫，甚至是讓她統合、並融會貫通各項學理的利器，更成為她將理論化為實際行動的不二法門！同我的感受一樣，功課讓我們從內心長出了力量。

我們來聽聽馬莉自己怎麼說！

我在上海從事心理諮詢和心理培訓已經十三年了，這些年都走在身心靈成長的道路上，希望自己能透過學習和成長，從容地處理各類情緒，淡定地應接生命各種挑戰，從而擁有和諧的親密親子和人際關係。然而現實是——對此有多渴望，就對自己有多失望！

儘管我自己是諮詢師，也常講授心理學的課程，但想把「理論」與自己的感受體驗在自我的生活中生根應用，其實是一個很不容易的過程！很多時候會停留在頭腦層面，知道不一定能做到。從明白道理，到生活中能真正活出來的這個距離，就是我無盡挫敗的深淵！

常自責自己，為何學了這麼久，還是會一次次對孩子發脾氣失控；還是會抱怨、指責伴侶不理解自己；還是會在人際關係中，因為一個信息或某一句話而內心戰戰兢兢、忐忑不安；儘管已經很努力了，還是覺得自己不夠好；打拼了很多年，還是有金錢焦慮……

在這個不斷反覆、糾結的過程中，我苦苦尋覓，希望能找到一條真正實修落地的自我實踐之路，助我活得輕鬆自在一些。

感謝好友把「功課」和華協推薦給我，為我打開了一扇通往「自由」的大門。看似簡單的「四問三反轉」，對我來說，就像是一根串聯起各個神經源的紐帶，將我這些年所學的內容全部匯總，並融會貫通。最主要是我從中找到了「知道」並「做到」，真正活出來的應用之道。

現在，「功課」和「批評鄰人作業單」儼然是我生活中的一個必需品，每一次「功課」、靜心冥想，連接和聆聽自己的內心感受和需要，都是我找到自己內在快樂的處方。

①「功課」幫助我認識自己更多面向

如果說人生是一個認識自己的過程，那麼功課是我從各個角度認識自己的助推器。

我們都想認識自己，到底認識自己的什麼呢？在密集的探究念頭後，我不僅更認識和了解了自己在生活中有哪些面向；了解自己遇到什麼樣的人和什麼樣的場景，會有什麼樣的的情緒反應；還了解了自己遇到問題時有哪些需要，和如何表達自己的需要；更重要的是我「體會到」，所有的這些都是我的念頭在影響決定。

「知道」絕對不等同於我「體會到」，「知道」是我從書上和別人那兒聽來的，「體會到」是從我自己的心底生長出來的，在我自己這裡扎了根。

隨著對念頭的捕捉與敏感，我深刻的體會到：我每天經驗的都是我內在的這些想法，這些想法決定了我的喜怒哀樂。

現在生活中，當我遇到讓自己感到刺激和煩心的人和事，那個瞬間我能夠意識到的是：「不是這個人和事讓我煩惱。而是我對這個人和事的想法、念頭讓我煩惱。」就這麼〇．〇〇〇一秒剎那間的覺察，讓我多了一份與人相處和遇到事情的篤定與從容。

②「功課」讓我在問題和挑戰中，找到適合自己的應對之道

別人怎麼說、別人怎麼做、別人會怎麼看、別人會怎麼想……經常是我行走坐臥的參考座標。人生似乎只為了滿足別人、活成別人與自己期待中的樣子，即使很努力了，依然覺得挫敗、無力且壓抑。

「沒有這個念頭時，在那個場景中，發生的那件事情及對眼前的這個人，我會怎麼說、怎麼做？」這句提問，讓我把注意力從別人身上一下子拉回到自己這裡來，重新去尋找符合我自己需要的解決方式和人生座標。特別是面對和處理與孩子的相處上，作為媽媽，我更看見、信任孩子，找到適合自己和孩子的相處方式。

③「功課」讓我多了助人的工具與信心

從二〇一八年開始，在帶領線上線下三百多場、超過一千小時團體的過程中，幫助我更清晰地看到和體會到，探究功課簡單得讓人吃驚。無論你年齡多大或背景如何，只要有一張紙、一支筆，和一種開放的思想，你都可以做功課；藉由功課，每個人都可以學會去發現自己痛苦的根源，並從根源上化解痛苦。走進凱蒂，她不僅讓我們認識到，世上所有的問題都源自我們的想法；她更是給了我們一種開放思想和自我解脫的工具。

帶領團體時，夥伴們分享他們是如何藉助「功課」探究，從念頭中解脫出來，並在生活的各種挑戰中獲得了很多新的人生體驗。看到她們的自我成長，我從心底湧出無比的喜悅，同時，也越發堅定了我要分享和傳播「功課」的信心和意願。而這份信心不僅僅是來自「功課」，更來自我對自己的篤定和力量。

藉由以上，期待你也能走進「功課」，與自己內在的智慧相遇，活出輕鬆自在的人生。

＊功課與專業的心理諮詢

在使用功課做自我探索的過程中，馬莉體驗到，功課與專業心理諮詢有著異曲同工之妙，同時也發現功課中符合／涵蓋了一些心理學不同流派的理論與內容。她整理出以下幾點給大家參考，希望提供不同角度的啟發。

從心理諮詢的角度看功課——陪伴和信任

諮詢師的臨床諮詢工作是：當來訪者在生活中遇到壓力、挑戰或人生議題時，與來訪者一同探索其內在，幫助來訪者從情緒的困擾和事情的迷惑中，梳理自我；並且信任每一個來訪者，都有能力去處理和面對自己生命中的一些挑戰；最終來訪者重新找回對自己的信心和力量，以自己的方式來應對挑戰。

而功課的協導也是基於陪伴與信任，陪伴做功課的夥伴，向內做自我探索，並且相信來到我面前的人，有智慧找到自己的方向。而做功課的夥伴，經由自己重回到場景，以不同的視角回顧事情的發生，從認知上看見自我之前受限的部分（這部分相當於心理學裡的認知療法）。

協導者純然地陪同和信任，以及安靜地不帶評判的傾聽（這屬於心理學人本主義關懷和共情的體現）；而被協導者在回顧述說這個過程時，情緒得到疏解，並且看見自己在不同場景中，一些無意識、習慣性重複的行為模式和反應模式（心理學精神分析理論的強迫性重複）。

特別是在第四問時，「沒有這個念頭時，靜心冥想，重新在場景裡體驗自己的身體反應、情緒反應，會怎麼說？怎麼做？」透過自我的連接，這種新的體驗達成新的認知，幫助我回到生活中，遇到相似的場景時，慢慢地一次次地開始有了不同於以往的「反應」，自己能更自由、自主的「回應」當下的發生。

心理學家維克多．弗蘭克爾（Viktor Emil Frankl）曾說：「在刺激和反應之間，有一個空間。在那個空間，我們有力量選擇自己的反應。而我們的反應展現了我們的成長和自由。」

功課「活出反轉」的部分，邀請你回到場景，結合自己的需要，寫下清晰具體的行為步驟，這也是行為主義療法，即通過學習來更改、增加或消除之前不恰當的行為模式。這樣就打破了環境刺激與行為反應之間的規律性關係，從而獲得新的行為能力和應對方式。

▪ 從精神分析理論的角度看功課

先簡單說明一下精神分析的理論部分，這樣可能會幫助你了解「功課」如何與之相呼應。

簡要概括精神分析的研究內容（與功課相關的）：

- 一個人在早年與父母的關係中，怎樣形成他的人格，以及這種人格對他成年後的生活有什麼影響——移情。
- 在成長過程中，每個人都會形成一套屬於自己的自我保護系統——自我防禦機制。
- 精神分析的主要目標是讓潛意識「意識化」。
- 弗洛伊德認為，成人人格的基本組成部分在兒童的〇至六歲時已基本形成，所以兒童的早年環境、早期經歷，對其成年後的人格形成起著重要的作用，許多成人的心理衝突都可追溯到早年期創傷性經歷和壓抑的情結。

・因為人本來就活在過去，精神分析治療中，通過與治療師之間當下的分析和關係體驗，消除過去對他的限定，幫助他在等同於過去的當下，背叛自己的過去和童年，讓他更充分地活在當下。*

做探究功課的過程中，在第三問會回到當時發生的場景裡，看一看相信那個念頭時，會有什麼樣的情緒反應、身體反應和行為？會出現什麼與過去相關的畫面？

當我安靜地沉浸在功課中，一次次清晰地看見自己在不同的人面前、不同的事情發生時，潛意識的一些想法、情緒，卻相似地一次次反覆重複出現，這些就是我在早年的關係中形成的一套屬於自己反應模式和自我保護機制。

這種現象，在精神分析理論中稱為強迫性重複。等你覺察多了之後，就自然而然會把大腦皮層的一些腦迴路，提升到大腦皮層。也就是：這個不斷說的過程，是說明你從無意識提升到意識層面，強迫性重複就是在這種情況下被打破，你就越能把自己的命運掌握在自己的理智之中，而不是掌握在過去已經形成的概念模型（無意識習慣性的反應）中。

凱蒂說：「功課」就是一種打破魔咒的方法。

＊ 以上內容摘自曾奇峰《隱祕的人格》。

精采故事後記

功課的力量如此玄妙。這是一個開放的心逐漸遇見自己的過程。瞬間真實地看見，是如此的珍貴，以致於內在的激動讓自己熱淚盈眶，喜悅無處不在。它難以言說，卻有最真實和憾動全身的感受。

人生看似如
寄蜉蝣於天地，
渺滄海之一粟，
或如《金剛經》云，如夢幻泡影，如露亦如電，
能不為自己在短暫的人間世覓得真相嗎？
除了自己，還有誰能呢？

我們是那個唯一可以改變自己生存狀態的人，
歡迎你一起踏上這個值回票價的旅程。

附錄

後記

——獻給我最摯愛的父母

感謝慧敏多年前把功課帶到我的生命裡，大俠的拔刀相助，藍萍的信任與支持，才有這本書的誕生。

感激拜倫凱蒂與史蒂芬的慷慨無私，與陽光般的大愛，才有此刻能寫這本書的我。

感激所有功課道上的夥伴們，你們的智慧、勇氣、信任，讓每一步都充滿了喜悅和感動。尤其是三兒與流蘇，這一路來的支持和陪伴，催生了許多美好的課程，為這本書提供寶貴的建言與素材。也感謝我的功課蜜友們，慷慨分享最真實和私密的功課與生命經驗。

感恩出現在我生命中的每一個人，以及所有的發生，讓這本書能經由我而完成。

祝願所有拿到這本書的生命，都能找到自己的自由，蛻變成喜悅的存在。

相遇沒有偶然，一切都是最好的安排。

愛上當下，成為當下，心安在家，一切安歇。

拜倫凱蒂功課實證研究報告

感謝趙超＊一一整理這些學術報告，以最簡潔的方式為我們總結研究的主題、內容與結論。對整體學術報告有興趣的讀者，可以依照本篇最後提供的參考書目，上網搜尋。除了第一篇報告本身沒有日期，其他則是最近十幾年比較具代表性的實證研究。

如果你仔細留意，會發現，參與實證研究的對象遍及美國、歐洲各國、以色列、澳洲，還有之前分享的非洲、亞洲地區，因此發表這些研究報告的學術機構也幾乎遍及世界。所有的結論都指向探究功課具有實證的正面影響和有效性，也讓我們看到功課可以應用範圍的多樣性。

＊趙超具有婚姻家庭和藝術心理諮詢碩士學位，目前是美國加州註冊的婚姻家庭暨藝術心理諮詢師。

拜倫凱蒂的功課——一種新的心理療法？

Hidalgo, R. & Coumar, A. (n.d.). “The Work” of Byron Katie: A New Psychotherapy?

拜倫凱蒂的功課，過程簡單、直接、有效。由「批評鄰人，寫下來，問四提問，反轉過來」構成，讓這個練習行而有效，受眾人群廣泛，值得進行深入研究。它成為一種有效的諮詢方式，被更多心理諮詢方面相關的工作者納入到他們日常工作中。功課是一種簡單但高度綜合的諮詢模式，展現了精神分析學、認知行為學，和正念冥想的精華，例如，引導圖象、角色扮演、認知重構。功課簡單、可靠、鞭辟入裡、容易被應用的模式，讓訴求者轉換痛苦的認知，增加自我覺察，避免防禦心理的阻礙。

這個模式就好像溫尼科特（Winnicott）的客體關係療法（屬於精神分析學療法的學派）中提到的，可以提供關注力、理解力，像一位可靠的「母親」，沒有窮追不捨，也沒有置之不理，而是坐在那裡，等待著訴求者回答。同時，「功課」擁有正念冥想療法的功效，讓訴求者在練習功課時可以靜止、自查、自省，更可以超越正念冥想，讓訴求者學會向帶來壓力的念頭發問，接受念頭而不強求改變它們。通過這個提問和探究的過程，變化會慢慢發生。從行為認知療法角度，「功課」不僅讓訴求著「增加自我認知」和「停止不想要的念頭」，還可以通過「四個提問」和「反轉」，看見並理解這些念頭。

「功課」可以對個人、親密關係、家庭群體諮詢有效，總體來說，可以應對各年齡段訴求者的任何問題和挑戰，因為我們深信一個前提：所有的痛苦來自我們的念頭。

基於探究減壓法對健康的影響與對降低風險手術的看法（一項隨機臨床試驗）

Landau, C. et al., (2021). Effect of Inquiry-Based Stress Reduction on Well-being and Views on Risk-Reducing Surgery Among Women With BRCA Variants in Israel A Randomized Clinical Trial

本隨機臨床試驗，在 2017 至 2020 年間，對攜帶有 BRCA 變體的以色列女性，通過 IBSR 為期 12 周專案後的心理健康程度變化進行研究。100 名女性中，隨機分為 50 人調研組和 50 人控制組，從自主性、個人成長、積極關係、對環境的掌控、人生目標、自我接納度六個方面來考察，結果發現，IBSR 可能是一種自主練習的有效工具，可以增強攜帶有 BRCA 變體的人群的心理健康度，和支援她們考慮降低風險的手術。

基於探究減壓法（IBSR）對新冠肺炎大流行期間教師的幸福感、適應力和倦怠的影響

Zadok-Gurman, et al., (2021). Effect of Inquiry-based Stress Reduction (IBSR) Intervention on Well-being, Resilience and Burnout of Teachers During the COVID-19 Pandemic

COVID-19 疫情期間，IBSR 做為一種綜合正念和認知理論的新結合，對以色列老師們的綜合心理健康有很大的幫助。從 2019 年 11 月到 2020 年 5 月，在以色列通過對老師們控制組和對照組的比較，其中有 IBSR 練習的老師們，抵抗困境的能力增強了，即使在隔離期間，也在客觀上增強了他們的心理健康度，比如面對變化的應激（Stress）力，面對職業倦怠預防有所幫助。同時，沒有 IBSR 練習的老師們，面對很大的工作壓力，心理健康程度有所下降。

結論：在 COVID-19 疫情期間，IBSR 模式可以增加老師們的綜合健康度、頑強拚搏的能力。

基於探究減壓法（IBSR）改善口吃成年人的整體口吃體驗（一項隨機對照試驗）

Feldman, O., et al., (2021). Inquiry Based Stress Reduction (IBSR) Improves Overall Stuttering Expeirence Among Adults Who Stutter: A Randomized Controlled Trial

口吃做為一種語言障礙，表現為語言表達節奏和流暢度受阻。患有這種障礙的人，生活品質降低，影響社會地位、精神健康、自我接納度，同時降低進入職場的機會。IBSR 專案代表了冥想和認知重構方法，是由拜倫凱蒂在 1986 年創建的，臨床中被稱為「功課」。2017 到 2018 年，這個在以色列的臨床隨機對比試驗，由隨機抽取的 28 人的實驗組和隨機抽取 28 人的對照組構成，目標是檢驗 12 周 IBSR 項目應用對口吃人群的焦慮、心理承受力，和精神健康度的影響。系列調查問卷會在開始「功課」前、結束後，和結束後一個月分別進行。問卷包含綜合口吃經歷、焦慮、心理承受力，和生活滿意度問卷。試驗表明，實驗組的成員中，口吃的自察和認知、對口吃的應對、日常交流和生活品質，都比對照組有明顯提高。另外，實驗還發現，實驗組成員們的焦慮程度有明顯降低，而對生活的滿意度也明顯提高。

基於探究減壓法對教師倦怠的影響（一項對照試驗）

Schnaider-Levi, L., et al., (2020). The Effect of Inquiry-Based Stress Reduction on Teacher Burnout: A Controlled Trial

倦怠被人們熟知，成為一種影響社會學、生物學和經濟學發展的現象。倦怠可以理解為：在應對長期持續不斷地情緒壓力下，個人緩解壓力的能力降低。一旦發生倦怠，它會成為長期的、持續嚴重的、難以恢復的癥狀。倦怠可以表現為以下三種主要形式：情緒疲勞、個人成就感降低，以及人格的解體（感覺被孤立，對周圍人和事產生很多負面情緒）。其中，老師們一旦產生倦怠，會對經濟發展產生巨大影響。因為老師們會減少工作時間，經常需要額外的支出去彌補。本研究在以色列，探究 IBSR 認知重建專案對教師倦怠的有效性。除了一個控制組，53 名教師加入實驗組，完成一個為期 12 周的 IBSR 專案，每周 4.5 小時。實驗組的老師們在情緒疲倦程度和個人成就感上，有了很大改善。其中另一個重大發現是，情緒疲倦度和消極反應有正相關，個人成就感和壓力表現有負相關。本實驗證實了 IBSR 有潛在促進教師身心健康的可能。

基於探究減壓法對實證文獻的系統回顧

Hook, J. et al., (2020). Inquiry-based Stress Reduction: A Systemic Review of the Empirical Literature

本文獻綜述是對 IBSR「功課」——與接納承諾療法（ACT）相似——的實證研究。在學習的 17 個研究報告中，均顯示 IBSR 對壓力、焦慮和健康度起到的積極的影響。本論文研究對拜倫凱蒂的 IBSR 療法的功效性、有效性、廣泛性、實用性、成本效益性，有了初步的證實。

在 CBT「第三浪潮」治療方法漸漸盛行後，接納承諾療法（ACT）在近年有很多研究報告。與行為認知療法不同的是，IBSR 與接納承諾療法相似，它不嘗試去改變一個人的念頭（thought），而是嘗試向念頭提問，探究引發痛苦的念頭的作用，進而改變個人與想法的關係，嘗試挑戰想法的真實性。隨著接納承諾療法的大大推廣，拜倫凱蒂的 The Work 也被廣大的心理諮詢工作者所應用。

如何通過對認知評估的探究，減少考試焦慮和學業拖延（一項試點研究）

Krispenz, A., Gort, C., Schültke, L., and Dickhäuser, O. (2019). How to Reduce Test Anxiety and Academic Procrastination Through Inquiry of Cognitive Appraisals：A Pilot Study Investigating the Role of Academic Self-Efficacy

如何通過質疑念頭的方式，去減輕考試焦慮和學業拖延症？本研究背景是想要去探究什麼可以有效減緩學習考試中的焦慮和拖延，進而可以保持學習的動力和避免拖延症的發生。心理學家萊因哈德・佩克倫（Reinhard Pekrun）在對成就情緒的控制價值理論（control-value theory）中闡述，考試的焦慮是從學生們對考試這件事和考試結果自我認知評價（cognitive appraisal）產生的。因此，德國曼海姆大學 University of Mannheim 開展了這項研究，想證實，如果我們可以調整對自我的認知評價——比如對自己能力的低估——可以有效降低考試焦慮和拖延症。

通過縱向準隨機控制試驗（longitudinal quasi-randomized intervention control trial），40 名參與者探索了參與「探究功課」專案前後對考試焦慮程度的變化。結果表明，參與 IBSR 專案的大學生們，他們對自我認知評價產生了變化，對考試的焦慮程度和對學習的拖延症，都有了明顯的降低。

根據 Piers Steel and Cornelius J. König 的時間動力理論（Temporal Motivation Theory, TMT; Steel, 2007），拖延症即：考試焦慮產生，與個人對未來學習任務和結果的認知評價。其中，四個因素促成拖延症：1. 達成目標的自信度／期望，2. 對考試／學習的重視度，3. 衝動程度，4. 考試前的剩餘時間。表示如下：

$$\text{學習動力} = \frac{\text{自信度} \times \text{重視度}}{\text{衝動程度} \times \text{剩餘時間}}$$

個人對學習任務應對能力和預期的低估，直接導致拖延症和考試焦慮。尤其，那些認為自己沒有能力取得滿意的考試成績的學生，會更容易發展拖延症。根據 Van Eerde, 2003; Steel, 2007 的研究，焦慮程度和拖延症有正向相關性。對考試易產生焦慮的學生，會感到更多的身心不適，進而會產生更多的著急念頭——焦慮，於是他們會想要避免去面對更多這種現狀——拖延。在修正認知偏差中，認知行為理論被廣泛應用，但其中缺少了一個重要的環節，就是以理性辯論（rational debate）去有效增進個人的自信度。IBSR 正是這樣的認知行為理論中的分支，結合理性辯論，可以有效幫助學生修正對自我的認知，有效緩解考試壓力和拖延症。

基於探究減壓法調查認知評估，減少慢性壓力和特質焦慮

Krispenz, A. and Dickhäuser, O. (2019). Reduction of Chronic Stress and Trait Anxiety by Inquiry of Cognitive Appraisals with the Inquiry-Based Stress Reduction (IBSR) Method

急性應激和適當焦慮，可以有效幫助我們脫離可能面臨的危險事件，但長期的緊張和焦慮，會嚴重影響人的身心健康，比如睡眠品質下降，增加酒精或尼古丁的用量，甚至發展為抑鬱症、心肌梗塞和中風。理論上講，當人們用帶有脅迫的眼光去看事情時，就會感受到壓力。因此，調整我們看世界的角度，可以改變我們對壓力和焦慮的體驗。如何去調整我們看世界的角度呢？一個有效的方式是「探究功課」——有一套固定的四個問題，簡單而有據可循，能夠幫助我們調整自己的非理性和負面思惟。

2019 年，在德國開展的研究檢測了功課對人們緩解焦慮的效用。本研究邀請了 199 人參加，146 人完成了初始檢測，其中 118 完成了回訪調研，參與者 80% 為女性，年齡在 18-72 歲之間。參與者分別在這個為期 9 天的項目開始前和開始後三個月，分別檢測他們的焦慮程度，收取對比數據。與控制組對比後結果表明，參與者在僅僅 9 天的探究功課工作坊後，他們的長期壓力和焦慮程度明顯降低了。

拜倫凱蒂功課的靜心冥想對心理症狀和生活質量的影響（一項臨床試驗性研究）

Smemoff, E., et al., (2015). THE EFFECTS OF "THE WORK" MEDITATION (BYRON KATIE) ON PSYCHOLOGICAL SYMPTOMS AND QUALITY OF LIFE—A PILOT CLINICAL STUDY

本研究是一個臨床單組試驗，197 位參與者出席一個為期 9 天的功課學校培訓課程。參與者會在培訓前、結束後，和結束 6 個月後分別作問卷，如貝克抑鬱量表 -II（BDI-II），主觀幸福感量表（SHS），生活質量量表（QOLI），抑鬱症狀快速量表 - 自我報告（QIDS-SR16），結果問卷 45.2（OQ-45.2），狀態－特質憤怒表達量表 -2（STAXI-2）和狀態－特質焦慮量表（STAI）。通過混合模式分析，結果表示參與者的心理狀況都有了很明顯的積極改變。本研究說明了，隨機臨床試驗可以證實「功課」在提升心理健康狀態和生活品質的有效性。

基於探索減壓法（IBSR）作為納入諮詢的應用

Luff, J. and Ledingham, M. (2017). Exploring Inquiry-Based Stress Reduction (IBSR) as a Counselling Intervention

本實驗應用了定性研究，探索心理諮詢師們在個人生活和臨床工作領域中應用 IBSR 的體驗。通過解釋現象學分析（Interpretative Phenomenological Analysis），有 6 名曾參加過 IBSR 認證培訓的心理諮詢師被選入這次實驗。實驗結果顯示，通過應用 IBSR，可以提升參與實驗諮詢師們的健康情況和防止職業倦怠，更重要的是，可以產生立刻改變生活狀態的效果。諮詢師們認為 IBSR 是可以有效加強自我保健的工具，其中可以拓寬自我意識、自我接納，增加項目參與者對來訪者們（即「諮詢師們」對「客戶們」）的接納度，增進治療聯盟，同時增加認知靈活性和元認知（metacognitive）意識——即對自我檢測，分析和理解個人思考和學習過程的認知。

由於 IBSR 的有效性，所以來訪者的治療時間短，這可能成為對心理諮詢師經濟收入的挑戰；「反轉」（turnarounds）也有可能成為來訪者陷入誤解意圖或進行自我責備的原因。但是 IBSR 參與者在過程中的開放性（openess），是保證治療有效性的重要因素。未來，希望本實驗可以迎來更多的定性分析研究，進一步探索 IBSR 在心理諮詢領域，對於預防諮詢師職業倦怠的作用，並且在創傷（trauma）領域，探索 IBSR 做為心理諮詢師和來訪者們的自我保健工具，更多方面的應用。

乳腺癌倖存者「功課」冥想技術的前瞻性臨床試驗

Lev-ari, S. et al., (2013). A Prospective Pilot Clinical Trial of “The Work” Meditation Technique for Survivors of Breast Cancer

本研究項目評估了「功課」冥想技巧對乳腺癌倖存者提升心理和身體健康的可行性和有效性。有 24 位女性乳腺癌倖存者參與本次研究專案，做為被調研對象。在為期 12 周、每周 3.5 小時小組治療和每周 1 小時一對一練習後，82.75% 的被調研對象表示，他們的睡眠品質、身體乏力情況、身體綜合狀況，社交、家庭、情緒和身體功能有了明顯的提升。

敘事身分：在職業學習中書寫自我

Lengelle, R., & Meijers, F., (2014). Narrative Identity: Writing the Self in Career Learning

文章強調了如何將寫作應用到職業學習中，如何幫助學生在自我引導和對話學習過程中探索職業發展。寫作中的創造力、表達力和反省力，與敘事職業諮詢理論有許多相通之處。

寫作中的三種方法可以說明個人（學生）自我探索和建立職業身分，它們是創造性（creative）、表達性（expressive）和反思性（reflective）。創造性寫作看起來是「虛構」的故事，但研究表明，這個故事中帶有大量的個人經歷和事實，引發深度的自我覺察。研究表明，有過創傷經歷的研究對象每天進行表達性寫作 15-20 分鐘，連續三至四天，他們的健康情況有明顯改善；表達性寫作有助於個人情緒和認知的梳理，增加自我覺知，提升應對生活中變化無常和不如意的事件的能力。反思性寫作中應用比喻，建立個人內在與外在的交流，自我轉換為他人的角度去體驗，找到多個不同的自己。

拜倫凱蒂的「功課」也是一種對話學習，但更加入了獨特作用——解構（deconstruction）過去不想要的故事——被廣泛應用在研究生課程。通過「功課」的四個問題和反轉，讓學習的人換位思考和轉換身分。在看到更多版本的故事後，表達情緒，創造故事，並在對話和問詢中自我反省。

應用拜倫凱蒂功課探究原則對減少感知壓力的影響

Nye, F. A.（2011). The Work of Byron Katie: The Effect of Applying Principles of Inquiry on the Reduction of Perceived Stress

本文對拜倫凱蒂創建的「功課」有效性，進行了一個在加州為期 6 周的研究，探究參與者的減壓程度變化。近 100 名志願者，年齡在 30 到 71 歲之間，隨機分配到一個實驗組或者一個控制組。兩組成員全部在項目治療前接受了 PSS、AAQ-16、SWLS、STAI 問卷，做為數據基準；項目結束後的即刻，和結束後的 6 周內，分別做了問卷。在焦點小組中被訪實驗組成員表示「這個減壓專案非常有效，有助提升生活品質」，他們的壓力、焦慮程度都有明顯下降，綜合健康情況也有所提高。

「功課」冥想對心理病理症狀的影響

Leufke, R., et al., (2013). Effects of "The Work" Meditation on Psychopathologic Symptoms

本研究的目的，是評估「功課」的冥想對歐洲幾個國家參與者心理療癒的功效。2006 年在德國巴特諾因阿爾（Bad Neuenahr）， 一共有 47 人（主要來自德國、瑞士、奧地利和荷蘭），年齡在 21 至 70 歲之間，參與本次單組試點臨床試驗。第一次評估參與者在進行「功課」前的心理情況，做為研究比較基準，第二次評估是功課練習項目一結束，第三次評估是結束「功課」後的三個月。結果表明，「功課」明顯地減少了參與者抑鬱、焦慮、敏感過度、敵對情緒、強迫行為、偏執想法，和精神病癥狀。在試驗三個月後的回訪評估發現，除了敵對情緒以外，其他以上例舉的癥狀，全部保持在很低的水準。「功課」是一個對減輕精神病理學癥狀非常有效的工具。「功課」的冥想可以減輕心理問題和增強心理功能。

參考書目 Bibliography

- Epel, N., Mitnik, I., & Lev-ari, S. (2018). Inquiry Based Well-being: A Novel Third Wave Approach for Enhancing Well-being and Quality of Life-Mini Review. Journal of Complementary Medicine and Alternative Healthcare. 2018; 5(1): 555-651. DOI: 10.19080/JCMAH.2018.05.555651
- Feldman, O., Goldstien, E., Rolnik, B., Ganz, A. B., & Lev-ari, S. (2021). Inquiry Based Stress Reduction (IBSR) Improves Overall Stuttering Expeirence Among Adults Who Stutter: A Randomized Controlled Trial. Journal of Clinical Medicine, 2021; 10, 2187. DOI: 2077-0383/10/10/2187
- Hidalgo, R. & Coumar, A. (n.d.). "The Work" of Byron Katie: A New Psychotherapy? [University of Washington].
- Hook, J. N., Penberthy, J. K., Davis, D. E., & Van Tongeren, D. R. (2021). Inquiry-based Stress Reduction: A Systemic Review of the Empirical Literature. Journal of Clinical Psychology, 77, 1280-1295. DOI: 10.1002/jclp.23120
- Krispenz, A., & Dickhäuser, O. (2019). Reduction of Chronic Stress and Trait Anxiety by Inquiry of Cognitive Appraisals with the Inquiry-Based Stress Reduction (IBSR) Method. Open Psychology, 2019; 1: 185-199. DOI: 10.1515/psych-2018-0013
- Krispenz, A., Gort, C., Schültke, L., & Dickhäuser, O. (2019). How to Reduce Test Anxiety and Academic Procrastination Through Inquiry of Cognitive Appraisals: A Pilot Study Investigating the Role of Academic Self-Efficacy. Frontiers in Psychology, 10-2019. DOI: 10.3389/fpsyg.2019.01917
- Landau, C., Novak, A. M., Ganz, A. B., Rolnik, B., Friedman, E., & Lev-ari, S. (2021). Effect of Inquiry-Based Stress Reduction on Well-being and Views on Risk-Reducing Surgery Among Women With BRCA Variants in Israel: A Randomized Clinical Trial. JAMA Network Open, 2021; 4(12): e2139670. DOI: 10.1001/jamanetworkopen.2021.39670
- Lengelle, R., & Meijers, F. (2014). Narrative Identity: Writing the Self in Career Learning. British Journal of Guidance & Counselling, 42:1, 52-72, DOI: 10.1080/03069885.2013.816837
- Leufke, R., Zilcha-Mano, S., Feld, A., & Lev-ari, S. (2013). Effects of "The Work" Meditation on Psychopathologic Symptoms. Alternative and Complementary Therapies, 2013; 19 (3). DOI: 10.1089/act.2013.19303
- Lev-ari, S., Zilcha-Mano, S., Rivo, L., Geva, R., & Ron, I. (2013). A Prospective Pilot Clinical Trail of "The Work" Meditation Technique for Survivors of Breast Cancer. European Journal of Integrative Medicine, 5(6): 2013, 487-494, DOI: 10.1016/j.eujim.2013.07.003

· Nye, F. A. (2011). The Work of Byron Katie: The Effect of Applying Principles of Inquiry on the Reduction of Perceived Stress. [Doctoral dissertation, Institute of Transpersonal Psychology].
· Schnaider-Levi, L., Ganz, A. B., Zafrani, K., Goldman, Z., Mitnik, I., Rolnik, B., & Lev-ari, S. (2020). The Effect of Inquiry-Based Stress Reduction on Teacher Burnout: A Controlled Trial. Brain Sciences, 2020; 10 (7): 468. DOI: 10.3390/brainsci10070468
· Schnaider-Levi, L., Mitnik, I., Zafrani, K., Goldman, Z., & Lev-ari, S. (2017). Inquiry-based Stress Reduction Meditation Technique for Teacher Burnout: A Qualitative Study. Mind, Brain, and Education, (): 75-84. DOI: 10.1111/mbe.12137
· Luff, J., & Ledingham, M. (2017). Exploring Inquiry-Based Stress Reduction (IBSR) as a Counselling Intervention. International Conference on Education, Psychology, and Social Sciences (ICEPS). Retrieved from https://researchonline.nd.edu.au/sci_conference/15/
· Smernoff, E., Mitnik, I., Kolodner, K., & Lev-ari, S. (2015). The Effects of "The Work" Meditation (Byron Katie) on Psychological Symptoms and Quality of Life—A Pilot Clinical Study. Explore, 2015; 11 (1): 24-31. DOI: 10.1016/j.explore.2014.10.003
· Smernoff, E., Mitnik, I., & Lev-ari, S. (2017). The Effects of Inquiry-Based Stress Reduction (IBSR) on Mental Health and Well-being Among a Non-clinical Sample. Complementary Therapies in Clinical Practice, 2019; 34: 30-34. DOI: 10.1016/j.ctcp.2018.10.015
· Van Rhijn, M., Mitnik, I., & Lev-ari, S. (2015). Inquiry-based Stress Reduction: Another Approach for Questioning Stressful Thoughts and Improving Psychological Well-being. Medical Research Archives, 2 (1). Retrieved from https://esmed.org/MRA/mra/article/view/191
· Zadok-Gurman, T., Jakobovich, R., Dvash, E., Zafrani, K., Rolnik, B., Ganz, A. B., & Lev-Ari, S. (2021). Effect of Inquiry-based Stress Reduction (IBSR) Intervention on Well-being, Resilience and Burnout of Teachers During the COVID-19 Pandemic. International Journal of Environmental Research and Public Health, 18, 3689. DOI: 1660-4601/18/7/3689

批評鄰人作業單

想一個和某人在一起，讓你感到有壓力的情況——例如，一次爭執。當你冥想那個特定的時間和地點時，開始去感受當時的感覺，然後填寫以下的空白。用簡短的句子。

1. 在這個情況裡，誰讓你感到憤怒、困惑、受傷、傷心或失望，為什麼？

我對 ________ 感到 ________，因為 ________
　　　人名　　　　　　情绪

____

我對保羅感到很生氣，因為他騙我。

想要 2. 在這個情況裡，你要他/她做怎樣的改變？你要他/她做些什麼？

我要 ________ 去做 ________
　　　人名

____

____

我要保羅看到他錯了。我要他停止騙我。

建議 3. 在這個情況下，你想給他/她什麼樣的建議？「他/她 應該/不應該」

________ 應該(或不應該) ________
　人名

____

____

____

保羅不應該用他的行為嚇唬我。他應該做一個深呼吸。

需要 4. 在這個情況下，為了讓你高興，你需要他/她怎麼想、說、感覺或做？

我需要 ________ 去 ________
　　　　人名

____

____

____

我需要保羅停止說話蓋過我。我需要他真正聆聽我說話。

抱怨 5. 在這個情況下，你對他們有什麼看法？請列出來。(可以瑣碎和苛刻)

________ 是 ________
　人名

____

____

保羅是個騙子、傲慢自大、講話很大聲、不誠實，而且毫無自覺。

6. 關於這個人和這個情況，你再不想要經驗什麼？

我再也不要 ________

____

我再也不要保羅對我撒謊。我再也不要不被人尊重了。

現在，用以下功課的四個提問，質疑你的每個句子。對於第六道題句子的反轉，請用「我願意……」，「我很期待……」取代「我再也不要……」。

四個提問

例子：保羅騙我。

1. 那是真的嗎？（是或不是。如果不是，直接跳到第三個提問。）
2. 你能完全知道那是真的嗎？（是或不是。）
3. 當你相信那個念頭時，你是怎樣反應的，發生了些什麼？
4. 沒有那個念頭，你會是誰或是什麼？

反轉念頭：

我騙**我**。

我騙**保羅**。

保羅**沒有**騙我。

保羅**對我說實話**。

當你想像這個情境，沉思每個反轉如何對你是一樣真實或者更真實。

一次一個信念作業單

功課－書寫式的冥想

在下面「信念」的橫線上，寫下一個有壓力的信念。它可以是批評鄰人作業單上的一個句子，或是關於一個你還沒能百分之百原諒的人（活著或已故），他讓你感到有壓力的一個想法，或任何一個有壓力的念頭。允許自己在精神上回到當時特定的情況，然後利用以下的提問和反轉，以書寫的方式來質疑這個想法。回答問題時，請閉上眼睛，靜下心來，觀察內心所呈現給你的。

信念: ____________________

1. 那是真的嗎？(是或不是。如果不是，直接跳到第三題。) ________

2. 你能完全知道那是真的嗎？（是或不是。） ________

3. 當你相信那個念頭時，你是怎樣反應的，發生了些什麼？

   當你相信那個念頭時，出現了什麼情緒？

   當你相信那個念頭時，你的腦海中出現了有關過去及未來什麼樣的畫面？

   當你相信那個念頭時，你是怎麼對待你自己與其他人？

情緒明細表

不在乎	害怕		受傷	悲哀	批判
冷淡	懼怕	不安全	倍受折磨	倍受折磨	冷酷無情
死氣沉沉	心膽俱裂	小心翼翼	心痛	心痛	傷人
冷漠	驚慌失措	被脅迫	飽受煎熬	飽受煎熬	粗暴
不感興趣	嚇呆	焦灼緊繃	十分痛苦	十分痛苦	好鬥
毫無反應	受威脅	憂慮	心碎	極度悲痛	被攻擊
漠不關心	充滿憎恨	防衛	被剝奪	感到凄涼	笨拙無禮
麻木	恐懼陌生環境	謹慎小心	被拒絕	身心交瘁	怒目而視
遲鈍	擔憂	煩惱	受屈辱	傷心	十分厭惡
有所保留	多疑	只顧自己	被侮辱	淚流滿面	咆哮
厭煩	死板	無法忍受	受傷	悲傷	斥責
厭倦	恐懼症	躲避	被冒犯	不快樂	執迷不悟
心事重重	混亂不安	不歡迎	悲傷	孤獨	嚴肅
呆板的	被打亂	不妥協	疼痛	憂傷	嚴厲
遲緩	焦慮	偏執狂妄	受害	沮喪	皺眉頭
懶洋洋	驚恐	壓抑	傷心	消沉的	畏縮
無動於衷	畏懼	動彈不得	驚駭	過於敏感	不公平
茫然的	攻擊	依戀	被冤枉	懊悔	跋扈
	受到恐嚇	懷有偏見	退縮	鬱鬱寡歡	矯揉造作
	緊張不安	不自在	惱火	刻薄	僵硬
	嚇壞		義憤不平	自我譴責	執意強求
	擔心發愁		受苦	不值得	疏忽怠慢
	受驚嚇		疏遠	脆弱	妨礙進展
	膽怯的		被侵犯	分離	粗魯
	發抖		恫嚇	被蒙蔽	刺耳
	焦躁不安		霸凌	不滿的	困難
	懦弱		不欲人知	痛哭流涕	虛偽
			被輕視	嘆息呻吟	假裝的
			窒息	埋怨	膚淺
			被貶低	絕望	本位主義
					抱怨
					直截了當
					傲慢
					驕傲
					吹毛求疵

13 Jan. 2020

第三提問：當你相信那個念頭時，你是怎樣反應的，發生了些什麼？

發怒

- 暴怒
- 惡意的
- 激怒
- 兇暴
- 懷恨的
- 大發雷霆
- 厭惡
- 生悶氣
- 輕蔑的
- 打擊
- 大叫
- 想報復的
- 懷敵意的
- 侮辱
- 咒罵
- 譴責
- 令人作嘔的
- 挑釁的
- 尖刻的
- 大聲
- 諷刺
- 挫敗
- 忿恨的
- 挑剔的
- 刻薄
- 虐待狂
- 壞心眼
- 嫉妒
- 暴躁易怒
- 憤怒
- 生氣
- 報復
- 霸道
- 狂怒
- 懊惱
- 惱怒
- 想控制
- 焦慮不安
- 敵對的
- 訓斥
- 吃味眼紅
- 衝動反應
- 唐突
- 好爭辯
- 固執
- 造反
- 氣急敗壞
- 沒耐性
- 對立的
- 無禮的
- 不愉快
- 被惹煩
- 獨斷
- 尖銳
- 急躁的

鬱悶

- 有自殺傾向的
- 沒有方向
- 空虛的
- 情急拼命
- 絕望的
- 如入地獄
- 疏離
- 痛苦
- 受虐狂
- 卑鄙
- 自我憎恨
- 自我批判
- 自我貶低
- 困住不動
- 羞愧
- 精疲力盡
- 很糟糕
- 疲倦
- 沮喪
- 灰心
- 情緒低落
- 失望
- 氣餒
- 無力的
- 無望的
- 發牢騷的
- 內疚的
- 不滿
- 板著臉
- 消沉
- 不舒服
- 掃興
- 悲觀
- 無精打彩
- 陰沉
- 陰鬱的
- 倒霉
- 糟糕
- 反抗的
- 嚴厲對待
- 孤僻的
- 易怒不安
- 性情乖戾
- 負擔沉重
- 消極的
- 封閉的
- 收縮的
- 繃緊的
- 堵塞的
- 喜怒無常
- 心緒不佳
- 沒力氣
- 難以取悅的
- 憔悴的
- 愁眉苦臉
- 垂頭喪氣
- 懶散的
- 疼痛
- 厭惡自己
- 微不足道
- 悲慘的

困惑

- 失落
- 迷失方向
- 失去平衡
- 狂亂的
- 優柔寡斷
- 懷疑
- 不確定
- 不信任
- 疑慮
- 無把握的
- 不自在
- 緊張
- 有壓力
- 好爭論
- 專斷的
- 貶低他人
- 尷尬
- 猶豫不定
- 羞怯
- 幻想破滅
- 不舒服的
- 愛比較
- 不誠實
- 苛求
- 心神不寧
- 臉紅羞愧
- 笨拙不適
- 衝突矛盾

無助

- 癱瘓
- 心煩意亂
- 注定失敗
- 痛苦
- 可憐
- 不堪重負
- 關閉自己
- 無法勝任
- 無能
- 孤單
- 疲累
- 無用
- 自覺不如
- 脆弱
- 笨手笨腳
- 失去行動能力
- 斷絕
- 受困
- 虛弱
- 噁心
- 厭惡
- 煩躁
- 害怕顫抖
- 癮頭發作
- 扭捏不安
- 侷促不安
- 頭昏眼花
- 強迫的

情緒明細表

樂觀	和平	堅强	輕鬆
受到啟發	平静	強壯	熱情洋溢
充滿熱忱	滿足	安心的	容光煥發
大膽	安靜	穩定	喜不自勝
勇敢	有把握	誠實	沉思
敢於冒險	放鬆	可靠	微笑
充滿希望	安詳	肯定	腳踏實地
熱情洋溢的	良好	確定	不急不徐
心無旁鶩	自在	機動有力	思想開明
熱心的	舒適	堅忍不拔	效率高
反應敏捷	滿意愉悅	沉著鎮靜	不去控制
誠摯的	受到鼓勵	自我肯定	謙虛的
樂觀的	驚訝	坦率的	信任
富有創意	明亮開懷	全力支持	被支持
具建設性	受祝福	極好的	輕盈
樂於助人	確信	鍥而不捨	自動自發
足智多謀	頭腦清醒	有責任的	自覺
很受激勵	平衡和諧	有活力	健康
樂意合作	還不錯	明智的	冥想的
高生產力	還可以	完整	平静不動
反應熱烈	無憂無慮	成熟	安穩
勤勉認真	充足	紮實	等待
表示讚許	有成就感	有信心	有趣地笑
很榮幸	真誠的		優雅
享有特權	真實的		自然
有適應能力的	美麗的		從容的
	寬容大量		處於中心
	誠懇實在		溫和
	受鼓舞奮起		
	如釋重負		
	自給自足		

開放	**愛**	**開心**	**感興趣**	**有活力**
自由	忠誠	幸福	著迷	好玩
感興趣	熱情	快樂的	好奇	有勇氣
願意接受	體貼	高興	專心一意	精力充沛
接納	充滿深情的	欣喜若狂	十分驚奇	感到解脫
親切的	善解人意	歡欣	全神貫注	興奮的
和諧的	温柔	興高采烈	追根究底的	歡躍的
同理心	深受吸引	喜氣洋洋	渴望知道的	活靈活現
寬容的	欣賞	心滿意足	願意投入	生氣勃勃的
善解人意	溫暖	感謝的	傾聽的	激動
隨和	受感動	喜慶歡樂	善於觀察	奇妙的
互相連結	親密	狂喜	被逗樂的	好笑的
同情心	被愛	感到滿意	考慮周到	美好
友好	甜蜜	樂意	有禮貌	願意付出
平易近人	溫和	令人愉快	熱切的	樂於分享
外向	有同情心的	性情開朗	專注	聰明伶俐
流暢	關愛	快活		平等
靈活	完全允許	活潑有趣		熱切
活在當下	不批判	輕鬆愉快		享受
歡迎	感激	隨和		健談
擁抱	尊重	圓熟老練		積極
	謙遜	開心走運		精神飽滿
	親切	極其愉快的		青春活力
	有耐心	天真無邪		精力充沛
	尊敬	天真爛漫		逗趣
	開朗的	歡天喜地		全心參與
	和藹可親	很有幽默感		
	表示感謝	宛若在天堂		
		在世界之巔		

愛上當下：拜倫凱蒂功課完全解析與操作方法

Loving the Present Moment

作　　者　張嘉蘭
責任編輯　徐藍萍

版　　權　吳亭儀、江欣瑜
行銷業務　黃崇華、賴正祐、郭盈均、周佑潔、華華
總 編 輯　徐藍萍
總 經 理　彭之琬
事業群總經理　黃淑貞
發 行 人　何飛鵬
法律顧問　元禾法律事務所王子文律師
出　　版　商周出版　台北市 104 民生東路二段 141 號 9 樓
電話：(02) 25007008　傳真：(02)25007759
E-mail：ct-bwp@cite.com.tw　Blog：http://bwp25007008.pixnet.net/blog
發　　行　英屬蓋曼群島商家庭傳媒股份有限公司城邦分公司
台北市中山區民生東路二段 141 號 2 樓
書虫客服服務專線：02-25007718　02-25007719
24 小時傳真服務：02-25001990　02-25001991
服務時間：週一至週五 9:30-12:00　13:30-17:00
劃撥帳號：19863813　戶名：書虫股份有限公司
讀者服務信箱 E-mail：service@readingclub.com.tw
香港發行所　城邦（香港）出版集團有限公司　香港灣仔駱克道 193 號東超商業中心 1 樓
E-mail: hkcite@biznetvigator.com　電話：(852)25086231　傳真：(852)25789337
馬新發行所　城邦（馬新）出版集團 Cite (M) Sdn Bhd
41, Jalan Radin Anum, Bandar Baru Sri Petaling, 57000 Kuala Lumpur, Malaysia.
Tel：(603)90563833　Fax：(603)90576622　Email：services@cite.my

封面設計　李東記
印　　刷　卡樂彩色製版印刷有限公司
總 經 銷　聯合發行股份有限公司　新北市 231 新店區寶橋路 235 巷 6 弄 6 號 2 樓
電話：(02) 2917-8022　傳真：(02) 2911-0053

■2023年5月4日初版　　Printed in Taiwan

定價480元

城邦讀書花園
www.cite.com.tw

線上版回函卡

ISBN 978-626-318-670-5

國家圖書館出版品預行編目(CIP)資料

愛上當下：拜倫凱蒂功課完全解析與操作方法 / 張嘉蘭著. -- 初版. -- 臺北市：商周出版：英屬蓋曼群島商家庭傳媒股份有限公司城邦分公司發行, 2023.05
面；　公分
ISBN 978-626-318-670-5（平裝）

1.CST: 靈修 2.CST: 自我實現

192.1　　112005591